Urs Lerch

Oprogramowanie open source: Idealizm, pragmatyzm czy strategia?

Urs Lerch

Oprogramowanie open source: Idealizm, pragmatyzm czy strategia?

Studium przypadku deweloperów jądra Linuksa w dużych firmach informatycznych

Wydawnictwo Bezkresy Wiedzy

Cover image: www.ingimage.com

This book is a translation from the original published under ISBN 978-3-8381-1938-0.

Publisher:
Wydawnictwo Bezkresy Wiedzy
is a trademark of
Dodo Books Indian Ocean Ltd., member of the OmniScriptum S.R.L Publishing group
str. A.Russo 15, of. 61, Chisinau-2068, Republic of Moldova Europe
Printed at: see last page
ISBN: 978-620-0-54353-0

I

II

Podsumowanie

Wolne/włókno i otwarte oprogramowanie (FLOSS) w ogóle, a system operacyjny Linux w szczególności cieszą się rosnącym znaczeniem gospodarczym od około dziesięciu lat i są obecnie istotnym składnikiem profesjonalnej technologii informacyjnej i komunikacyjnej. Oprogramowanie jest tworzone przy aktywnym udziale społeczności internetowej i licznych wkładów firm, uniwersytetów, fundacji i wolontariuszy. Dotychczasową dyskusję na temat FLOSS, rozpoczynającą się w 1998 roku, można podzielić na trzy kolejne fazy, z których każda trwa około trzech do pięciu lat, i opisać pod hasłami "idealizm", "pragmatyzm" i "strategia". Pomimo rosnącego znaczenia gospodarczego FLOSS zarówno po stronie popytu, jak i podaży, badania naukowe nadal odwołują się do romantyzmu społecznego i idealizacji wczesnej fazy. Wsparcie produkcji FLOSS przez duże przedsiębiorstwa o ugruntowanej pozycji w sektorze technologii informacyjnych (IT) z ekonomicznego punktu widzenia pozostawało dotychczas w dużej mierze niezauważone w dyskusji naukowej. Ta rozprawa ma na celu empiryczne przyczynienie się do tej niejednolitej sytuacji w zakresie danych.

W oparciu o studium przypadku z ilościowym i jakościowym podejściem metodologicznym, badana jest sytuacja twórców jądra Linux w dużych firmach informatycznych. Analiza ilościowa wszystkich plików logów jądra Linuksa z 2007 roku wykazała, że jest ono dalej rozwijane przez około trzy czwarte firm. Za pomocą jakościowych, częściowo ustandaryzowanych wywiadów z siedemnastoma programistami jądra Linuksa z dużych firm informatycznych, można uzyskać typologię komercyjnych programistów open source. Są to: "inżynier pragmatyk", "informatyk dialektyczny" i "socjo-romantyczny haker". Tę typologię można wykorzystać do bardziej szczegółowego opisu codziennej pracy programisty open source w dużej firmie informatycznej.

Dane empiryczne sugerują, że udział firmy w wolnym i otwartym oprogramowaniu jest znacznie wyższy niż znany z innych badań. W związku z tym model rozwoju otwartego oprogramowania powinien zostać rozszerzony o udział firm, szczególnie biorąc pod uwagę typologię komercyjnych twórców oprogramowania open source. Ponadto, na podstawie danych można wykazać, że Wolne i Otwarte Oprogramowanie może być w dużej mierze wyjaśnione istniejącymi teoriami ekonomicznymi, tak więc obraz romantyzmu społecznego musi być silnie relatywizowany. Dlatego też zaleca się, aby w przyszłości dyskusja na temat FLOSS była prowadzona w mniejszym stopniu zgodnie z aspektami ideologicznymi, a w większym stopniu z wykorzystaniem argumentów głównie ekonomicznych. Więcej uwagi należy poświęcić wolnej licencji na oprogramowanie, zwłaszcza w dyskusji ekonomicznej. Ponadto, ze względu na znaczenie FLOSS, uczestnictwo w społeczności open source powinno być włączone do programu nauczania informatyki.

Podziękowanie

Po ukończeniu studiów ekonomicznych na Uniwersytecie w Bazylei, w ciągu kilku lat pracy projektowej w zakresie controllingu wewnętrznego oraz poprzez pracę w obszarze zasobów ludzkich, coraz częściej stykałem się z informatyką. Zafascynowany programowaniem, postanowiłem piętnaście lat temu przejść od strony aplikacyjnej do rozwojowej. Nigdy nie żałowałem tej decyzji, szczególnie dlatego, że byłem pozytywnie zaskoczony pomocnością i kolegialnością w środowisku IT - cechami, które są uważane za raczej elitarne i nieprofesjonalne z zewnątrz.

Coś podobnego mogłem doświadczyć w TU Berlin na katedrze "Informatyka i społeczeństwo". Chciałbym podziękować zespołowi wokół Bernda Lutterbecka za nieskomplikowane i koleżeńskie wsparcie, mimo że kontakt nie był tak intensywny, jak bym sobie tego życzył ze względu na miejsce zamieszkania w Szwajcarii. Liczne kontakty - głównie za pośrednictwem poczty elektronicznej - które nawiązałem na całym świecie w świecie akademickim i open source'owym odznaczają się również wielką pomocnością i kolegialnością. Chciałbym również podziękować pięciu firmom i w sumie dwudziestu czterem osobom, z którymi mogłem przeprowadzić wywiady, za zaufanie, jakim mnie obdarzyli i za czas, który hojnie udostępnili.

W szczególności chciałbym podziękować Berndowi Lutterbeckowi za wsparcie mnie przy moim projekcie rozprawy doktorskiej po prawie dwudziestu latach abstynencji akademickiej - a więc w dużej mierze "de-naukowej". Dało mi to doskonałą okazję do "złapania" na drugą połowę mojego życia zawodowego. Ogólne warunki nie były szczególnie korzystne ze względu na odległość geograficzną. Niemniej jednak zawsze byłem w stanie szybko przedyskutować niezbędne kwestie za pomocą środków elektronicznych, telefonicznych i oczywiście osobistych. Bernd, bardzo doceniam pokładane we mnie zaufanie.

Chciałbym podziękować mojej żonie Iren Bischofberger za zapewnienie dochodu rodzinnego przez prawie cały okres studiów doktoranckich, dając mi tym samym dużą swobodę działania. Ponadto nieodzowną pomocą były ich uwagi, zwłaszcza dotyczące metodologii, ale także krytycznego przeglądu rozdziałów, a także ich stałe wsparcie w codziennym życiu. Dlatego zdobywa doktorat ("popchnij go")

przez"). Dziękuję naszej pięcioletniej córce Tinie za wzbogacanie naszego życia każdego dnia. Dzięki jej dociekliwej, czasem wymagającej manierze i kwestionowaniu tego, co dla nas, dorosłych, naturalne, sprawiła, że codzienne życie rodzinne zapewnia mi pomocny dystans od świata akademickiego.

Spis treści

W sprawie czytelności tekstu

W tekście ciągłym w nawiasie podano maksymalnie dwóch autorów. W przypadku trzech lub więcej autorów lub redaktorów, tylko pierwszy z nich został wymieniony z dodatkiem "et al. Wszystkie nazwiska są wymienione w bibliografii.

Pod wieloma względami w informatyce nie istnieją lub istnieją tylko nietypowe kobiece formy pisania, tzn. do tej pory dominowała męska forma pisania. Nie używamy ukośników (np. "programista") ani kombinacji słów z drugą wielką literą (np. "programista"), ponieważ utrudnia to czytelność. Niemniej jednak autor starał się w miarę możliwości wybierać wrażliwy na płeć styl językowy. Ma to na celu wniesienie niewielkiego wkładu w przyjazną dla płci branżę IT. Wciąż dominują tu mężczyźni, pomimo licznych działań na rzecz promowania kobiet. Odnosi się to również do jego zaangażowania w społeczność wolnego i otwartego oprogramowania.[1]

1 Liczba kobiet w społeczności FLOSS jest prawdopodobnie nawet niższa niż liczba kobiet w informatyce w ogóle (Ghosh i in. 2002). Nowsze badanie przeprowadzone przez UE idzie jeszcze dalej w tym kierunku i opracowuje również zalecenia dotyczące sposobu zmiany tego faktu, który jest uważany przez wszystkich za niezadowalający (Nafus i in. 2006).

1 Wprowadzenie do problemu

1.1 Sytuacja wyjściowa

Wolne i otwarte oprogramowanie dotarło do świata korporacji zarówno po stronie popytu, jak i podaży. Specjalistyczna wiedza w zakresie aplikacji, rozwoju i marketingu wolnego i otwartego oprogramowania staje się coraz ważniejsza na rynku pracy. Oprogramowanie Open Source (OSS) nie jest już zatem[2] utożsamiane z działalnością hobbystyczną "maniaków dla maniaków". Chociaż istnieją jeszcze projekty o takim tle, mają one (obecnie) jedynie marginalne znaczenie. Obecnie powszechnie przyjmuje się, że oprogramowanie open source należy do głównego nurtu.[3] Eksperci posunęli się tak daleko w swojej ocenie, że wszystko co ważne zostało powiedziane na temat Open Source. Na przykład, udany projekt studencki "Open Source Yearbook" został[4] przerwany w ubiegłym roku po pięciu latach od publikacji. Bernd Lutterbeck, jeden z redaktorów, komentuje w wywiadzie w następujący sposób:

> *"Uważam, że idea open source została nieco porzucona. Gotowość nie oznacza, że stała się zbędna, ale po prostu oznacza, że podstawowa idea jest wszędzie jasna. Oczywiste jest, że w niektórych obszarach model ten daje lepsze wyniki niż inne produkty. I dlatego w praktyce postanowili to ułatwić." (Lutterbeck, cytowany przez Rähma 2009)*

---

2 In den von Eric S. Raymond betreuten sogenannten Jargon Files, einem Online-Lexikon für Begriffe rund um die Hacker-Kultur, wird ein "Geek" beschrieben als *"a badge of proud - it's a way of declaring their independence from normal social expectations (as well as a fondness for other things like science fiction and strategy games that often go with being a hacker)."* http://www.catb.org/~esr/faqs/hacker-howto.html# nerd_connection [04.08.2009]

3 Oświadczenie, które firma doradcza Gartner złożyła już w 2006 roku (patrz np. http://www.itnewsbyte.com/de/news/nws137409,,.htm [04.08.2009]).

4 http://www.opensourcejahrbuch.de/project [04.08.2009]

Idea oprogramowania open source - pierwotnie zrodzona z ruchu hakerów komputerowych, którzy tworzyli oprogramowanie głównie w wolnym czasie - nadal niesie ze sobą nimbus bycia projektem bezpłatnych wolontariuszy. Jednak FLOSS znajduje się w przyspieszonym procesie adaptacji do rynku. Rozwój ten odbywa się w ramach cyklu innowacji[5], reprezentowanego na przykład w ekonomii przez Schumpetera (1961). Zgodnie z tym, wolne i otwarte oprogramowanie, po jego wprowadzeniu i wprowadzeniu na rynek oraz po początkowo jeszcze powolnym rozpowszechnianiu przez innowacyjne firmy, znajduje się obecnie w końcowym etapie cyklu i rozprzestrzenia się *"z coraz większym efektem dyfuzji i zasysania potencjalnych korzyści [...] coraz szybciej"* (Schumpeter 1961, s. XLIII).

Towarzyszy temu fakt, że od dłuższego czasu w rozwój oprogramowania open source zaangażowane są już nie tylko osoby o prywatnych interesach; w ostatnich latach gwałtownie wzrósł[6] natomiast udział kodu źródłowego pochodzącego z płatnej działalności ukierunkowanej na interesy handlowe (Ghosh 2006). Z tego powodu pytanie brzmi dziś nie tyle o motywacje i interesy osób wnoszących wkład, ile raczej o motywacje i interesy przedsiębiorstw.

W rozwoju tym pojawiają się dwa główne punkty dyskusji: 1. rozszerzenie działań OSS na współpracę pomiędzy społecznością[7] i firmami komercyjnymi oraz 2. zapotrzebowanie na specjalistów OSS. Współpraca

---

5 W rozumieniu ekonomii innowacje służą przezwyciężaniu niedoboru zasobów. Wynalazek opracowany na tej podstawie - na przykład wspólnie opracowane i swobodnie dostępne oprogramowanie - można nazwać innowacją dopiero wtedy, gdy ugruntuje się na rynku. Egzekwowanie to jest początkowo bardzo powolne, zachęcane przez innowacyjnych przedsiębiorców. Wraz z rosnącym efektem dyfuzji i zasysania, pomysł rozprzestrzenia się coraz szybciej, aż do osiągnięcia nowych granic wydajności. Ten nowy niedobór zasobów uruchamia nowy cykl innowacji.

6 Kod źródłowy lub kod źródłowy to nazwa nadana algorytmom programów komputerowych tworzonych przez osoby, które można zapisywać i odczytywać. Zazwyczaj są one tłumaczone przed użyciem na język, który może być interpretowany tylko przez komputer, tj. binarny.

7 W tym tekście "wspólnota" jest konsekwentnie rozumiana jako społeczność sieciowa. Odpowiada to w zasadzie niemieckiemu terminowi "Gemeinschaft", tzn. grupa, która rozwinęła poczucie przynależności do siebie.

ma kluczowe znaczenie dla powodzenia projektów open source.[8] Nowością w przypadku open source jest jednak to, że ze względu na warunki licencyjne wynik jest zwykle korzystny dla ogółu społeczeństwa (Lutterbeck 2005; 2006). Jednakże model rozwoju oprogramowania open source, który Raymond (1999) nazwał bazarem i który do dziś jest często cytowany, nie został jeszcze rozszerzony o udział komercyjny, pomimo rosnącej aktywności korporacji w rozwoju oprogramowania open source.

Udział firm w rozwoju oprogramowania open source prowadzi nie tylko do zmiany relacji ekonomicznych, ale także do zmiany wymagań stawianych pracownikom na rynku pracy w branży IT. Na OpenWorldForum, które odbyło się w Paryżu na początku grudnia 2008 r. i na którym przedstawiciele firm i uczelni dyskutowali o przyszłości wolnego i otwartego oprogramowania, oszacowano, że do 2020 r. nawet 40% wszystkich pracowników IT będzie pracowało w dziedzinie otwartego oprogramowania (Laisné 2008). W oparciu o ankietę internetową, aktualne badanie "Analiza potencjału w środowisku technologii Open Source w regionie stołecznym Berlina" (Fornefeld i Gasper 2009) zakłada, że w samym Berlinie istnieje prawie 10.000 miejsc pracy bezpośrednio związanych z oprogramowaniem open source. Potrzeba ta nie może być obecnie zaspokojona na rynku pracy. Jednak ze względu na gęsty krajobraz uniwersytecki, na przykład Berlin, poświadcza się "*doskonałą pozycję wyjściową dla dalszego rozwoju technologicznego w dziedzinie oprogramowania open source i tworzenia sieci współpracy i badań*" (Fornefeld i Gasper 2009, s. 15). Zaproszenie do złożenia profesury w zakresie otwartego oprogramowania na Uniwersytecie Norymberskim w

8 Podczas gdy współpraca między przedsiębiorstwami oraz między przedsiębiorstwami a instytucjami publicznymi, takimi jak uniwersytety czy rządy, istnieje od pewnego czasu i ich znaczenie dla rozwoju gospodarki zostało udowodnione, współpraca między przedsiębiorstwami a osobami prywatnymi odpowiada nowszej tendencji.

Erlangen w[9] 2008 r. oraz rozpoczęty w 2009 r. na Uniwersytecie w Lizbonie kierunek studiów "Master in Open Source Software"[10] również zapoczątkowały odpowiednie zmiany w sektorze uniwersyteckim. W odniesieniu do treści wyżej wymienionych środków edukacyjnych należy wyjaśnić, jakie kompetencje należy nabyć w celu pracy nad wolnym i otwartym oprogramowaniem w środowisku komercyjnym. Jednak w dotychczasowych dyskusjach naukowych i technicznych prawie nie zajmowano się tym zagadnieniem w ramach rozwoju personelu i promocji młodych talentów w obszarze open source.

1.2 Teoretyczna delimitacja

Niniejsze opracowanie dotyczy oprogramowania open source i jego włączenia do strategii korporacyjnych. Nie należy jednak wnosić dalszego wkładu w toczącą się obecnie ożywioną dyskusję na temat oprogramowania open source w środowisku komercyjnym lub publiczno-prawnym, ani też na temat tego, jaki model biznesowy jest odpowiedni w związku z otwartym oprogramowaniem.[11] Niniejszy artykuł dotyczy raczej programistów zatrudnionych w sektorze komercyjnym, którzy uczestniczą w projektach open source i poświęcają się tej działalności jako głównej części swojej pracy. W szczególności analizuje on kształtowanie się wewnętrznej organizacji firmy, procesów operacyjnych i ewentualnych napięć we współpracy ze społecznością open source.

---

9 Patrz m.in. http://www.heise.de/newsticker/Erste-Open-Source-Professur-ausgeschrieben--/meldung/115276 [06.08.2009].

10 Zob. http://www.linux-magazin.de/content/view/full/40591 [06.08.2009].

11 Prawdopodobnie najbardziej aktualne dane dla Niemiec pochodzą z "Trend Study Open Source" opublikowanego w lutym 2009 r. (Diedrich 2009). Interesujące jest to, że korzystanie z FLOSS nie rozwija się w firmie, jak się do tej pory powszechnie zakłada, "bottum up", ale staje się sprawą szefa od samego początku. Ten rozwój jest znakiem, że oprogramowanie open source jest coraz lepiej rozumiane strategicznie na poziomie zarządzania. Przykładem takiego rozwoju sytuacji jest indywidualne studium przypadku Biura Spraw Zagranicznych Niemieckiego Rządu Federalnego (Auener 2008).

1.3 Cel badań i oczekiwany wkład

Badania empiryczne w dziedzinie wolnego i otwartego oprogramowania były dotychczas prowadzone w znacznie mniejszym stopniu niż prace teoretyczne. Dlatego też praca ta ma na celu wniesienie wkładu do obecnej dyskusji nie tylko pod względem merytorycznym, ale również empirycznym.

Celem pracy jest zbadanie profilu pracy twórców oprogramowania open source w kontekście komercyjnym. Skupiamy się tutaj na pracownikach dużych, zorientowanych globalnie grup technologii informacyjno-komunikacyjnych (ICT), ponieważ stanowią one największy odsetek twórców OSS pod względem ilościowym. Co więcej, wcześniejsze badania zostały przeprowadzone tylko w środowisku mniejszych firm.

Wkład badania w bieżącą dyskusję polega na podejściu do tematu badawczego z pytaniem rozpoznawczym i wygenerowaniu wniosków z danych empirycznych, co z kolei może posłużyć jako bodziec do dalszej pracy.

1.4 Dygresja: "Wolne" vs. "Otwarte" oprogramowanie

To, czy dany projekt może się nazywać "oprogramowaniem open source" czy "wolnym oprogramowaniem", zależy wyłącznie od użytej licencji. Zarówno Inicjatywa Otwartego[12] Oprogramowania (OSI) jak i Fundacja Wolnego Oprogramowania[13] (FSF) - jako odpowiedni przedstawiciele w formie organizacji non-profit - prowadzą na swojej stronie internetowej listę zaakceptowanych licencji.

Istnieją zasadnicze różnice pomiędzy stanowiskami obu organizacji.

12 http://www.opensource.org [17.08.2009]
13 http://www.fsf.org/ [17.08.2009]

Podczas gdy oprogramowanie Open Source jest zorientowane na pragmatyczne podejście,[14] wolne oprogramowanie postrzega siebie jako ideologię.[15] Ten ostatni jest przede wszystkim zainteresowany wolnością samego oprogramowania. Sposób, w jaki to oprogramowanie jest tworzone, jest nieistotny. Dla OSS, z drugiej strony, wolność oprogramowania jest tylko środkiem do celu. Może ona realizować model rozwoju znany jako styl bazaru (Raymond 1999) jedynie poprzez ujawnienie kodu źródłowego gwarantowanego przez licencję (Moody 2008). W międzyczasie doszło do zbliżenia między przedstawicielami obu stron, którzy przez wiele lat zajmowali niedające się pogodzić stanowiska. Stało się jasne, że oba mają ten sam cel, a mianowicie wspólne tworzenie wysokiej jakości oprogramowania, które jest dostępne bez dyskryminacji. Błędem[16] byłoby jednak nie doceniać znaczenia licencji w oprogramowaniu open source. - Ostatnio w artykule online w "Financial Times Deutschland" stwierdzono nawet, że OSS jest "wolny od licencji".[17] Wprowadzenie marki "Open Source" nie było oparte na fakcie, że chodziło o wolność oprogramowania. Przeciwnie, znak towarowy opierał się na założeniu, że słowo "free/free" zostało źle zrozumiane jako "free" i "royalty-free", jak ponownie wskazuje cytowany artykuł.[18]

---

14 "Open source jest metodą rozwoju oprogramowania, która wykorzystuje siłę rozproszonej wzajemnej weryfikacji i przejrzystości procesu. Obietnica open source to lepsza jakość, większa niezawodność, większa elastyczność, niższe koszty i koniec z drapieżnymi dostawcami" http://www.opensource.org/ [12.08.2009].

15 "Używanie wolnego oprogramowania oznacza dokonywanie politycznego i etycznego wyboru, potwierdzającego prawo do nauki i dzielenie się tym, czego się uczymy, z innymi. Wolne oprogramowanie stało się fundamentem społeczeństwa uczącego się, w którym dzielimy się naszą wiedzą w sposób, który inni mogą wykorzystać i z którego mogą korzystać." http://www.fsf.org/about/what-is-free-software [12.08.2009]

16 Zobacz np. przemówienie inauguracyjne Georga C.F. Greve'a, Free Software Foundation Europe, na OpenExpo jesienią 2007 roku w Zurychu: http://www.openexpo.ch/fileadmin/documents/2007Zuerich/01_GeorgGreve.pdf [06.08.2009] a także http://www.openexpo.ch/fileadmin/documents/2007Zuerich/01_GeorgGreve.mp3 [06.08.2009].

17Patrz http://www.ftd.de/technik/it_telekommunikation/:Unternehmen-sparen-zunehmend-bei-Lizenzgeb%FChren-f%FCr-Software/466567.html [30.06.2009].

18 Pokazuje to, że fundamentalnych nieporozumień nie da się rozwiązać wyłącznie za pomocą nowego terminu. Jest to aspekt, wobec którego Fundacja Wolnego Oprogramowania zawsze była krytyczna. - Ostatnio FSF ponownie zdystansowała się od koncepcji Open Source i postrzega ją jako nadużywaną, a zatem nieudaną (patrz http://fsfe.org/documents/whyfs.de.html [17.08.2009]).

Jądro Linuksa badane w niniejszym opracowaniu jest zgodne zarówno z definicją otwartego oprogramowania, jak i wolnego oprogramowania z zastosowaną "Powszechną Licencją Publiczną GNU[19]" (GPL). Społeczność linuksowa jest niezwykle pragmatycznie zorientowana i nazywa Linuksa prawie wyłącznie oprogramowaniem open source. W celu oddania sprawiedliwości obu ruchom, w tej pracy (Free/Libre & Open Source Software) powszechnie używa się ujednolicającego i powszechnie używanego skrótu "FLOSS". Jeśli jednak dany fragment tekstu skupia się na modelu rozwoju, używany jest termin "oprogramowanie open source". Z drugiej strony, jeśli chodzi konkretnie o wolność i otwartość oraz kwestie prawne w ogóle, używany jest zbiorowy termin "Wolne oprogramowanie" lub jego niemiecki odpowiednik "Wolne oprogramowanie"[20].

1.5 Struktura badania

Jako wstęp do części teoretycznej, projekt jądra Linuksa został pokrótce wyjaśniony (Rozdział 2). W tym celu przedstawia się wgląd w szczególne cechy jednego z najbardziej udanych, aktywnych i - pod względem liczby uczestników - największych projektów open source. Dyskusja na temat oprogramowania open source jest następnie przedstawiona w zarysie chronologicznym, od pierwszych entuzjastycznych pism do aktualnych, w dużej mierze zorientowanych ekonomicznie wypowiedzi (rozdział 3). Pytanie badawcze pochodzi z tej pracy.

W poniższej sekcji poświęconej metodom wyjaśniono strukturę studium przypadku (rozdział 4) oraz wybrane dla niego ilościowe (rozdział 5) i jakościowe podejścia metodologiczne (rozdział 6).

---

19 GNU jest skrótem od "GNU is Not Unix".

20 Nie ustalono jeszcze niemieckiego terminu na oprogramowanie open source. Czasami jednak używa się terminu "oprogramowanie open source".

Część trzecia, przedstawiająca wyniki, składa się z dwóch rozdziałów. Przede wszystkim przedstawiono analizę ilościową plików logów jądra Linux z 2007 roku, w której omówiono udział firmy oraz jej struktury (Rozdział 7). W drugiej, bardziej obszernej części, typologia programistów została opracowana na podstawie wywiadów jakościowych z twórcami jądra Linux w środowisku komercyjnym (Rozdział8).

W części czwartej wyjaśniono powiązania między wynikami badań empirycznych a stanem dyskusji, przy czym model rozwoju opartego na otwartym kodzie źródłowym został uzupełniony o perspektywę twórców oprogramowania komercyjnego (rozdział 9). Wnioski (rozdział 10) i perspektywa (rozdział 11) zamykają badanie.

Część I: Kontekst teoretyczny

2 Sprawa Linuksa

2.1 Jądro i dystrybucja

Termin "Linux" odnosi się ogólnie do całego systemu oprogramowania, który obejmuje z jednej strony system operacyjny, a z drugiej strony różnorodne oprogramowanie na nim oparte. Z jednej strony programy te są programami użytkownika, takimi jak edytor tekstu. Ponadto, w Linuksie wiele narzędzi, takich jak interfejs Windowsa "X", nie jest częścią rdzenia systemu operacyjnego (w przeciwieństwie do np. Windowsa). Dlatego cały ten system nazywany jest dystrybucją[21]. Treść tego opracowania jest jednak tylko jądrem Linux, które służy jako centralny punkt przełączania w systemie. Jak wykazuje Wheeler (2001) z rozkładem Red Hat, jądro jest największym pojedynczym komponentem, jaki zawiera.

Linus Torvalds, wynalazca Linuksa, rozpoczął pracę nad systemem operacyjnym przypominającym uniksa[22] na swoim 386 PC w 1991 roku, ale bez zamiaru pisania całego systemu.[23] Pierwsza wersja 0.01 (10.000 linii kodu) została wydana po pół roku we wrześniu tego samego roku, ale nadal potrzebowała mniej wolnego Minixa[24], systemu przeznaczonego wyłącznie do celów dydaktycznych, jako podstawy. Wersja 0.11, ukończona po około roku rozwoju, była pierwszym Linuksem, który mógł działać bez Minixa i

21 Pełna lista dystrybucji jest dostępna na stronie http://distrowatch.com/ [17.08.2009].

22 System operacyjny "uniksopodobny" to taki, który zachowuje się jak system UNIX-owy, niekoniecznie musi nim być. Nie ma jednak oficjalnej definicji tego pojęcia. Dobry przegląd historii UNIX-u można znaleźć na stronie http://www.levenez.com/unix/ [12.08.2009].

23 Kiedy Torvalds po raz pierwszy pojawił się publicznie ze swoim projektem, zaznaczył, że jest to *"tylko hobby, nie będzie wielki i profesjonalny jak gnu"* (patrz przesłanie z 26 sierpnia 1991 r. na http://groups.google.com/group/comp.os.minix/msg/b813d52cbc5a044b [12.08.2009]).

24System operacyjny przypominający UNIX, pierwotnie zaprojektowany przez Andrew S. Tanenbauma na Uniwersytecie w Amsterdamie wyłącznie do celów edukacyjnych i tym samym zredukowany pod względem funkcjonalności - nazwa składa się z dwóch terminów "minimal" i "UNIX" - został w międzyczasie rozwinięty do postaci wolnego systemu, który nadaje się również do praktycznego zastosowania (http://www.minix3.org/ [12.08.2009]).

dlatego można go nazwać rzeczywistym systemem operacyjnym. Wersja[25] 1.0, wydana w marcu 1994 roku, miała już 175.000 linii kodu, natomiast wersja 2.0 w czerwcu 1996 roku wzrosła do 750.000 linii kodu. Fakt, że dzisiaj wersja 2-serii jest wciąż aktualna (wersja 2.6.30, z 6 sierpnia 2009 r.) pokazuje, że podstawowa funkcjonalność była dostępna już po kilku latach. Następnie główny nacisk został położony na wsparcie sprzętowe i stabilność. Kamieniem milowym było z pewnością wejście na rynek IBM w 1999 roku wraz z ogłoszeniem wsparcia dla Linuksa dużymi sumami pieniędzy i hojną pracą.

2.2 Jądro w liczbach

W kwietniu 2007 r. jądro Linuksa zawierało ponad 21.000 plików o łącznej liczbie ponad 8 milionów linii kodu (Kroah-Hartman 2007). Liczba linii kodu[26] wzrosła obecnie do ponad 10 milionów, zwiększając się średnio o 85 linii kodu na godzinę. Całość kodu jest określana jako źródłowa i może być podzielona w jądrze Linuksa na kategorie: jądro (6 %), sterowniki (30 %), architektura (47 %), sieć (5 %), systemy plików (6 %) oraz różne rodzaje dokumentacji i skryptów (5 %) (Kroah-Hartman 2007).

W porównaniu z 2005 r. społeczność deweloperska podwoiła się do 2008 r. i obecnie liczy ponad 3 500 osób. Niemniej jednak, duża część kodu jest dostarczana przez stosunkowo niewielu programistów. Na przykład, "Top

---

25 Krótki czas rozwoju był możliwy w szczególności dzięki temu, że dzięki Fundacji Wolnego Oprogramowania i Projektowi GNU dostępnych było już wiele wolnych narzędzi, które można było wykorzystać i zintegrować. Z szacunku i wdzięczności Torvalds licencjonował Linuksa na licencji GPL (Torvalds 2001).

26 Patrz http://www.h-online.com/open/Kernel-Log-More-than-10-million-lines-of-Linux-source-files--/news/111759 [06.08.2009]. Liczba ta zależy w dużej mierze od sposobu liczenia. W zależności od tego, czy zliczasz puste linie, komentarze i pliki tekstowe, czy też nie, liczba ta może być łatwo zmniejszona o 30-40%. Własne liczenie aktualnego jądra (2.6.30, stan na 6 sierpnia 2009) z pustymi liniami, komentarzami i plikami tekstowymi (komenda do tego to: find | xargs cat | wc -l) zaowocowało liczbą 12.959.772 linii kodu, z programem SLOCCount [06.08.2009]), bez liczenia pustych linii, komentarzy i plików tekstowych jest to nadal 7.323.848 linii. Aktualny "oficjalny" numer Fundacji Linuksowej to 11 560 971 linii i odnosi się do wersji 2.6.30 z czerwca 2009 (Kroah-Hartman i in. 2009).

30" jest odpowiedzialne za około 30% zmian. Łącznie około 70 % wszystkich programistów jest opłacanych za swoje składki przez dobre 300 firm, w tym organizacje non-profit, takie jak Fundacja Linuksa (Kroah-Hartman i in. 2008).[27]

Godfrey i Tu byli zaskoczeni odkryciem, w oparciu o własną analizę, że jądro Linuksa wykazało w ostatnich latach wyraźnie liniowe tempo wzrostu (Godfrey i Tu 2000). Wynik ten został ostatnio potwierdzony przez Kroah-Hartman et al (2008). Stwierdzono stałą roczną stopę wzrostu na poziomie 10 % w okresie prawie trzech[28] lat. Jest to sprzeczne z prawem Lehmana (Lehman i in. 1997), które stwierdza, że wzrost dużych systemów stale spowalnia z powodu bezpośrednio z tym związanej rosnącej złożoności (patrz rys. 1).[29]

27 Zaktualizowane badanie z sierpnia 2009 r. potwierdza te dane i wykazuje jedynie niewielkie różnice (Kroah-Hartman i in. 2009).

28 Ta roczna stopa wzrostu odpowiada godzinowemu wzrostowi o 85 wierszy kodu (Kroah-Hartman 2007).

29 Lehman i inni używają liczby modułów jako metryki. Jednak porównując je, stwierdzono, że używane linie kodu nie różnią się znacząco, ale dają mniej wiarygodne wyniki.

Rysunek

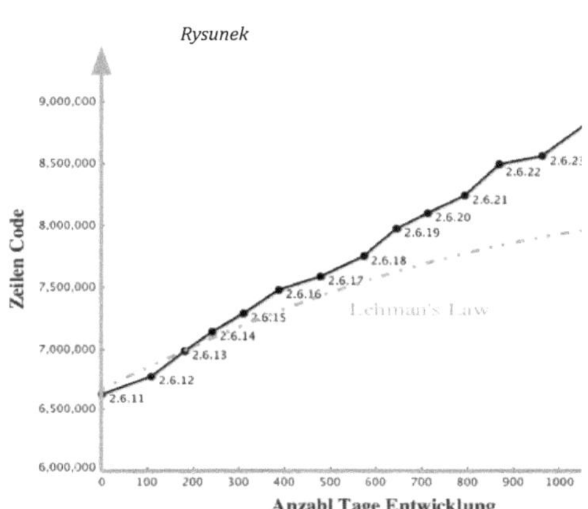

1: Wzrost jądra Linuksa od marca 2005 do stycznia 2008 (Kroah-Hartman et al. 2008, s. 4) w porównaniu z prawem Lehmana

Ten liniowy wzrost można wytłumaczyć faktem, że prawie 80% kodu składa się z obsługi sprzętowej, czyli nie[30] zawiera żadnej rzeczywistej funkcjonalności. Wybrana architektura dla jądra Linuksa, która charakteryzuje się silną modularyzacją i wyraźnym rozdzieleniem architektur, zapewnia również, że wsparcie sprzętowe funkcjonuje stosunkowo oddzielnie, a tym samym np. dodatkowy sterownik nie zwiększa jeszcze bardziej złożoności. Ponadto, wsparcie dla starego, rzadko używanego sprzętu jest wyeliminowane raczej defensywnie, tak że znaczna ilość kodu, który nie jest lub jest tylko bardzo rzadko używany, prawdopodobnie zostanie dołączona (Godfrey i Tu 2000).

Jądro Linuksa można natomiast opisać prawem Zipf, które zajmuje się procesem rozwoju systemów. Prawo to stwierdza, że częstotliwość występowania jednostki w systemie jest proporcjonalnie odwrotna do jej

30 Wzrost ten znajduje również odzwierciedlenie we wspieranych sterownikach i architekturze, co przemawia za rosnącą akceptacją i dystrybucją Linuksa (Godfrey i Tu 2000).

rangi, tzn[31]. różnice w ramach danej rangi coraz bardziej maleją. W ETH Zurych zbadano ostatnio, czy dotyczy to również Linuksa (Maillart i in. 2008). W oparciu o linkowanie pakietów oprogramowania w dystrybucji Debian można udowodnić, że Linux jest zgodny z prawem Zipf. Badanie wykazało również, że ta prawidłowość rozwija się tylko w czasie, tzn. jest związana ze wzrostem. Innym ważnym wnioskiem z badania jest to, że liczba ta zmienia się bardziej niż rośnie. Oznacza to, że pakiet oprogramowania może ponownie wypaść z dystrybucji, niezależnie od częstotliwości łączenia.[32]

2.3 Model rozwoju jądra Linuksa

Wraz z rozpoczęciem wydawania 2.6[33] jądra Linuksa w grudniu 2001 r. nastąpiło przejście na model oparty na czasie, zamiast ukierunkowywać cykle wydań na mapę drogową, jak dotychczas. Począwszy od 2005 roku, w cyklu od dwóch do trzech miesięcy ukaże się stabilna wersja, która może zawierać nowe funkcjonalności, jak również zmiany w interfejsie programowania dla innych programów (tzw. Application Programming Interface, w skrócie API). W odróżnieniu od wielu innych projektów, nie istnieje już [34]osobna gałąź rozwoju, ale raczej ciągły i stabilny rozwój na głównej gałęzi.[35] Działa to w taki sposób, że na początku cyklu wydania

31 Językoznawca Zipf odkrył, że w tekstach najczęściej występujące słowo występuje około dwa razy częściej niż drugie i trzy razy częściej niż trzecie najczęściej występujące słowo. Następnie liczne badania potwierdziły zasadność tego podziału dla wielu różnych systemów, takich jak liczba odwiedzających strony internetowe czy wielkość miast i firm (online pod adresem http://www.ethlife.ethz.ch/archive_articles/090121_Zipf_nsn/index [12.08.2009]).

32 W mniej dobrze modulowanych systemach, komponenty, które nie są już potrzebne, można znacznie trudniej wyeliminować, ponieważ zależności od innych komponentów można rozwiązać tylko przy dużym wysiłku. Twórcy systemu operacyjnego Windows są z tym faktem skonfrontowani (Spinelli's 2008).

33 W rozwoju oprogramowania, "wydanie" jest ukończoną i opublikowaną wersją oprogramowania, która kończy cykl rozwoju.

34 Powszechną praktyką stało się określanie nieparzystych numerów wersji jako wersji rozwojowych, które na pewnym poziomie dojrzałości zmieniają się w parzystą, stabilną wersję w sensie wydania produkcyjnego.

35 Zwłaszcza Linus Torvalds jest bardzo zadowolony z tego modelu wersjonowania opartego na czasie, a nie na funkcjach, jak wyraźnie stwierdził na liście mailingowej: *"Nowy model jest o wiele lepszy, że nie warto nawet wracać do teorii.* (zob.

otwiera się okno na około dwa tygodnie, w którym można dodać nową funkcjonalność. Pozostały czas jest wykorzystywany na testowanie i rozwiązywanie problemów. Nowe funkcje lub obsługa całkowicie nowego sprzętu będzie dozwolona tylko w wyjątkowych przypadkach i w kontrolowanych ramach. Wydanie zostanie wydane tylko wtedy, gdy Linus Torvalds uzna, że jakość jest zadowalająca. Jak pokazują Kroah-Hartman i inni (2008), w ciągu ostatnich trzech lat cykle wydawnicze trwały od 61 do 108 dni, ze średnią 2,7 miesiąca (i około 5.000 łatek[36]), więc są naprawdę na dobrej drodze. Jest to jednak raczej nietypowe w przypadku projektów open source. Zaletą tego podejścia jest to, że nowy sprzęt jest obsługiwany dość szybko w aktualnym, stabilnym jądrze. Wadą jest to, że nie można zaplanować, w którym wydaniu zostanie dodana nowa funkcja.

Ponieważ klienci komercyjnych usługodawców nie zaakceptowaliby nowego wydania co dwa do trzech miesięcy, dystrybucje nie dostarczają każdego nowego. W tym celu stabilne wydania muszą być dalej utrzymywane, tak aby błędy nie pozostawały w oprogramowaniu przez długi czas i aby można było obsługiwać aktualny sprzęt (patrz Rys. 2).

---

http://article.gmane.org/gmane.linux.kernel/706594 [12.08.2009]).

36 W kontekście rozwoju jądra Linuksa, "łatka" jest zmianą kodu źródłowego, w której zawarte są tylko zmienione linie.

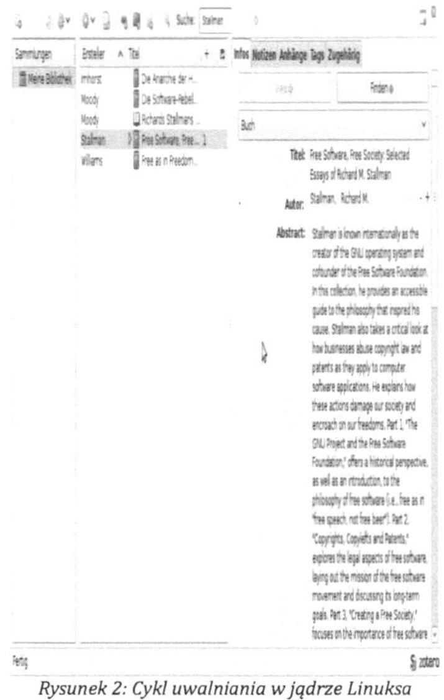

Rysunek 2: Cykl uwalniania w jądrze Linuksa (zgodnie z Kroah-Hartman i in. 2008, s. 2)

Spośród starszych wydań, zazwyczaj tylko dwa poprzednie są oficjalnie utrzymywane w mocy, tj. po wydaniu 2.6.30, wersji 2.6.29 i 2.6.28. Odpowiedzialność za utrzymanie w mocy spoczywa w dużej mierze na przedsiębiorstwach, zwłaszcza na dystrybutorach. Alan Cox zwięźle wyjaśnił to podczas prezentacji o społeczności linuksowej na OpenExpo 2008 w Bernie (Szwajcaria):[37]

- Przekazać problemy dostawcom oprogramowania i sprzętu.
- Masz ekspertów.
- Masz klientów, którzy chcą rozwiązania.
- Zarabiają na tym niezłe pieniądze.

---

37 Prezentacja: http://www.openexpo.ch/fileadmin/documents/2008Bern/Slides/41.pdf [17.08.2009], wideo: http://video.google.de/videoplay?docid=1893415028065590416 [17.08.2009].

Firmy, zwłaszcza dystrybutorzy, którzy używają nawet starszych wersji, zazwyczaj zarządzają nimi sami, czyli nie na oficjalnej platformie kernel.org. Ponieważ dystrybutorzy nie wypuszczają swoich produktów na rynek w tym samym czasie, większość z nich nie zintegrowała tego samego jądra, co czyni całkiem zrozumiałym i uzasadnionym, że konserwacja generalnie nie odbywa się na centralnej platformie.

Wzajemna weryfikacja jest niezwykle ważna w celu zagwarantowania stabilności przy tak szybkich cyklach uwalniania. Upraszcza to silna modularyzacja i plastry, które są tak ziarniste, jak to tylko możliwe. Istnieje również wyraźna hierarchia w obrębie społeczności jądra Linuksa, ponieważ Linus Torvalds wciąż ma ostatnie słowo na temat tego, co jest zawarte w jądrze. Między nim a tysiącami deweloperów jest kilku opiekunów, którzy pełnią rolę strażników. Funkcja ta stała się konieczna, ponieważ wraz ze stałym rozwojem projektu Torvalds stał się "wąskim gardłem" (*"Linus nie skaluje"*).

Aby uniknąć problemu, że żadna nowa funkcjonalność nie może być dodana w tygodniach przed nowym stabilnym wydaniem, stworzono gałąź deweloperską "Linux-Next". Tutaj nowy kod może być dodawany i strojony podczas fazy stabilizacji, tak że na początku nowego cyklu wydawania można już stosunkowo płynnie dodać wiele nowego kodu do głównego wątku. Jądro mm" Andrew Mortona sięga jeszcze dalej w przyszłość, co można rozumieć jako gałąź eksperymentalną i będzie ono później wydajne tylko w ograniczonym zakresie.

2.4 Wyzwania wewnątrz społeczności

Chociaż stale rosnąca baza kodowa i rosnąca liczba członków społeczności OSS nie spowalnia tego procesu, jak już wspomniano, pojawiają się dodatkowe problemy. Na przykład, "drugi człowiek" za Linusem

Torvaldsem, Andrew Mortonem, wydał w 2006 roku publiczne oświadczenie, że jądro staje się coraz bardziej buggy, ponieważ zbyt szybko dodaje się zbyt wiele nowych funkcji. W ściśle zhierarchizowanej organizacji, szef wydawałby w takim przypadku instrukcję. Nie jest to jednak możliwe w projekcie open source. Na przykład, propozycja Andrew Mortona, aby wprowadzić recenzowany znacznik oprócz znacznika sign-off spotkała się z ogólną aprobatą,[38] ale w rzeczywistości zbyt wiele kodu nadal trafia do jądra, które nigdy nie było właściwie kontrolowane.

Podobnym problemem jest obsługa błędów. Co prawda, istnieje do tego celu odrębna organizacja, a wsparcie techniczne jest aktualne. Ale ze względu na brak autorytetu, wiele błędów pozostaje u przydzielonych programistów. Co więcej, wiele błędów jest zgłaszanych nieoficjalnymi kanałami, a zatem nie mogą być one uwzględnione w oficjalnym procesie.

Greg Kroah-Hartman, odpowiedzialny za sterownik USB, widzi zwiększoną potrzebę wsparcia ze strony producentów, pomimo już dużego zaangażowania firmy. Dalsze rozprzestrzenianie się Linuksa, szczególnie w przypadku komputerów osobistych i laptopów, zależy z jednej strony od wsparcia szerokiej gamy sprzętu. Jeśli producenci sami nie przedstawią odpowiednich kierowców i nie opublikują specyfikacji, cel ten trudno będzie osiągnąć. Z drugiej strony, na Linuksie musi być więcej oprogramowania. Zwłaszcza aplikacje biznesowe są przenoszone tylko niezdecydowanie, ponieważ rynek jest wciąż zbyt mały.

Wreszcie, istnieje problem z czasami agresywnym stylem pisania na listach mailingowych, który zniechęca potencjalnych programistów jądra, a nawet dystrybuuje te aktualne. James Bottomley przeprowadził sesję na ten temat podczas szczytu jądrowego 2007. Krótki fragment z protokołu:[39]

---

38 Dyskusja z okazji szczytu w Kernel w 2007 r. (http://lwn.net/Articles/248388/ [17/08/2009]).
39 Patrz http://lwn.net/Articles/249104/ [17.08.2009].

"Płonące i ogólnie nieprzyjemne zachowanie pozostaje problemem w społeczności kernelowej. Ilekroć jeden deweloper podpalił drugiego - za coś trywialnego, jak naruszenie białej przestrzeni lub coś bardziej istotnego - daje przykład innym. Oryginalny deweloper może czuć się usprawiedliwiony w płomieniach przez bycie, rację", ale ci, którzy podążają za nim, mogą mieć mniej racji, będąc jednocześnie tak samo zapalającymi. Rezultatem jest płomień ludzi, którzy nigdy nie rozważali wysłania poprawki na jądro. Jesteśmy, mówi James, przyciągając idiotów do naszej społeczności przez nasze zachowanie."

Społeczność jądra Linuksa rozumie komunikację przede wszystkim jako proces rozwiązywania problemów technicznych oraz jako sposób egzekwowania określonych standardów. Niewielką uwagę przywiązuje się do formy, a komunikacja jest zazwyczaj bardzo bezpośrednia. Społeczność jest jednak w pełni świadoma społecznego komponentu komunikacji i jest skłonna regulować się sama, na przykład poprzez regularne podnoszenie tej kwestii, na przykład na listach mailingowych - zwłaszcza jako bezpośrednia odpowiedź na szczególnie osobiste komentarze, znane w społeczności jako "płomienne" - lub na konferencjach.

2.5 Wniosek tymczasowy

Jądro Linux jest projektem open source z największą społecznością. Struktury te rozwijały się przez prawie dwie dekady, hierarchie są stosunkowo stabilne i akceptowane przez deweloperów. Postępy w realizacji projektu, przy stałym wzroście bazy kodowej o 10% rocznie, są nadzwyczajne, ale powodują też problemy z zapewnieniem jakości, co dodatkowo komplikuje brak uprawnień do wydawania instrukcji dotyczących korygowania wykrytych wad.

Opisane badania dotyczące rozwoju Linuksa wyraźnie pokazują, że projekt nie jest bynajmniej chaotyczny, ale ma bardzo uregulowany proces rozwoju. Samoorganizację projektu można zatem określić jako siłę, a nie słabość. - Społeczność jądra Linuksa zawsze potrafiła opanować złożoność poprzez wewnętrznie inicjowane zmiany w rozwoju oprogramowania lub modelu rozwoju.

Należy podkreślić udaną syntezę komercyjnych, publicznych i prywatnych interesów związanych z jądrem Linux. Jednakże, pomimo już wysokiego poziomu uczestnictwa w spółce, nadal brakuje lub istnieje potencjał wzrostu.

3 Oprogramowanie Open Source - Stan dyskusji

3.1 Historia

Korzenie ruchu wolnego oprogramowania można znaleźć pod koniec lat 50. w Massachusetts Institute of Technology (MIT). Chociaż inne uczelnie również posiadały swoje komputery typu mainframe, były znacznie bardziej autorytarne w swojej organizacji niż MIT, a tym[40] samym mniej atrakcyjne jako miejsce pracy dla "frajerów" spoza porządku społecznego[41] - jak Richard Stallman[42] (Imhorst 2004). Jak podkreśla już w tytule artykuł "Na początku całe oprogramowanie było wolne" (Baumgärtel 2002), oprogramowanie w początkowym okresie niezwykle drogich komputerów mainframe nie miało wartości wymiany. W środowisku naukowym, gdzie znajdowała się większość komputerów, fakt, że programy były wzajemnie wymieniane, przeglądane i uzupełniane, był w dużej mierze przyjmowany jako rzecz oczywista i praktykowany nieformalnie. Jednak wraz z rosnącą przystępnością cenową serwerów i wynikającym z tego rozprzestrzenianiem się i znaczeniem, zwłaszcza w gospodarce, działające na nich oprogramowanie mogło być lepiej wprowadzane na rynek, tzn. zyskiwało wartość ekonomiczną i w rezultacie było coraz częściej trzymane

40 Podczas gdy w MIT wszyscy pracownicy mieli swobodny dostęp do terminali, w innych instytutach nad dostępem czuwali *"arcykapłani"* (Levy 1994, s. 19) z IBM.

41 Auszug aus den von Raymond verwalteten Jargon Files: *"W przeciwieństwie do popularnego mitu, nie trzeba być kujonem, żeby być hakerem. To jednak pomaga, a wielu hakerów to w rzeczywistości kujony. Bycie czymś w rodzaju społecznego wyrzutka pomaga skupić się na naprawdę ważnych sprawach, takich jak myślenie i hakerstwo. [...] Jeśli uda ci się wystarczająco skoncentrować na hakowaniu, aby być w tym dobrym i nadal mieć życie, to dobrze. Dziś jest to o wiele łatwiejsze niż wtedy, gdy byłem nowicjuszem w latach 70-tych; kultura głównego nurtu jest teraz o wiele bardziej przyjazna dla techno-nerdów. Rośnie nawet liczba osób, które zdają sobie sprawę, że hakerzy to często wysokiej jakości materiał na kochanków i małżonków. Jeśli pociąga cię hakerstwo, bo nie masz życia, to w porządku - przynajmniej nie będziesz miał problemów z koncentracją. Maybe you'll get a life later on."* http://catb.org/esr/faqs/hacker-howto.html#nerd_connection [17.07.2009].

42 Richard M. Stallman, znany także z inicjałów RMS, założył Projekt GNU i Fundację Wolnego Oprogramowania. **Jest** on osobą referencyjną dla idealizmu w ruchu. Jednak ze względu na konsekwentnie zajmowane stanowisko w sprawie wolności informacji, które wielu określiło jako radykalne, ma on również wielu przeciwników.

pod kluczem. Na uniwersytetach doprowadziło to do tego, że pracownicy musieli podpisywać [43]tzw. umowy o zachowaniu poufności (NDA), a dobrzy programiści z uczelni byli kłusowani przez producentów sprzętu i oprogramowania. Tak więc Richard Stallman wkrótce zobaczył siebie jako *"ostatniego prawdziwego hakera"* (Levy 1994, s. 415), *ponieważ nie chciał iść na* kompromis ze światem biznesu.

Podobnie jak w świecie akademickim, Homebrajski Klub Komputerowy w sektorze prywatnym musiał w latach 70. uznać, że komercjalizacja oprogramowania wzrasta. Aby *"wyprowadzić etykę hakerów z kampusu uniwersyteckiego i na ulice"* (Imhorst 2004, s. 31) idealiści musieli przyznać, że wraz z rozkwitem rynku komputerów PC, hakerstwo coraz częściej stawało się biznesem. Wielu z nich skorzystało z tej okazji, aby zmienić swoje hobby w zawód. Albo podjęli pracę, albo założyli własną firmę. Jak to już miało miejsce w MIT, rozwój ten doprowadził do tego, że kody oprogramowania nie były już współdzielone. W związku z tym klub rozwiązał się po krótkim czasie w 1977 roku.

Lerner i Tyrol (2002) postrzegają tę pierwszą fazę rozwoju oprogramowania jako w dużej mierze nieformalne wspólne tworzenie oprogramowania. Jednym z problemów było to, że prawa autorskie nie były jasno uregulowane. Uniemożliwiło to autorom ochronę stworzonego bezpłatnie oprogramowania przed komercyjną eksploatacją. Ponadto, ruch ten był infiltrowany[44] metodami takimi jak "embrace, extend & extinguish", tak jak Microsoft z powodzeniem zrobił to np. z Kerberosem, a później z przeglądarką Netscape - i z Javą bez powodzenia.

43 Non-Disclosure-Agreements to umowy, które w tym konkretnym przypadku pozwalają twórcy oprogramowania na przeglądanie kodu własnościowego. Nie wolno jednak przekazywać kodeksu ani konkretnej wiedzy zdobytej w trakcie jego badania.

44 "Embrace, extend & extinguish" oznacza, że norma jest oficjalnie wspierana ("przyjęta"), ale jest rozszerzona o dodatkowe zastrzeżone cechy, tak że powstaje nowa norma de facto ("wygasła") z powodu własnej przewagi na rynku. Oryginalny standard jest w ten sposób infiltrowany i kompatybilność jest w dużej mierze uniemożliwiona dla konkurencji. Praktyka ta, początkowo prowadzona przez IBM, a następnie przejęta przez Microsoft, była już wielokrotnie skutecznie kwestionowana przed amerykańskimi i europejskimi sądami.

Dlatego prawdopodobnie najważniejszym wkładem Richarda Stallmana w społeczność wolnego oprogramowania, którego znaczenia nie należy lekceważyć, jest fakt, że zawarł on prawnie bezpieczną umowę z Powszechną Licencją Publiczną GNU[45] (GPL), którą stworzył na początku lat osiemdziesiątych. Zawarta w nim klauzula[46] copyleft, którą przeciwnicy często nazywają "wirusową", szczególnie ze względu na dziedziczenie praw i obowiązków w zakresie adaptacji i dystrybucji oprogramowania - które musi być obowiązkowym składnikiem wolnej, ale nie licencji open source - zapewnia tylko w tym kontekście, że zasada hakerska *"informacja chce być wolna"* (Brand 1988, s. 201) nie może być naruszona. Copyleft nie tylko tworzy wspólną wiedzę, ale także stawia ogrodzenie ochronne wokół wspólnej (O'Mahony 2003). Dzieje się tak dlatego, że copyleft nie tylko pozostawia wiele praw[47] użytkownikowi, ale także zapewnia, że przyznane prawa będą nadal przyznawane w momencie przekazania niezmodyfikowanego, jak i zmodyfikowanego oprogramowania. Richard Stallman pisze o swojej motywacji do stworzenia GPL w Manifeście GNU:

> *"Uważam, że złota zasada wymaga, że jeśli podoba mi się jakiś program, to muszę się nim dzielić z innymi, którzy go lubią. Sprzedawcy oprogramowania chcą podzielić użytkowników i podbić ich, każąc każdemu z nich zobowiązać się do nie dzielenia się z innymi. Odmawiam zerwania solidarności z innymi użytkownikami w ten sposób." (Stallman 2002, S. 32)*

---

45 GNU jest skrótem od "GNU is Not Unix", plan Richarda Stallmana, by przepisać kompletny system podobny do uniksowego, który byłby całkowicie wolny w użyciu.

46 W przeciwieństwie do praw autorskich, które chronią prawa producenta, copyleft ma na celu ochronę praw użytkownika. Prawa autorskie pozostają przy producencie, ale prawa użytkowania są przenoszone na użytkownika. Może korzystać z oprogramowania, a także zmieniać je według własnego uznania.

47 Prawa te obejmują następujące cztery wolności: 1. swobodne użytkowanie, 2. swobodne rozpowszechnianie, 3. dozwolone modyfikacje, oraz 4. swobodne rozpowszechnianie zmodyfikowanych programów. Czwarta swoboda jest jednak dozwolona tylko pod warunkiem, że wszystkie trzy inne swobody zostaną również przekazane.

Z tego cytatu jasno wynika, że Stallman[48]przeniósł ideologię i moralność przestrzeganej przez siebie etyki hakerów do zrozumiałego pod względem prawnym, wielostronicowego konstruktu, który jest egzekwowalny wobec prawa. W związku z tym ruch open source jest również zaangażowany w etykę hakerów. Chociaż postrzega siebie jako pragmatycznie zorientowaną i próbuje unikać ideologii wolnego oprogramowania używając bardziej przyjaznego biznesowi terminu "Open Source", nie postrzega siebie jako firmy. Jednakże, z prawnego punktu widzenia,[49] stosowanie GPL nie pozwala na to.

Podczas gdy Richard Stallman i Fundacja Wolnego Oprogramowania stworzyli podstawy prawne dla ruchu Open Source, dopiero pojawienie się Internetu w[50] pierwszej połowie lat 90. umożliwiło w praktyce stworzenie modelu rozwoju Open Source, a tym samym trzeciej ery ruchu wolnego oprogramowania (Lerner i Tyrol 2002).

3.2 Faza pierwsza: Idealizm

Dyskusja na temat oprogramowania open source, przynajmniej w formie tekstowej, rozpoczyna się prawdopodobnie od przełomowego eseju "Katedra i Bazar"[51] Erica S. Raymonda, który po raz pierwszy ukazał się w

48 W międzyczasie, organizacja non-profit gpl-violations.org podjęła się zadania egzekwowania licencji. Chociaż głównym celem jest osiągnięcie ugody pozasądowej, kilka procesów sądowych dowiodło już, że GPL może być również egzekwowane w sądzie. Przykładem jest orzeczenie sądu przeciwko D-Link, które można znaleźć na stronie http://www.gpl-violations.org/news/20060922-dlink-judgement_frankfurt.html [17.08.2009]).

49 GPL jest nadal najpopularniejszą z 73 różnych licencji open source, jak ostatnio podkreślił Perens w swoim artykule (http://itmanagement.earthweb.com/osrc/article.php/3803101/Bruce-Perens-How-Many-Open-Source-Licenses-Do-You-Need.htm [17.08.2009]).

50 Że medium, które może nie tylko nadawać, ale także odbierać, jest doskonałym katalizatorem rozwoju idei i wiedzy, zostało już uznane przez Bertolta Brechta w jego przemówieniu o wpływie radia ponad 75 lat temu: *"Radio byłoby największym możliwym aparatem komunikacyjnym życia publicznego, ogromnym systemem kanałów, to znaczy, byłoby, gdyby wiedziało, jak nie tylko nadawać, ale także odbierać, to znaczy, aby słuchacz nie tylko słyszał, ale także mówił, a nie izolował się, ale odnosił się do niego.* (Brecht 1932/33, cytat z Brechtu 1967)

51 Choć model bazarny jest powszechnie uznawany za metaforę, to jednak był też wielokrotnie krytykowany. W szczególności Bezroukov (1999a; 1999b) już na początku wskazał, że model ten nie jest wcale tak nowy i wyjątkowy, ale opiera się na praktyce naukowej.

marcu 1998 roku[52] w specjalnym wydaniu publikacji internetowej "Pierwszy poniedziałek" poświęconej tematyce open source. Nie jest to całkowicie zaskakujące dla tekstu napisanego przez entuzjastę, jak wiele innych naukowych i nienaukowych dokumentów na temat wolnego i otwartego oprogramowania, jego argumentacja jest ideologicznie i politycznie umotywowana. Lancashire podsumowuje esej, a więc w dużej mierze wczesną fazę dyskusji o otwartym oprogramowaniu, w następujący sposób:

> *"Innymi słowy, mimo że jego argumentacja jest przytoczona w języku ekonomii, Raymond domyślnie sugeruje, że rozwój open source odbywa się poza rynkiem". (Lancashire 2001)*

Raymond twierdzi w tym, a zwłaszcza w innym ówczesnym eseju ("Homesteading the Noosphere", Raymond 1999), że oprogramowanie open source jest oparte na "kulturze daru". W ten sposób domyślnie neguje on klasyczne teorie ekonomiczne, takie jak "homo oeconomicus" czy też teorię kosztów transakcyjnych Nowej Ekonomii Instytucjonalnej (wprowadzoną przez Coase'a w 1937 r.) i pozycjonuje uczestników open source w środowisku marksizmu[53]. Dlatego też mniej można znaleźć analogii z gospodarką rynkową niż z niekomercyjnymi organizacjami pozarządowymi.

Raymond stawia więc moralnie hakerów open source ponad twórcami oprogramowania komercyjnego, jak Levy uczynił to już w swojej książce "Hackers: Heroes of the Computer Revolution", wydanej po raz pierwszy w

---

52 W formie książkowej "Katedra i Bazar" została wydana w 2001 roku wraz z dalszymi esejami Raymonda pod tym samym tytułem.

53 Wolne i otwarte oprogramowanie jest również często nazywane przez swoich przeciwników "komunistycznym". Jako reprezentatywny przykład, fragment kolumny Boba Metcalfe'a (1999), wynalazcy Ethernetu: *"Ideologia Ruchu Otwartego Oprogramowania to utopijny balderdash. [...] Ruch Open Source przypomina mi o komunizmie. Marksa Richarda Stallmana mówi o złu, jakie niesie ze sobą motyw zysku i wielonarodowe korporacje. Lenin Linusa Torvaldsa śmieje się z dominacji nad światem. [...] Eric Raymond zrywa ze Stallmanem, jak Trocki czeka na szpikulcu do lodu. Przed nami sowiecki Linux, z kolejnymi pięcioletnimi planami co trzy."* Co ciekawe, zarówno Stallman, jak i Raymond określają się jako libertarianie, nawet jeśli nie przestrzegają dogmatycznie nauk o libertarianizmie i różnie je interpretują (Weber 2004).

1984 roku. Himanen (2001) posunął się nawet do postrzegania etyki hakerów, w przeciwieństwie do teorii etyki protestanckiej Webera (1934), jako prototypu etyki dla społeczeństwa wiedzy (Castells 2001). Ta etyka hakerska opiera się na przekonaniu, że hakerzy postrzegają siebie jako elitę w coraz bardziej technologicznym świecie. W swoistej walce "Robin Hooda" z obezwładniającym "wrogim" kapitalizmem - który dla wielu ludzi przejawia się w postaci Microsoftu - powstaje w ten sposób romantyzm społeczny, który znajduje odzwierciedlenie również w powieściach science fiction, takich jak "Sprawl" Williama Gibsona (2000) czy "Snow Crash" Neala Stephensona (1995).

Dyskusja na tym etapie skupia się na dwóch kwestiach: Z jednej strony adresowany jest model rozwoju, który Raymond nazywa bazarem. Z drugiej strony, poszukuje się wyjaśnień, dlaczego ludzie angażują się w projekt, który na pierwszy rzut oka nie przynosi im bezpośrednich korzyści.

3.2.1 Bazar: nowy model rozwoju

Raymond (1999) porównał proces wspólnotowy projektów open source do bazaru, opierając się głównie na swojej analizie Linuksa i własnych doświadczeniach w rozwoju oprogramowania "fetchmail", jak również na tradycji programowania UNIX-owego. W sensie darwinowskim powinien przeważać kod najlepszy pod względem technicznym (w ramach projektu lub jako niezależny, konkurencyjny projekt). Rynek" jest publicznie dostępnym bazarem, który jest otwartą platformą internetową w procesie społecznym. Model ten charakteryzuje się:

1) brak centralnego organu decyzyjnego
2. projektowanie kodu ciągłego i debugowanie,
3) integracji użytkowników w procesie produkcji oraz
4. samodzielny wybór zadań przez programistów (Rossi 2006).

Między innymi, te cztery punkty prowadzą do tego, że oprogramowanie open source jest mniej zależne od poszczególnych osób, wysoce zdecentralizowane i tylko w bardzo ograniczonym stopniu możliwe do zaplanowania. Ghosh (1998) stworzył wizerunek "rynku garnków kuchennych" jako alternatywy dla bazaru. Każdy dodaje składniki do garnka w zależności od swoich możliwości i może jeść z zupy. Jednak wartość dodana zupy znacznie przewyższa wartość własnych dodatków, co wynika z różnorodnych wkładów. Kuwabara (2000) nazywa ten proces "inżynierią od dołu do góry" i postrzega go jako rozwój społeczny, ewolucyjny. Dotyczy to również dynamiki projektu open source, który można określić jako system samoorganizujący się. Według Probsta (1987), cztery właściwości są z tym związane: złożoność, samodzielność, redundancja i autonomia. Złożoność ta utrudnia opisywanie i przewidywanie zachowań systemu i opiera się na wzajemnej zależności, w której poszczególne części i relacje między nimi mogą się stale zmieniać. Autoreferencja oznacza, że system nie może być kontrolowany z zewnątrz, ale działa od wewnątrz i że własne zachowanie ma wpływ na przyszłe działania. Redundancja oznacza, że w zasadzie nie ma podziału na części organizujące, kształtujące i kierujące. System ma pełną autonomię, gdy określa relacje i interakcje, które definiują go jako jednostkę.

W przeciwieństwie do opisanego tu stylu bazaru, Raymond pozycjonuje styl budowy katedry, tak jak jest on spotykany w rozwoju oprogramowania prawnie zastrzeżonego, ale także w projekcie GNU. Tutaj pomysł architekta jest realizowany przez centralny system sterowania. Ten styl prowadzi z jednej strony do dużej zależności (od tego architekta), ale z drugiej strony do lepszej zdolności planowania. Ta podwójna perspektywa jest typowa dla wczesnej dyskusji na temat oprogramowania open source, a także dla Raymonda. Istnieje jednak prawdopodobnie tylko kilka projektów, które można jednoznacznie przypisać do jednego z tych dwóch modeli (Imhorst

2004). Również dwoistość "otwarte jest dobre" i "własnościowe jest złe" używana w porównaniu "bazar kontra katedra" jest zbyt jednowymiarowa, ponieważ oprogramowanie własnościowe może być również oznaczone atrybutami bazaru (Kuwabara 2000). Istnieje również wystarczająco dużo projektów open source, które mają sztywne i hierarchiczne struktury i dlatego nie mogą wytrzymać porównania.

Powtarzają się próby włączenia open source do ogólnie obowiązującego modelu rozwoju (zob. np. Evers 2008). Jednak model open source jest postrzegany zbyt mocno w porównaniu z produkcją oprogramowania komercyjnego - takiego jak Microsoft. Jak pokazuje na przykład Perens (2007), mniej niż jedna trzecia produkowanego oprogramowania odpowiada temu rozumieniu oprogramowania komercyjnego, które jest określane jako oprogramowanie standardowe. Znacznie większą część stanowi oprogramowanie indywidualne, które jest tworzone albo na zamówienie osób trzecich, albo przez samego użytkownika "we własnym zakresie" i nigdy nie trafia na rynek sprzedaży. To indywidualne oprogramowanie jest produkowane w zupełnie inny sposób i w dużej części odpowiada znacznie bardziej modelowi rozwoju open source. Najbliższe podejściu Open Source jest prawdopodobnie programowanie ekstremalne (Beck 2000), które weszło do codziennego życia programistów mniej jako "ekstremalne", ale jako "zwinne" tworzenie oprogramowania.[54] Raymond podsumowuje podobieństwa między oprogramowaniem open source a rozwojem oprogramowania zwinnego zgodnie ze swoją "regułą 7":

> *"Wydawaj wcześnie, wydawaj często i słuchaj swoich klientów." (Raymond 1999, S. 39)*

Podczas gdy wczesne i częste publikowanie jest rozumiane mniej więcej w

---

54 Manifest rozwoju oprogramowania agile można przeczytać na stronie http://www.agilemanifesto.org/ [17.08.2009].

ten sam sposób, zaangażowanie użytkowników różni się znacznie w jednym punkcie pomiędzy oprogramowaniem indywidualnym a oprogramowaniem open source: programowanie ekstremalne lub tworzenie oprogramowania zwinnego wymaga, oprócz dewelopera, *"klienta na miejscu"* (Beck 2000, s. 61), który przyjmuje na siebie bardzo specyficzną, przekazującą know-how rolę w projekcie, ale który sam nie przekazuje żadnego kodu źródłowego oprogramowania. Model rozwoju open source nie rozdziela wyraźnie tych ról (co w samoorganizującym się systemie nazywane jest redundancją). Chociaż jest całkiem możliwe, że ekspert "tylko" wnosi know-how, w zasadzie wszyscy współpracownicy i wyraźnie również programiści są postrzegani jako producenci i konsumenci ("Zasada 1" w Raymond 1999).

Według Raymonda, szczególną cechą modelu bazaru są dwa paradygmaty: po pierwsze, ujawnienie i swobodna dostępność kodu w połączeniu z dużą (beta tester i współtwórca) społecznością prowadzi do znacznie lepszej możliwości ponownego użycia (na przykład Weber 2000) i jakości (Neumann 2000; Lee i Cole 2003). Raymond streszcza to ostatnie w pigułce z cytatem często używanym w społeczności open source:

> *"Przy wystarczającej ilości gałek ocznych, wszystkie robaki są płytkie." (Raymond 1999, S. 41)*

Duża liczba uczestników prowadzi do drugiego ważnego paradygmatu: Podczas gdy uznane "Prawo Brooksa" (Brooks 1995) przewiduje gwałtowny wzrost kosztów komunikacji i złożoności przy rosnącej liczbie aktywnych członków projektu (patrz również eseje DeMarco i Lister 1999), projekty open source nie wydają się podlegać Prawu Brooksa według Raymonda.[55] Można to - jak już pokazano - udowodnić empirycznie za pomocą jądra

55 W tym kontekście należy również wspomnieć, że większość projektów open source składa się tylko z kilku aktywnych członków (Krishnamurthy 2002). Jednak wyniki badań Krishnamurthy'ego pokazują również, że znaczenie (pobieranie, przeglądanie stron, itp.) projektu jest bezpośrednio związane z liczbą członków projektu. W związku z tym wydaje się uzasadnione, że rozważania zawarte w niniejszym opracowaniu odnoszą się głównie do większych projektów.

Linux (patrz rozdział 2.2). Z reguły (ale niekoniecznie) osiąga się to dzięki modularyzacji programów i równoległemu rozwojowi, który jest możliwy dzięki temu (Feller i Fitzgerald 2002; Baldwin i Clark 2006), wspieranemu przez model wolnej licencji i Internet, który jest coraz powszechniej dostępny w zachodnim społeczeństwie od początku lat 90. Innym czynnikiem upraszczającym jest fakt, że zazwyczaj tylko stosunkowo niewielu programistów jest odpowiedzialnych za większość prac (Ghosh i Prakash 2000; Mockus i in. 2000). Raymond z kolei podkreśla styl przywództwa i współpracy, który udało się stworzyć Linusowi Torvaldsowi. To czyni udział w projekcie interesującym i pomaga osiągnąć maksymalną wydajność w ramach wymagań.[56] Raymond nazywa ten styl *"zasadami wspólnego rozumienia"* (Raymond 1999, s. 64) w odniesieniu do jego anarchistycznych korzeni[57], wskazując tym samym na sprzeczności ze wspólną hierarchiczną funkcjonalnością w organizacjach (komercyjnych). Dość powszechnym terminem w ekonomii jest "wspólnota praktyki" (przykład Wenger 2002), gdzie odnosi się ona do interakcji kilku jednostek organizacyjnych. Chociaż mogą one być rzeczywiście międzyzakładowe, nie są one otwarte dla wszystkich, jak to ma miejsce w przypadku projektów open source.

Ustanowienie optymalnej koordynacji ma ogromne znaczenie, zwłaszcza w przypadku projektów open source, ponieważ nie istnieje centralny organ (decyzyjny), a uczestnicy sami wybierają lub przydzielają swoje zadania (Benkler 2003; Ettrich 2004).[58] W większych projektach powstaje jednak hierarchia, która opiera się na wynikach, a nie na formalnym stanowisku

---

56 Poza modularyzacją Linuksa (Torvalds 1999), wydaje się rozsądne z dzisiejszego punktu widzenia, że Torvalds wprowadził w 1994 r. równoległą strukturę wydawniczą do stabilnego użytku, jak również do eksperymentalnego rozwoju, ponieważ pozwoliło mu to zająć się zarówno czystymi użytkownikami jak i hakerami (Moon i Sproull 2002).

57 Raymond odnosi się w szczególności do Kropotkina, jednego z czołowych rosyjskich anarchistów końca XIX i początku XX wieku. Kropotkin stanął w obronie społeczeństwa wolnego od przemocy i rządów i jest uważany za jednego z najważniejszych teoretyków anarchizmu komunistycznego.

58 Właściwości te odpowiadają systemowi samoorganizującemu zdefiniowanemu np. przez Probst (1987).

kontroli czy nawet władzy. Strukturę i role społeczności open source przedstawiono na rysunku **Fehler! Verweisquelle konnte nicht gefunden werden.**: Koordynacja jest zazwyczaj prowadzona przez lidera projektu oraz, w zależności od jego wielkości, przez wewnętrzny krąg (grupę rdzeniową), tzw. Znane formy zarządzania projektami to "życzliwy dyktator"[59], "rotacyjna dyktatura"[60] i "komisja wyborcza"[61] (Raymond 1999; Rossi 2006; Fogel 2006). Zadaniem kierowników projektów nie jest - jak to zwykle bywa w projektach komercyjnych - przydzielanie środków, ale przede wszystkim określanie ogólnego kierunku. Podstawowa grupa jest odpowiedzialna głównie za koordynację i testowanie jakości kodu. W większości przypadków członkowie tej grupy mogą również wprowadzać kod bezpośrednio do repozytorium.[62] Aktywni deweloperzy różnią się od deweloperów peryferyjnych tym, że regularnie dostarczają kod do projektu. Ich wkład zwykle musi być jeszcze zaakceptowany przez członka grupy podstawowej. Podczas gdy osoba zgłaszająca błędy jest jak tester i nie musi posiadać wiedzy na temat rzeczywistego kodu źródłowego, osoba odpowiedzialna za naprawę błędów adaptuje program w momencie awarii, nie dodając jednocześnie funkcjonalności do projektu. Aktywny użytkownik jest zainteresowany nie tylko funkcjonalnością oprogramowania, ale także samym projektem. Studiuje kod źródłowy lub bierze udział w forach i listach mailingowych. Bierny użytkownik w końcu jest w dużej mierze obojętny na FLOSS; korzysta z oprogramowania ze względu na jego jakość i funkcjonalność.[63] W zasadzie jednak oba typy użytkowników mogą - w przeciwieństwie do oprogramowania własnościowego - nawiązywać i utrzymywać kontakt z twórcami (Xu i in. 2005).

---

59 W języku angielskim "benevolent dictator"; jest to dość typowe dla Linusa Torvaldsa i jądra Linuxa. Często jest to oryginalny inicjator projektu.

60 W języku angielskim "changing leadership", co można znaleźć na przykład w projekcie Perl.

61 W języku angielskim "electing committee", który jest typowy dla oddolnego projektu Apacza.

62 W tworzeniu oprogramowania repozytorium jest centralnym magazynem kodu źródłowego. W repozytorium zazwyczaj znajdują się również funkcje wersjonowania.

63 Ponieważ bierny użytkownik nie uczestniczy w projekcie, nie należy do społeczności, np. Xu i in.

Przedstawienie w formie koła na rysunku **Fehler! Verweisquelle konnte nicht gefunden werden.** - lub w kształcie cebuli, jak wielu to interpretuje - podkreśla fakt, że w projektach open source nie trzeba zakładać "powyżej" i "poniżej", jak w klasycznych hierarchiach, ale raczej koło wewnętrzne i zewnętrzne. Wyraża to fakt, że osoby z kręgu wewnętrznego również zajmują - przynajmniej częściowo - pozycje kręgów zewnętrznych. Na przykład, deweloper często będzie również użytkownikiem oprogramowania. Decydującym czynnikiem jest tu brak uprawnień do wydawania instrukcji. Wewnętrzny krąg ma pozycję władzy o tyle, o ile decyduje o tym, kto i co jest przyjmowane. Jednak fakt, że nie może on nadmiernie obciążać swojej pozycji siły, jest[64] zapewniony z jednej strony przez mechanizm "widelca". Z drugiej strony, projekt open source żyje zdecydowanie z liczby osób bezpośrednio zaangażowanych i użytkowników, ponieważ tylko masa osób zaangażowanych czyni go widocznym i interesującym dla nowych członków społeczności. To z kolei napędza projekt do przodu i poprawia reputację i możliwości rozwoju zawodowego osób aktywnie zaangażowanych w projekt.

Lee i Cole (2003) w swoich badaniach nad jądrem Linuksa wprowadzili uproszczoną strukturę, integrując kierownictwo projektu w grupie podstawowej, grupując aktywnych i peryferyjnych programistów oraz obsługę błędów w autorów, a nie dzieląc użytkowników na kategorie "aktywny" i "pasywny". Ponieważ nie wszystkie z tych ról występują w mniejszych projektach i dlatego mogą być wykonywane w unii osobistej, ten uproszczony trójokrągowy model służy lepszemu zrozumieniu. Takie modele służą przede wszystkim jako orientacja dla osób z zewnątrz, jak również dla osób lub organizacji, które chciałyby zaangażować się w

64 Widelec" jest widelcem w projekcie, tzn. od pewnego momentu, kod projektu jest rozwijany w dwóch niezależnych kierunkach. Ponieważ oznacza to, że zasoby są dzielone między dwa niezależne projekty, dalszy rozwój jest zazwyczaj spowolniony, a każdy z projektów może stać się mniej interesujący dla obecnych lub potencjalnych uczestników. Jednak w skrajnej sytuacji, gdy dwa przeciwstawne poglądy blokują projekt, rozwidlenie może mieć odwrotny skutek.

działalność społeczną. Ponieważ w praktyce nie można z nich wywnioskować żadnego formalnego statusu, mają one niewielkie znaczenie dla aktywnych członków społeczności.

3.2.2 Motywacja w rozwoju oprogramowania open source

Motywacja deweloperów, ale także innych współtwórców, takich jak testerzy czy dokumentaliści, do udziału w projektach open source jest omawiana prawie wyłącznie w kategoriach dobrowolnego i nieodpłatnego udziału. W szczególności krytycy ruchu open source postrzegają motywy altruistyczne, które nie są zrównoważone z ich (ekonomicznego) punktu widzenia, jako centralne.

Termin altruizm jest silnie związany z kulturą darów oprogramowania open source propagowaną przez Raymonda (1999), a także wspierany przez Kollocka (1999), który postrzega społeczności cyfrowe jako nowy, skuteczny sposób tworzenia dóbr publicznych. Zachowania altruistyczne są z pewnością znaczące w ruchu open source, ale nie mogły zostać empirycznie potwierdzone jako znaczące (Hars i Ou 2002). Wiadomo również, że tylko ci, którzy sami uczestniczą w projekcie open source, mogą odnieść korzyści wykraczające poza czyste zastosowanie oprogramowania (Lerner i Tirole 2002; von Hippel i von Krogh 2003). To wyjaśnia, dlaczego "darmowa jazda" nie jest uważana za problem w społeczności.[65]

O'Mahony (2003) wprowadza nową perspektywę w tym zakresie. Podczas gdy twórcy oprogramowania w stosunku pracy tracą zarówno prawo, jak i dostęp do ich pisemnego kodu źródłowego po zakończeniu zatrudnienia (lub nigdy nie miał praw autorskich), oba pozostają w FLOSS twórcy:

65 Freeloadery nie stanowią problemu przy tworzeniu kodu oprogramowania, ponieważ masa użytkowników jest ważnym czynnikiem sukcesu projektu open source. Jednakże, wolni użytkownicy, którzy używają kodu źródłowego dla swojego własnego modelu biznesowego, nie wnosząc żadnego wkładu własnego (licencja może tylko częściowo temu zapobiec), nie są mile widziani przez większość oddanych członków społeczności.

"Obserwatorzy zjawisk open source kwestionujący, dlaczego autorzy projektów zarządzanych przez społeczność mają oddawać swoją pracę za darmo, zaniedbali zbadanie, co jest oddawane (kod), a co zatrzymywane (prawa)". (O'Mahony 2003, S. 1180)

Argumentacja O'Mahony'ego pokazuje, że ograniczenie dobrowolnego charakteru udziału w projektach FLOSS opiera się wyłącznie na rezygnacji z wynagrodzenia. Tajemnica", dlaczego ludzie są skłonni ponosić koszty (okazje) bez bezpośredniej korzyści z nich, opiera się głównie na jednowymiarowym rozumieniu "homo oeconomicus". Jeśli weźmie się pod uwagę możliwe korzyści pośrednie w rozumieniu ekonomii behawioralnej[66], zjawisko to jest bardziej namacalne. Lerner i Tirole zwrócili uwagę na to, że twórcy oprogramowania open source zachowują się nie tylko altruistycznie, ale i racjonalnie:

"Programista uczestniczy w projekcie, zarówno komercyjnym, jak i open source, tylko wtedy, gdy czerpie korzyści netto (szeroko rozumiane) z zaangażowania się w daną działalność. Świadczenie netto jest równe natychmiastowej wypłacie (świadczenie bieżące minus koszty bieżące) powiększonej o opóźnioną wypłatę (świadczenie opóźnione minus koszty opóźnione). "(Lerner und Tirole 2002, S. 212 f.)

Ten plon, o którym wspominają Lerner i Tyrol, prowadzi bezpośrednio do dyskusji na temat motywacji w ruchu Open Source.

3.2.2.1 Motywacja wewnętrzna i zewnętrzna

Motywację do pracy w FLOSS można wyjaśnić wspólnymi teoriami badań motywacyjnych i dlatego nie jest ona niewytłumaczalnym przypadkiem

66 Ekonomia behawioralna uwzględnia pojęcia zarówno z psychologii, jak i ekonomii. Od wielu lat wykłada go m.in. ekonomista Bruno S. Frey na Uniwersytecie w Zurychu (reprezentujący dużą liczbę książek i artykułów): Frey i Stutzer 2007).

szczególnym (Hertel i in. 2003). Często dyskutowane pytanie, dlaczego nie pojawia się problem darmozjadów ze wspólnej ziemi, może[67] być również wyjaśnione przez nauki społeczne (Kuwabara 2000). Z jednej strony, wartość oprogramowania nie zmniejsza się wraz z dodatkowymi użytkownikami,[68] ponieważ może być ono odtwarzane cyfrowo bez straty. Z drugiej strony, społeczność open source musi być postrzegana jako heterogeniczna grupa o różnych zainteresowaniach, gdzie niektórzy są bardziej zainteresowani oprogramowaniem niż inni. Jeśli istnieją również członkowie, których korzyści przewyższają koszty uczestnictwa, projekt będzie dalej rozwijany.

67 Dylemat wspólnoty", opisany przez Hardina w eseju "Tragedia wspólnoty" (1968), wydaje się nie mieć zastosowania do FLOSS. Można to wytłumaczyć faktem, że cyfryzacja wspólnot oznacza, że zasoby nie są wyczerpane poprzez ich wykorzystanie.

68 Jest raczej odwrotnie, a mianowicie, że dodatkowi użytkownicy zwiększają wartość oprogramowania. Zwiększa to prawdopodobieństwo, że będzie ona dalej rozwijana i zyska szersze poparcie.

Podczas gdy Lerner i Tyrol (2002) rozróżniają pomiędzy korzyściami natychmiastowymi (rozwiązanie aktualnego problemu lub cieszenie się aktywnością) a korzyściami opóźnionymi (poprawa możliwości rozwoju kariery lub reputacji) w zakresie motywacji, ruch open source wprowadził podział na motywację wewnętrzną i zewnętrzną. Poszczególne motywy są wymienione w tabeli 1: **Motywacja wewnętrzna**	**Zewnętrzna motywacja**
radość z programowania Altruizm Poczucie przynależności Walka z oprogramowaniem własnościowym	Zachęty pieniężne Niskie koszty (możliwość) reputacja wśród kolegów Przyszłe korzyści zawodowe Wzrost wiedzy Wkład wspólnoty Zainteresowanie technologią (informacyjną) Wypełnienie luki w dostawie

Tabela 1: Przegląd motywacji poszczególnych osób (za Rossi i Bonaccorsi 2006, s. 87)

Motywacja wewnętrzna oznacza, że dana czynność jest wykonywana dla własnego dobra. Według Lernera i Tyrolu niesie ze sobą korzyści same w sobie, takie jak radość z programowania. Motywacja zewnętrzna natomiast koncentruje się na perspektywie nagrody. Nie można tego znaleźć w samej działalności i dlatego jest ona kontrolowana z zewnątrz. W literaturze psychologicznej ugruntowała się również koncepcja zinternalizowanej motywacji zewnętrznej (Deci i Ryan 1987). Są to motywy zewnętrzne, ale nie wymagają one żadnych bezpośrednich bodźców zewnętrznych, ponieważ mają wysoki interes własny z uwagi na oczekiwany natychmiastowy wynik.[69] Poszczególne elementy motywacyjne zostały pokrótce wyjaśnione poniżej.

Zabawa z programowaniem: Torvalds (2001) postrzega zabawę i (-technologiczne) wyzwanie jako rdzeń motywacji. Mniej odwołuje się do open source niż do działalności programowej, na co Brooks zwrócił już uwagę w swoim eseju "The Mythical Man-Month" (1995). W swoich badaniach ilościowych, Luthiger Stoll (2006) nie tylko wykazał, że zabawa - jest główną motywacją dla wielu ludzi do pracy nad oprogramowaniem open source. Co więcej, porównanie z twórcami oprogramowania komercyjnego pokazało również, że praca w projektach open source jest w rzeczywistości przyjemniejsza niż w środowisku komercyjnym.

Poczucie przynależności: Przynależność do społeczności open source jest szczególnie ważna, gdy nad projektem spędza się dużo czasu i gdy współpraca cyfrowa nie tworzy prawdziwych kontaktów społecznych (Torvalds 2001).[70]

Podczas gdy Hertel i in. (2003) byli w stanie udowodnić znaczenie identyfikacji na podstawie badania empirycznego jądra Linuksa - i uznać motywację dla oprogramowania open source za porównywalną z innymi dobrowolnymi działaniami - inne badania były w stanie udowodnić to empirycznie jedynie w ograniczonym zakresie (Hars i Ou 2002; Ghosh i in. 2002).

---

69 *"Jako przykład weźmy osobę, która czerpie znaczną estetyczną przyjemność z posiadania czystego domu, ale nie lubi procesu sprzątania. Jeśli ta osoba dobrowolnie zdecyduje się posprzątać dom, będzie zdeterminowana, aby to zrobić. Ale zachowanie byłoby zewnętrzne, ponieważ jest to kluczowe dla posiadania czystego domu, a satysfakcja jest w wyniku, a nie w samym zachowaniu. Z drugiej strony, należy wziąć pod uwagę inną osobę, która sprząta z powodu poczucia, że musi, czy to w celu uzyskania zgody wspólnika biznesowego, który będzie odwiedzał, w celu uniknięcia poczucia winy, czy w celu zaspokojenia przymusu. W przypadku tej ostatniej osoby, zewnętrzne zachowania byłyby kontrolowane.* "(Deci und Ryan 1987, S. 1034)

70 Stwierdzenie, które z pewnością można poddać krytycznej ocenie, ponieważ ostatecznie oznacza ono, że deweloperzy znajdują więcej satysfakcji w odizolowanej pracy na komputerze niż w realnym świecie społecznym. Przynajmniej w przypadku Torvaldsa dotyczy to jednak pierwszych miesięcy - jeśli nie lat - rozwoju systemu Linux.

Zachęty pieniężne: Pieniądze odgrywają pewną rolę, ponieważ wielu deweloperów wnosi swój wkład w ramach płatnego stosunku pracy, regularnie lub tylko sporadycznie (Feller i Fitzgerald 2002). Dane dotyczące stosunku liczby bezpłatnych i płatnych programistów OSS znacznie różnią się w dostępnych badaniach. Podczas gdy prawie 98% Eclipse jest tworzone przez pracowników firmy - a ponad 60% z nich przez pracowników IBM (Spaeth i in. 2008)[71] i ponad 50% j±der Linuksa można założyć (Kroah-Hartman 2007; Kroah-Hartman i in. 2008), Hars i Ou (2002) wymieniaj± tylko 16%, a badanie zasług (Ghosh 2006) 33%. Różnice te wynikają głównie z innego ustawienia projektu: Podczas gdy większość dużych, szeroko używanych projektów - takich jak Linux, serwer WWW Apache, MySQL, OpenOffice czy Eclipse - jest w zasadzie rozwijana przez firmy, liczne produkty niszowe (czasami nazywane "długim ogonem"[72]), jak również sektor hobby są rozwijane głównie prywatnie.

Innym rodzajem zachęty pieniężnej jest wynagrodzenie osób fizycznych za ich wyniki przez organizację projektu. Nie jest to jednak zbyt powszechne. Jak pokazał eksperyment w ramach projektu Debian,[73] społeczność nie jest entuzjastycznie nastawiona do takiego podejścia. Ponadto działa tu tzw. efekt wypierania, tzn. że na wewnętrzną motywację negatywnie wpływają bodźce pieniężne (Frey i Goette 1999; Fehr i Gächter 2002; Weibel i in. 2007).[74] Chociaż Roberts i wsp. (2006) zaprzeczają efektowi wypierania się

71 Jednak bardzo niedawna statystyka, którą stworzył sam projekt Eclipse, stawia te liczby w perspektywie. Udział kodu napisanego przez pracowników IBM wynosi więc "tylko" dobre 42%, podczas gdy udział wolontariuszy wynosi nieco poniżej 15% (http://dash.eclipse.org/dash/commits/web-app/commit-count-loc.php?sortBy=lochow [02.09.2009]).

72 Termin "długi ogon" pochodzi od Chrisa Andersona (2006) i odnosi się do faktu, że zdecydowana większość rynku składa się z produktów niszowych, dla których rynek nie jest dochodowy indywidualnie, ale z którymi można osiągnąć ogólny zwrot.

73 Aby ukończyć następne wydanie na czas, pomimo poważnych problemów, dystrybucja Linuksa Debian rozpoczęła eksperyment "Dunc-Tank" w 2006 roku. Kluczowi ludzie mieli być tymczasowo sponsorowani, co doprowadziło do ostrych kontrowersji, aż do momentu, gdy w społeczności Debiana pojawiła się groźba bojkotu. Uważa się, że eksperyment nie powiódł się, a data wydania nie mogła być dotrzymana. Krótki przegląd znajduje się w artykule na stronie http://lwn.net/Articles/201488/ [17.08.2009].

74 Natomiast Bénabou i Tirole (2000) pokazują, że w przeciwieństwie do efektu wypierania, bodźce

motywacji zewnętrznej i wewnętrznej, badanie empiryczne w ramach projektu Apache wykazało zależność różnych czynników motywacyjnych. Na przykład, płatni deweloperzy wykazują większe zainteresowanie pewnym statusem w projekcie, ale zainteresowanie jako użytek osobisty zanika. Fakt, że motyw statusowy prowadzi również do zwiększonej motywacji wewnętrznej może ewentualnie tłumaczyć brak efektu wyparcia. Roberts et al. pokazują również, że powód uczestniczenia w projekcie open source może również wpływać na ilość wnoszonego kodu. Na przykład, deweloperzy działający na własny rachunek wnoszą mniej kodu źródłowego niż ci, którzy są zainteresowani statusem.

Reputacja wśród kolegów: Uznanie wśród kolegów jest uważane za równie ważne dla wolnej pracy nad oprogramowaniem open source (Ghosh 1998; Raymond 1999; Lerner i Tirole 2002). Ponieważ społeczność open source jest zazwyczaj zorganizowana merytokratycznie (Fielding 1999), status i reputacja w społeczności mogą być osiągnięte tylko poprzez własną ponadprzeciętną wydajność pracy. Chociaż reputacja jest z pewnością wymieniana przez deweloperów jako motyw pracy nad projektem open source, nie można udowodnić, że jest to jedyna motywacja (patrz np. Hars i Ou 2002). Dążenie do prestiżu, a także jego zachowanie prowadzi do tego, że uczestnicy w dużej mierze przestrzegają zasad wspólnoty, a tym samym organizacja jest uproszczona, ponieważ nie jest wymagana żadna formalna regulacja (Markus i in. 2000). Z drugiej strony, w przypadku dużych i często zdominowanych komercyjnie projektów, coraz trudniej jest zbudować reputację wśród masy uczestników. Prowadzi to do tego, że w tych projektach motyw uznania wśród kolegów staje się mniej interesujący (Lerner i Tyrol 2002). Natomiast motyw przyszłej przewagi zawodowej jest szczególnie interesujący przy pracy nad znanymi projektami open source. Argument ten został dodany głównie przez Lernera i Tyrol (2001) i może

---

zewnętrzne mogą zwiększyć wewnętrzną motywację poprzez wzmocnienie samokompetencji.

być również udowodniony empirycznie (Lakhani i Wolf 2003; Ghosh i in. 2002). Jednak w większości przypadków uzyskanie pracy dzięki reputacji w społeczności nie jest początkiem uczestnictwa, ale raczej przyjemnym efektem ubocznym (Ghosh 1998). Osterloh i Weibel (2006) pokazują w swojej książce "Investition Vertrauen", że reputacja w ogóle ma również wartość gospodarczą. Opisowo i na podstawie studiów przypadków pokazują one, że lepsze wyniki można osiągnąć dzięki współpracy opartej na zaufaniu, a nie na umowach. W swoich uwagach odnoszą się one wyraźnie do doświadczeń z oprogramowaniem open source i przedstawiają je jako wzorcowe dla znaczenia wzajemnego zaufania we współpracy.

Wzrost wiedzy: Oprogramowanie open source jest szczególnie odpowiednie do nauki i doskonalenia umiejętności programistycznych, ponieważ kod źródłowy jest swobodnie dostępny i zazwyczaj również dobrze zorganizowany i udokumentowany. Proces wzajemnej oceny, który jest typowy dla open source, zapewnia również dobrą informację zwrotną o własnych kompetencjach. Szczególnie dla nowoprzybyłych i studentów poprawa własnych umiejętności jest ważnym motywem, jak lubi przyznawać Bill Gates:

> *"Musisz być chętny do przeczytania kodu innych ludzi, potem napisać swój własny, a potem kazać innym ludziom przejrzeć twój kod. Musisz chcieć być w tej niesamowitej pętli sprzężenia zwrotnego, gdzie ludzie z całego świata mówią ci, co robisz źle."*
> *(Bill Gates, zitiert w Lammers 1986, S. 83)*

Fakt, że uczenie się, szkolenie i doskonalenie umiejętności programistycznych jest rzeczywiście ważną motywacją do uczestnictwa w projektach open source, został wykazany w licznych badaniach empirycznych (Lakhani i Wolf 2003; Ghosh i in. 2002; Hars i Ou 2002). Ważne jest również, aby proces ten, ze względu na swoją otwartość, odbywał się we współpracy z innymi i przede wszystkim doświadczonymi programistami i innym oprogramowaniem, co dodatkowo zwiększa motywację do współpracy (Hertel i in. 2003).

Wyniki badań Lee i Cole'a (2003) na temat jądra Linuksa pokazują, że 23% zgłoszonych uwag nigdy nie trafiło do oficjalnego jądra. Jest to ogromne marnotrawstwo zasobów. Autorzy argumentują jednak, że ze względu na efekt uczenia się wkład ten nie jest w żadnym wypadku daremny, lecz raczej prowadzi do lepszego wkładu w przyszłości i dlatego musi być postrzegany jako inwestycja w uczenie się.

Czynnik uczenia się jest również bardzo ważny dla motywacji w pracy peryferyjnej, która nie polega na programowaniu oprogramowania. 98% pracy tych osób, które udzielają wsparcia na forach i listach mailingowych polega na czytaniu pytań i pisaniu komentarzy. Zgodnie z tym, tylko 2% czasu spędzają na swoich odpowiedziach (Lakhani i von Hippel 2003).

Wypełnienie luki w dostawie: Nie tylko uruchomienie projektu open source, ale również jego dalszy rozwój opiera się zazwyczaj na własnych potrzebach, które nie są objęte lub nie są w pożądanym stopniu objęte istniejącą gamą oprogramowania open source. Raymond uważa nawet, że odnosi się to do całego dobrego oprogramowania: "Każda dobra praca z oprogramowaniem zaczyna się od zadrapania osobistego swędzenia dewelopera. (Raymond 1999, s. 32)

Osobistą potrzebę jako motywację do uczestnictwa open source można by empirycznie potwierdzić (Hertel i in. 2003; Hars i Ou 2002; Lakhani i Wolf 2003) i jest ona zazwyczaj przywoływana w badaniach naukowych jako główny powód uczestnictwa.

3.2.2.2 Przywództwo nad motywacją

W związku z tym, że nie ma formalnych uprawnień do wydawania dyrektyw w projektach open source, powstaje pytanie, czy i jak można wpływać na uczestników, a nawet kontrolować ich motywację. O dziwo, nie ma prawie żadnej literatury na ten temat w odniesieniu do open source, chociaż Markus i in. (2000) przynajmniej bardzo wcześnie podeszli do tego tematu, a Roberts i in. (2006) domyślnie zajmowali się nim ostatnio.

Markus i wsp. odwołują się w swoich badaniach do artykułu "Nowe paradygmaty zarządzania" (Drucker 1998), w którym pracownicy wiedzy utożsamiają się z wolontariuszami. Ten ostatni nie może być dowodzony, ale musi być przekonany. Podczas gdy Drucker wyraźnie nie udziela odpowiedzi na pytanie, jak ten paradygmat rzeczywiście wpływa na praktykę zarządzania, Markus i in. szukają tych odpowiedzi w ruchu Open Source. Kwestia motywacji jest jednym z badanych aspektów, przywództwo nad motywacją jest domyślnie rozważane. Markus i in. stwierdzają, że Open Source jest pod wieloma względami zbyt specyficzne, aby można było je przenieść do organizacji komercyjnej.

Roberts et al (2006) zbadali, w jaki sposób różne motywacje są ze sobą powiązane (co zostało szczegółowo opisane w poprzednim rozdziale). Z jednej strony, podkreślają oni, że płatni uczestnicy społeczności open source muszą być pozytywnie oceniani ze względu na ich wyższe wyniki ilościowe. Z drugiej strony, zalecają oni aktywne motywowanie członków społeczności przez reputację, ponieważ zmotywowani w ten sposób uczestnicy wykazują się bardziej konsekwentnym uczestnictwem.

Fakt, że ta luka w kwestii przywództwa nad motywacją w społeczności OSS nie została jeszcze odpowiednio wypełniona pracami badawczymi, może być interpretowany jako fakt, że dotychczasowa dyskusja była pod silnym wpływem ideologii i że kontrola zewnętrzna nie pasuje do koncepcji społeczności społecznoromantycznej.

3.2.2.3 Koszty związane z możliwościami

Lerner i Tyrol (2002) twierdzą, że dyskusja motywacyjna nie może być prowadzona bez uwzględnienia strony kosztowej. Ogólnie rzecz biorąc, kod oprogramowania może być teraz tworzony bez prawie żadnych stałych kosztów (Bonaccorsi i Rossi 2003). Podczas gdy w przeszłości potrzebna była kosztowna infrastruktura sprzętowa, dziś programista musi mieć tylko swój własny komputer i stację roboczą z dostępem do Internetu. Dlatego tylko czas spędzony na tym jest kosztem. W płatnym stosunku pracy jest to rzeczywiste wynagrodzenie. Praca dobrowolna to teoretyczna utrata zarobków, czyli koszty utraconych szans[75]. Deweloperzy byliby w stanie - wykonywać płatną pracę w czasie, który spędzają na oprogramowaniu open source za darmo. Albo mogą skupić się na swojej funkcji zawodowej w czasie pracy zarobkowej. Koszty związane z możliwościami są uważane za znaczące, zwłaszcza w środowisku handlowym, ponieważ powodują one pośrednią redukcję zysków, nawet jeśli następuje to z opóźnieniem. W przypadku zaangażowania prywatnego, koszty utraconych korzyści mają bardziej teoretyczny charakter i nie mają bezpośredniego wpływu finansowego. Lerner i Tyrol (2002) zwracają jednak uwagę, że zwłaszcza w środowisku uniwersyteckim, z którego rekrutowano wielu deweloperów open source, zwłaszcza na początkowych etapach, istnieją realne, choć nie bezpośrednio pieniężne, koszty utraconych możliwości, na przykład z powodu wydłużonego okresu studiów i opóźnionego wejścia na rynek pracy.

Jednakże, ze względu na otwarty kod źródłowy i ogólnie dobrze zmodularyzowany i "czysty" kod oprogramowania open source, szacuje się, że koszty możliwości są niższe niż w przypadku oprogramowania zamkniętego (Lakhani i von Hippel 2000). W związku z tym bariera wejścia

75 Przez koszty alternatywne rozumie się te korzyści, z których zrezygnowano, a które można osiągnąć poprzez podjęcie innego (płatnego lub nieodpłatnego) zatrudnienia zamiast wykonywanej działalności.

dla osób prywatnych i przedsiębiorstw będzie prawdopodobnie niższa, co może mieć korzystny i motywujący wpływ na ich zaangażowanie na rzecz otwartego oprogramowania.

3.2.2.4 Racjonalna i ewolucyjna teoria decyzji

Obecna dyskusja na temat motywacji, która jest kluczowa dla FLOSS, opiera się na teorii racjonalnego wyboru (Elster 1986). Zakłada to, że podmioty ukierunkowują swoje zachowania na maksymalizację indywidualnych korzyści w oparciu o subiektywne spojrzenie na sytuację, treść - w tym przypadku oprogramowanie - jest często tylko środkiem do celu. Jeśli znane są preferencje podmiotu, jego zachowanie jest zatem również przewidywalne. Model ten nie uwzględnia wpływu własnych działań na środowisko i interakcji z nim.[76] Kuwabara (2000) bierze tę krytykę za punkt wyjścia i wprowadza model ewolucyjny do dyskusji o motywacji w open source, który opiera się na ustaleniach teorii gier ewolucyjnych (Smith 1982).

76 W przeciwieństwie do ogólnego rozumienia ekonomii, w socjologii aspektom tym poświęca się coraz więcej uwagi, zwłaszcza w ostatnim czasie (patrz np. Becker 1993 czy Esser 2000).

W ewolucyjnej teorii decyzji (patrz rys. 4) zachowanie nie jest zdeterminowane wyłącznie przez racjonalne obliczenie indywidualnej maksymalizacji użyteczności, ale decyzje są rozumiane jako wynik ewolucyjnego procesu kulturowego. Ze względu na ten dodatkowy, dynamiczny wpływ, zachowanie osoby nie jest już przewidywalne i,

Rysunek 3: Porównanie teorii decyzji racjonalnych i ewolucyjnych (do Kuwejbary 2000)

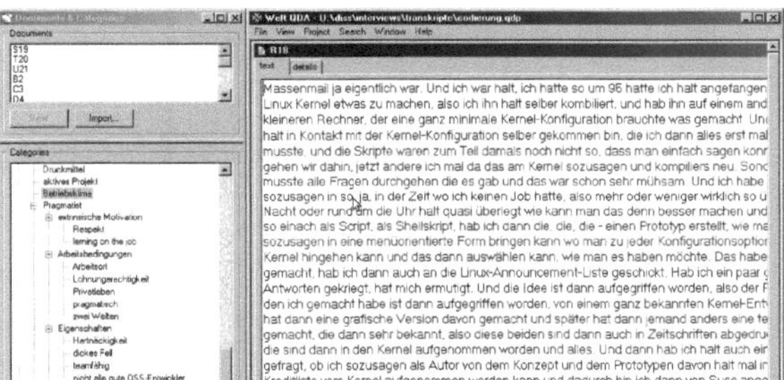

analogicznie do teorii gry, należy przyjąć założenia dotyczące zachowania innych uczestników.

Koncepcja ta uwzględnia fakt, że wpływy społeczne - jak na przykład w przypadku oprogramowania open source, wartości i normy społeczności - są częścią okrężnego procesu decyzyjnego, a zatem nie są już stałe. W związku z tym nie można już mówić o celu, ponieważ nie ma punktu końcowego do osiągnięcia, ale każde zakończenie cyklu jest jednocześnie podstawą do rozpoczęcia nowego. Kuwejbara nazywa to wzmacniaczem, a cały cykl nazywa pętlą dodatniego sprzężenia zwrotnego. Z jednej strony, zachęca to aktywnych członków społeczności do pozostania lojalnymi wobec projektu. Z drugiej strony, sukces projektu sygnalizuje również osobom z zewnątrz, że uczestnictwo jest atrakcyjne.

3.2.3 Wniosek tymczasowy

We wczesnej fazie dyskusji na temat zjawiska FLOSS, które jest prowadzone głównie przez uczestników lub osoby bliskie ideologicznie ruchowi, na pierwszym planie znajduje się wspólna produkcja oprogramowania, jak również indywidualna motywacja do współpracy. FLOSS jest rozumiany jako zjawisko społeczne (Kuwabara 2000) i jako przypadek szczególny, który opiera się na prawach niekomercyjnych organizacji pozarządowych.[77] Chociaż nie neguje się jego znaczenia gospodarczego - inicjatywa Open Source została wówczas uruchomiona w celu uczynienia wolnego oprogramowania atrakcyjnym dla firm - to otrzymuje ona specjalny status i status niszowy. Motywacja do uczestnictwa jest postrzegana wyłącznie z perspektywy indywidualnej; w zależności od wyników badania na pierwszy plan wysuwają się motywy wewnętrzne lub zewnętrzne. Prawdą jest, że to społeczno - romantyczne rozumienie szczególnego przypadku jest obalane przez niektóre badania, które postrzegają zarówno model rozwoju, jak i motywację do współpracy jako całkiem zgodne z istniejącymi teoriami. Na wczesnym etapie jednak pogląd ten nie jest w stanie uzyskać poparcia większości lub jest w dużej mierze ignorowany przez główne podmioty.

Około 2000 roku rozpoczęło się zaangażowanie firm w open source.[78] Jest zatem zrozumiałe, że we wczesnej fazie dyskusji nad FLOSSem autorzy nadal postrzegali go w dużej mierze w kategoriach "kultury darów" i powstało wrażenie, że FLOSS funkcjonował poza rynkiem kapitalistycznym (Perens 2007). Omawiane i przeżywane normy i wartości pierwszej fazy są nadal istotne dla wielu osób zaangażowanych w FLOSS. Są one jednak raczej jednowymiarowe; w kolejnych rozdziałach trzeba będzie pokazać, jak

77 Tendencja ta jest zatem widoczna również na platformie opartej na filozofii ruchu FLOSS (http://www.oekonux.de/ [17.08.2009]). Między innymi zostanie omówione *"czy zasady rozwoju wolnego oprogramowania mogą stworzyć nową gospodarkę, która mogłaby służyć za podstawę nowego społeczeństwa"* (z krótkiego opisu projektu na stronie głównej, ostatnio dostępnego 28.05.2009).

78 IBM, na przykład, był pierwszą dużą i ugruntowaną firmą, która ogłosiła swoje miliardowe wsparcie dla Linuksa w 1999 roku, po publikacjach Raymonda.

można prowadzić bardziej zróżnicowaną dyskusję, uwzględniającą również perspektywę ekonomiczną.

3.3 Faza druga: Pragmatyzm

FLOSS był na początku i do tej pory często rozumiany jako wolne oprogramowanie. Prawdą jest, że marka "open source software" zdołała się ugruntować zamiast "wolnego oprogramowania".[79] Przynajmniej w odpowiednich kręgach (biznesowych) uznano jednak również, że zmiana ta powinna być postrzegana nie tylko w kategoriach pieniężnych, ale również budzi wątpliwości co do praw i modelu wspólnego rozwoju. Ghosh (1998) wskazał już dziesięć lat temu, że z ekonomicznego punktu widzenia wartość produktu nie jest definiowana przede wszystkim przez jego cenę, ale raczej przez korzyści dla producenta i konsumenta. Podczas[80] gdy korzyść dla konsumenta można łatwo zdefiniować - opłacalne oprogramowanie, które jest konkurencyjne pod względem funkcjonalności i stabilności - jest to trudniejsze po stronie producenta. Do tej pory stosowano proces prób i błędów w celu przetestowania modeli biznesowych pod kątem zrównoważonego rozwoju.[81]

Leiteritz (2004) używa łańcucha wartości oprogramowania, aby wyjaśnić, jak i gdzie można osiągnąć zysk z wolnego produktu (patrz Rys. **Fehler! Verweisquelle konnte nicht gefunden werden.**). W zależności od modelu biznesowego, jeden lub więcej z tych elementów tworzenia wartości może

79 Richard Stallman i Fundacja Wolnego Oprogramowania podkreślają, że słowo Free nie odnosi się do ceny, ale do wolności. W tym sensie akceptację zyskało zrozumienie, że nie chodzi o "darmowe piwo" (free beer), ale o "darmową mowę" (free speech).

80 Ponadto, w realnym świecie role producenta i konsumenta są wyraźnie podzielone. Istnieje jednak - jak sugeruje słowo "prosument" - tendencja do mieszania, co utrudnia podział ról w świecie cyfrowym. Zwłaszcza w przypadku FLOSS, każdy konsument może stać się (współ)producentem.

81 Na przykład, sprzedaż gotowych, przyjaznych dla użytkownika dystrybucji Linuksa stała się pierwszym modelem biznesowym. Jednak dostawcy tacy jak Red Hat czy Suse Linux szybko zorientowali się, że dystrybucja nie będzie opłacalna z uwagi na coraz częstsze pojawianie się szerokopasmowego Internetu. Dlatego też z powodzeniem oferują teraz usługi we wszystkich aspektach swojej dystrybucji.

być wykorzystany jako źródło zysku. Podczas gdy zarówno zużycie zasobów, jak i zysk mogą być bardzo wysokie przy kontrolowaniu całego łańcucha - jak ma to miejsce głównie w przypadku oprogramowania własnościowego - zużycie zasobów przez dostawców FLOSS może być znacznie zredukowane poprzez skoncentrowanie się tylko na kilku lub nawet jednym ogniwie w łańcuchu wartości. Wadą tego jest to, że oczekiwany zysk będzie prawdopodobnie mniej wysoki. Ze względu na mniejsze zużycie zasobów, model FLOSS jest szczególnie interesujący dla małych i średnich przedsiębiorstw.

3.3.1 Motywacja z punktu widzenia firmy

Feller i Fitzgerald (2002), w odróżnieniu od podziału motywacji na wewnętrzną i zewnętrzną, który został prześledzony z perspektywy dewelopera, wprowadzają trzy kategorie motywacji z perspektywy firmy; poszczególne motywy, pogrupowane w tych trzech kategoriach, zostały wymienione w tabeli 2

Gospodarczy
Przyspieszenie rozwoju oprogramowania zwiększenie konkurencyjności Realizowanie konkretnych modeli biznesowych Zmniejszenie kosztów rozwoju
Społeczne
Dzielenie się kodem ze społecznością Wsparcie dla idei wolnego oprogramowania
Technologiczny
wykorzystywać informacje zwrotne Otrzymanie wsparcia technicznego we wczesnej fazie rozwoju Wsparcie (otwarte) Standardy

Tabela 2: Przegląd motywacji przedsiębiorstw (po Dahlander i Magnusson 2005, s. 483)

Wyniki badania empirycznego pokazują, że motywy ekonomiczne są kluczowe dla firm, które chcą być aktywne w społeczności open source (Bonaccorsi i Rossi 2003). Przekonanie o konieczności swobodnej wymiany informacji może odgrywać ważną rolę przy zakładaniu przedsiębiorstwa (Lerner i Tyrol 2002; Feller i Fitzgerald 2002). W codziennym życiu gospodarczym motywy społeczne są jednak zazwyczaj nieistotne.

Zwłaszcza w przypadku (quasi) monopolu, który na przykład Microsoft i Oracle wymusiły na swoich produktach, firma może[82] niekiedy szybko osiągnąć znaczną dystrybucję i widoczność w środowisku IT poprzez ujawnienie kodu źródłowego, a tym samym stać się atrakcyjna dla nowych i utalentowanych programistów (West 2003). W rezultacie można przyspieszyć rozwój i rozwinąć większą siłę innowacyjną (Lerner i Tyrol 2002). Skutkuje to pośrednio zwiększoną konkurencyjnością projektu, co pokazuje np. przeglądarka internetowa Firefox lub pakiet biurowy OpenOffice konkurujący z gigantem Microsoft.

Jednak najważniejszym powodem aktywnego udziału firmy w projekcie FLOSS jest konkretny model biznesowy, który uwzględnia szczególne cechy wolnego oprogramowania, jak już dziesięć lat temu wskazał Raymond (1999).

3.3.2 Nowe modele biznesowe

Ponieważ licencje - tradycyjny model biznesowy z oprogramowaniem - nie są opłacalne w przypadku oprogramowania open source, firmy muszą znaleźć inne sposoby na prowadzenie działalności. Leiteritz (2004) rozróżnia modele biznesowe produktów i usług (patrz tabela 3), chociaż w

---

82 Jak wyjaśnia West (2003), oprócz projektów FLOSS, które są uruchamiane i wspierane przez osoby indywidualne i społeczności, istnieją również te projekty, które po raz pierwszy zostały opracowane przez firmę i wydane dopiero później. Podczas gdy motywacja do wydania jest podobna do motywacji do przyłączenia się do istniejącego projektu, proces wspólnotowy różni się znacznie (West i O'Mahony 2005), a szczególnie tworzenie wspólnoty deweloperów z istniejącą bazą kodową jest znacznie bardziej problematyczne.

rzeczywistości oba podejścia są często łączone.

Modele biznesowe produktów	Obsługowe modele biznesowe
Dystrybutor Dostawca aplikacjiAppliance Producent	Wsparcie techniczne/konserwacja Porada Wdrożenie/Integracja Szkolenie/dokumentacja Mediacja

Tabela 3: Przegląd modeli biznesowych FLOSS (wg Leiteritz 2004)

Modele biznesowe dużych, renomowanych firm informatycznych, takich jak IBM[83], HP i Sun, które aktywnie wspierają FLOSS, stanowią połączenie różnych podejść. W tym względzie nie wolno nam tu mówić o czystym, ale raczej o hybrydowym modelu biznesowym typu open source. Nie jest jasne, w którym obszarze działalności generowany jest zysk z FLOSS. Zakłada się jednak, że zobowiązanie to opiera się na bezpośrednim oczekiwaniu zysku, np. ze sprzedaży sprzętu z systemem Linux (Leiteritz 2004).

3.3.2.1 Modele biznesowe produktów

Trzy modele biznesowe produktów wymienione w tabeli 3 pokrótce wyjaśnione poniżej:

Dystrybutor: Szczególnie w związku z Linuksem, w drugiej połowie lat 90-tych powstało wiele firm, które z wielu zdecentralizowanych komponentów (np. Red Hat czy Suse) stworzyły wykonywalny, możliwy do zastosowania system oprogramowania i zbudowały na nim "markę" (Young 1999). Pierwotny model biznesowy ze sprzedażą nośników danych z instalowanym oprogramowaniem był skierowany przede wszystkim do użytkowników

83 Na przykład IBM od lat osiąga coraz mniejsze zyski ze swojej działalności sprzętowej, koncentrując się na lukratywnych usługach informatycznych. W ten sposób IBM może utrzymać swoje zyski na wysokim poziomie nawet w czasie obecnego kryzysu gospodarczego, jak niedawno stwierdzono w artykule w Neue Zürcher Zeitung (http://www.nzz.ch/nachrichten/wirtschaft/aktuell/ibm_mit_krftigem_gewinn_1.3078870.html [17.08.2009]).

prywatnych. W międzyczasie jednak stało się to nieistotne, ponieważ dostępność szerokopasmowych łączy internetowych oznacza, że nie jest już możliwe osiągnięcie znaczącego zwrotu z inwestycji. W związku z tym dystrybutorzy z jednej strony zaoferowali swoim klientom wartość dodaną w postaci dodatkowego, zastrzeżonego oprogramowania (głównie do administrowania systemem), a z drugiej strony coraz częściej skupiają się na klientach biznesowych. Z drugiej strony - i wydaje się, że jest to udana droga naprzód w związku z rosnącą otwartością oprogramowania własnościowego - dystrybutorzy oferują takie usługi, jak abonamenty czy gwarancje. Konkretny model biznesowy dystrybutorów polega na tworzeniu podstawowej wartości i wsparciu (Leiteritz 2004). Model ten odpowiada modelowi własnościowemu, z tą jednak zasadniczą różnicą, że duża część komponentów systemu jest objęta wolną licencją (Rosenberg 2000). Dystrybutorzy współpracują nie tylko ze społecznością, ale także z różnymi producentami sprzętu i oprogramowania, aby zagwarantować wsparcie dla jak największej liczby platform. Jest to prawdopodobnie największa wartość dodana oferowana przez dystrybutorów.

Dostawca aplikacji: Skuteczne modele biznesowe oferujące aplikacje są raczej rzadkie. Z jednej strony, zyski mogą być generowane poprzez segmentację rynku z różnymi licencjami,[84] tzw. "podwójnymi licencjami" (Valimaki 2003). Najbardziej znanym tego przykładem jest szwedzki dostawca baz danych MySQL AB, który realizuje strategię obsługi mniej lukratywnego (prywatnego) rynku z darmową wersją, ale z ograniczoną funkcjonalnością. Niemniej jednak, osiąga on efekt marketingowy. Ponieważ, ze względów prawnych, prawo do wyzysku leży zazwyczaj w gestii danej firmy, takie projekty są raczej nieciekawe dla wolontariuszy. Dlatego też nikt nie może czerpać korzyści z tej puli, która opiera swój

84 Ta zasada nie została wymyślona przez Open Source. Zawsze celem było podzielenie rynku na segmenty, aby móc opracować optymalną politykę cenową dla każdego segmentu.

model biznesowy na podwójnych licencjach. Oznacza to, że cały łańcuch wartości musi być ponoszony przez daną firmę.

Kolejny model polega na generowaniu dochodów przekraczających własne wydatki na projekt open source[85] (Raymond 1999) poprzez oprogramowanie uzupełniające lub poprzez komercyjne pokrycie wtórnego łańcucha wartości (Raymond 1999). Feller i Fitzgerald (2002) nazywają ten model hybrydowy w przeciwieństwie[86] do "czystej gry" open source na podwójnej licencji. Podczas gdy w modelu hybrydowym, analogicznym do rozwoju oprogramowania prawnie zastrzeżonego, nie może powstać bezpośrednia konkurencja wewnątrz produktu, w "czystej grze" o sukcesie decyduje konkretne działanie. O wiele bardziej powszechne są jednak dostawcy aplikacji FLOSS, którzy nie czerpią swoich dochodów bezpośrednio z oprogramowania, ale oferują je swobodnie z powodów strategicznych. Ich celem jest osłabienie konkurencji lub zmniejszenie własnej zależności, jak to robi Sun z darmowym pakietem biurowym OpenOffice przeciwko Microsoftowi.

Producenci urządzeń: Dodatkową motywacją do uczestnictwa w open source jest oferta kombinacji sprzętowo-oprogramowych systemów operacyjnych z jednego źródła (tzw. systemów *"appliance"* i *"embedded").* - Ponieważ o cenie pakietu decydują przede wszystkim obiecane korzyści, wyższą marżę można uzyskać dzięki wykorzystaniu wolnych części, takich jak system operacyjny Linux. Model biznesowy składa się z podstawowego tworzenia wartości i wsparcia. Problem z wieloma dostawcami urządzeń polega na tym, że często integrują oni oprogramowanie, które zostało licencjonowane na licencji GPL i dlatego musieliby publikować własne

85 Oprogramowanie do planowania projektu Open Workbench z CA może być rozszerzone, na przykład, o oprogramowanie Clarity z tej samej firmy, jeśli wymagane jest rozwiązanie sieciowe.

86 Ten model jest czasami nazywany "otwartym rdzeniem", co oznacza, że rdzeń jest wolny, ale wokół niego oferowane jest komercyjne oprogramowanie własnościowe. (Patrz przykład Wireshark, jak wyjaśniono w artykule http://www.heise.de/open/Wireshark-ein-Business-Modell-steht-Kopf--/artikel/141265 [17.08.2009] pióra Heise)

dostosowania, ale nie robią tego z powodu zaniedbania lub oczekiwania strategicznych korzyści. Aby zapobiec tym procesom, została założona organizacja non-profit gpl-violations.org, która odniosła już pewien sukces.[87]

3.3.2.2 Obsługowe modele biznesowe

Wsparcie/konserwacja, doradztwo, wdrożenie/integracja, szkolenie/dokumentacja: Trzy oskarżenia przeciwko OSS jednocześnie dają możliwość osiągnięcia zysku nawet bez własnych produktów software'owych. Opłaty są: Po pierwsze, oprogramowanie często nie nadaje się do użytku "out of the box", dlatego też podczas instalacji i eksploatacji należy zgromadzić lub zakupić know-how.[88] Po drugie, społeczność open source nie gwarantuje wsparcia, ale jest ono niezbędne dla niektórych użytkowników. I po trzecie, brakuje gwarancji producenta.

Dlatego też pojawia się możliwość integracji z istniejącymi systemami oprogramowania jako ważna dziedzina działalności obok doradztwa, klasycznego wsparcia i utrzymania. Obejmuje to edukację i szkolenia oraz publikację podręczników. Podczas gdy model biznesowy prawie nie różni się od konwencjonalnych usług IT, dodano tu centralny element: nie ma żadnego "vendor lock-in". W rezultacie po stronie dostawców nasila się presja konkurencyjna, a dostawcy muszą się zorientować na życzenia i potrzeby klientów.

Zysk ten jest generowany głównie w wyniku wtórnego tworzenia wartości

---

87 Organizacja najpierw ostrzega firmy, które naruszają GPL i prosi je o zachowanie zgodne z umowami licencyjnymi. Ponieważ te ostrzeżenia bardzo często prowadzą do zmiany sposobu myślenia i zmiany nastawienia zainteresowanych firm, tylko bardzo niewiele spraw trafia do sądu. Jak pokazuje na przykład udany proces D-Linka, nawet w przypadku skazania, nie skupia się on na grzywnie, ale na zgodności z licencją (zob. orzeczenie sądu na stronie http://www.jbb.de/urteil_lg_frankfurt_gpl.pdf [30.08.2009]).

88 Peter Deutsch, autor wolnego oprogramowania Ghostscript i założyciel jednej z pierwszych firm open source, stwierdził w swoim przemówieniu na pierwszej "Freely Redistributable Software Conference" (1996), że zasada "wydawaj wcześnie, wydawaj często" była tak rozpowszechniona, nie tylko dlatego, że umożliwiła biznes usługowy z powodu niedokończonego oprogramowania.

lub co najwyżej poprzez rozwój. Obrót jest zazwyczaj generowany na podstawie stawek godzinowych. Dlatego też świadczeniodawca nie ma żadnych bezpośrednich korzyści pieniężnych z tytułu korzystania z systemu FLOSS. Oszczędności wynikające z licencji są w całości zasługą klientów. Jednakże, dzięki wolnej licencji, dostawca ma znacznie większy zakres działania i większy wpływ na oprogramowanie. Uczestnicząc w FLOSS, dostawca może nie tylko gromadzić know-how, ale także świadczyć o swojej wydajności.

Mediacja: Ponieważ świat open source jest bardzo niejednorodny, niezorganizowany i często słabo rozwinięty, zadaniem mediatorów jest zbliżenie dostawców i użytkowników w znaczeniu rynku (Grassmuck 2002). Prawdopodobnie najbardziej znanym mediatorem jest platforma SourceForge, ale firma Optaros również ugruntowała swoją pozycję na całym świecie. Mediatorzy żyją swoją wielkością, co również może prowadzić do blokady. Podczas gdy pomiędzy dostawcami i użytkownikami FLOSS zazwyczaj nie ma przepływu pieniędzy, mediator nie może finansować się z prowizji. Zysk musi zatem przepływać przez inny kanał, taki jak umieszczanie banerów reklamowych na portalach internetowych, lub być generowany pośrednio poprzez działania następcze ze względu na efekt marketingowy.

3.3.3 Nowa forma organizacji

Na podstawie 75 półstandardowych wywiadów z twórcami oprogramowania open source, O'Mahony (2002) stwierdził, że firmy uczestniczące w FLOSS muszą dostosować swoje zachowania i procesy do społeczności. Praktyki, które zostały wypróbowane i przetestowane we współpracy wewnętrznej, jak również we współpracy partnerskiej z innymi firmami, niekoniecznie działają w samoorganizującej się społeczności. - Niektóre społeczności open source również musiały dostosować swoje procesy, aby móc współpracować z firmami w jak najbardziej optymalny sposób. W międzyczasie zarówno społeczności, jak i przedsiębiorstwa opracowały strategie mające na celu zapobieganie korupcji własnych interesów przez innych. W tym celu tworzone są niezależne organizacje nienastawione na zysk jako środek korzystny dla obu stron, pełniące rolę mediatora. Pierwszym projektem, który został uruchomiony był serwer WWW Apache wraz z Apache Software Foundation. IBM był siłą napędową:

> *"Kiedy IBM chciał podpisać umowę z ludźmi Apache w 1998 roku, aby zintegrować serwer WWW z ich produktem Websphere, prawnicy korporacyjni byli więcej niż zaskoczeni. Nie było żadnej organizacji jako partnera kontraktowego. Na pytanie, jak zorganizowany był Apache, odpowiedź była taka, że była to strona internetowa. "Wyjaśnijmy to sobie. Umawiamy się tu z jakąś stroną internetową?" (Wolf 2002, s. 48)*

Z jednej strony, organizacja non-profit przyjmuje rolę osoby prawnej, z drugiej strony jest odpowiedzialna za infrastrukturę. Ważne jest to, że może on zachować niezależność od firmy. Na przykład, w Fundacji Oprogramowania Apache, problem ten został rozwiązany w taki sposób, że tylko osoby fizyczne i żadna organizacja nie może być członkiem, a w zasadzie każda osoba ma takie same prawa, niezależnie od jej wkładu finansowego. Ponadto komitety są demokratycznie wybierane przez członków, przy czym każda osoba ma jeden głos (Fielding 1999).[89]

O tym, że prawna niezależność projektu jest elementarna dla udziału organizacji komercyjnych świadczy między innymi projekt Eclipse. Platforma rozwojowa pierwotnie udostępniona wewnętrznie przez IBM na własny użytek została wkrótce otwarta, aby uczynić ją interesującą

89 Szczegóły można również znaleźć na stronie głównej Apache'a http://www.apache.org/foundation/how-it-works.html [2009-08-17].

zwłaszcza dla firm partnerskich (O'Mahony i in. 2005). Dopiero gdy projekt został odłączony od IBM poprzez przeniesienie praw na niezależną fundację Eclipse Foundation, do udziału w nim przekonano inne firmy (Spaeth i in. 2008). Obecnie Eclipse jest de facto standardem w dziedzinie platform programistycznych Java i ma udział w rynku znacznie powyżej 50%.

3.3.4 Wniosek tymczasowy

FLOSS nie jest postrzegany jako model, który jest ważny dla całego przemysłu oprogramowania, jak Richard Stallman i Fundacja Wolnego Oprogramowania domagają się. Jego uzasadnienie jest widoczne tylko w podobszarach, w których można stworzyć udany model biznesowy. Wystarczająco wysoki zwrot można jednak osiągnąć tylko w ograniczonym zakresie przy tworzeniu wartości pierwotnej. Model biznesowy oparty na wtórnym tworzeniu wartości obiecuje większy sukces. Pierwsze oznaki rozważań strategicznych są już widoczne. Pokazują one efekty zaangażowania firm w projekty open source zarówno dla społeczności, jak i dla firm, takie jak tworzenie niezależnych organizacji non-profit. Dyskusja skupia się jednak w dużej mierze na pragmatycznym pytaniu, jak zarabiać pieniądze bezpośrednio z FLOSS. Nadal konieczne będzie rozważenie z holistycznej, strategicznej perspektywy przedsiębiorczości.

3.4 Faza trzecia: Strategia

"Open Source: The Model Is Broken", prowokacyjnie zatytułowany artykuł w BusinessWeek (Cohen 2008). Artykuł mówi dalej, że model biznesowy oparty na wsparciu i usługach nie może działać w dłuższej perspektywie, ponieważ oprogramowanie open source jest po prostu zbyt dobre na to. Autor widzi przyszłość Open Source raczej w tym, że w przedsiębiorstwach coraz bardziej ugruntowuje się realizacja wspólnego, a tym samym znacznie bardziej opłacalnego rozwoju infrastruktury oprogramowania. Wymaga to jednak strategicznego ukierunkowania. IBM był jedną z pierwszych firm, które to dostrzegły i już pod koniec lat 90. zaangażowały się w FLOSS. Inne firmy, takie jak Sun, dopiero później zdały sobie sprawę z tych możliwości i obecnie dokonują ich masowej modernizacji. Wreszcie, Microsoft, którego podstawowa działalność jest zagrożona przez oprogramowanie open source, jak mało która duża firma, stopniowo zbliża się do siebie. Werner (2007) wyjaśnia na podstawie doświadczeń użytkowników systemu Linux w Federalnym Ministerstwie Spraw Zagranicznych, że decydujące zalety systemu FLOSS, takie jak niezależność i zdolność adaptacji, można osiągnąć tylko poprzez strategiczną integrację z procesem produkcyjnym.

Jak wynika z "Raportu końcowego FLOSS" - badania zleconego przez UE w 2002 r. - około jedna trzecia z 25 największych firm software'owych jest mocno i strategicznie zaangażowana w rozwój oprogramowania open source, zwłaszcza Linuxa (Wichmann 2002). Obecnie liczba ta jest prawdopodobnie znacznie wyższa, ponieważ firmy, które nie znalazły się jeszcze na tej liście z 2002 r., takie jak Oracle i Microsoft, zajmują się obecnie również open source - nawet jeśli nie z ich bezpośrednim konkurentem, Linuksem.

Natomiast wyniki najnowszego badania MERIT dotyczącego wpływu ekonomicznego oprogramowania open source na europejski sektor ICT, również zleconego przez UE, pokazują, że tylko 20 % kodu pochodzi od przedsiębiorstw (Ghosh 2006). Zgodnie z tym badaniem, dziesięć najbardziej zaangażowanych firm (w kolejności według liczby dostarczonych kodów) to Sun, IBM, Red Hat, Silicon Graphics, SAP, MySQL, Netscape, Ximian, Realnetworks i AT&T. Liczby te są oparte na katalogu oprogramowania dystrybucji Debian Linux, tradycyjnie "prywatnego" projektu, więc są bardziej prawdopodobne, że będą interpretowane jako zbyt niskie. Jak pokazują na przykład oceny jądra Linuksa, udział firmy wynosi tam około 70% (Kroah-Hartman i in. 2008). Te dwie wartości można również interpretować w taki sposób, że to przede wszystkim oprogramowanie, które można określić jako infrastrukturę, jest aktywnie wspierane przez firmy. W przypadku oprogramowania użytkowego, z drugiej strony, zwłaszcza oprogramowania dla rynku konsumenckiego, model biznesowy jest mniej oczywisty.

Jednak open source oznacza więcej niż tylko tworzenie dobrego oprogramowania w procesie wspólnego rozwoju. Należy ją raczej rozpatrywać w kontekście ogólnego otwarcia granic korporacyjnych dla firm informatycznych, które w zglobalizowanym świecie stały się zbyt wąskie.

3.4.1 "Otwartość": Rozszerzone rozumienie

Rośnie świadomość, że w dobie Internetu, tj. szybkiego dostępu do globalnej informacji, odizolowane podejście nie jest już właściwe. Jednak samo oprogramowanie open source nie prowadzi do pełnej interoperacyjności[90].

Prawdą jest, że niezależność producenta jest osiągana poprzez ujawnienie kodu źródłowego. Nie dotyczy to jednak jeszcze niezależności produktu, a tym samym pełnej elastyczności[91]. Będzie to możliwe tylko dzięki innowacjom w zakresie współpracy. Jollans (2006) zarysowuje to za pomocą terminu "community innovation" lub pojęcia "open computing" (patrz rys. **Fehler! Verweisquelle konnte nicht gefunden werden.**). Oznacza to interakcję trzech komponentów "Otwartej Architektury", "Otwartych Standardów" i "Otwartego Oprogramowania", w których można osiągnąć pełną interoperacyjność. Celem "Open Computing" jest

90 Interoperacyjność oznacza, że dwa lub więcej systemów, technik lub organizacji może współpracować ze sobą.

91 Suhr (2008) wymienia w sumie pięć kryteriów w zdefiniowanym przez siebie benchmarku do pomiaru otwartości artefaktów IT: Niezależność, zgodność, interoperacyjność, dostępność i brak obaw o patenty.

elastyczność modułowej integracji funkcjonalności oraz niezależność producentów, zarówno w zakresie sprzętu jak i oprogramowania.

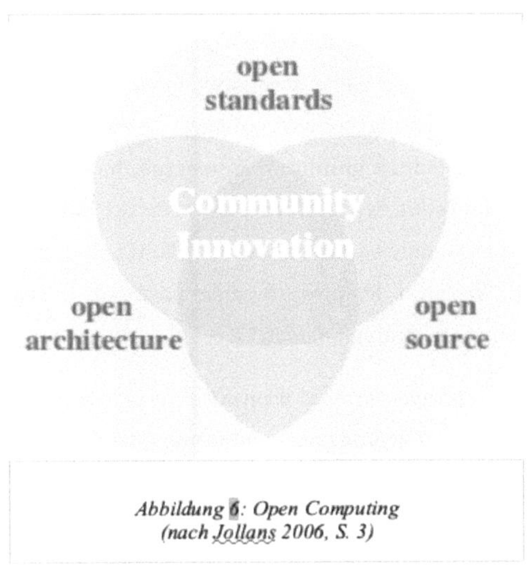

Abbildung 6: Open Computing (nach Jollans 2006, S. 3)

Roy Fielding (2008), jeden z bohaterów serwera WWW Apache, używa terminu "Open Architecture" - patrz również przełomowa rozprawa Oreizy'ego (2000) - aby podsumować oprogramowanie, które charakteryzuje się przede wszystkim otwartym rozwojem i otwartymi interfejsami, pozwalając tym samym na stworzenie ekosystemu dostawców. Fielding podsumowuje udane (open source) oprogramowanie z podejściem "otwartej architektury" w następujący sposób:

> *"architektura oprogramowania zaprojektowana w celu promowania współpracy anarchicznej poprzez rozszerzenia przy jednoczesnym zachowaniu kontroli nad interfejsem głównym" (Fielding 2008, S. 17)*

Jako przykłady wymienia Emacsa, serwer WWW Apache, Mozilla Firefox i jądro Linuxa. Do tej listy należy dodać również projekt Eclipse (O'Mahony i in. 2005). Jest to oprogramowanie, które można określić jako infrastrukturę. Varian i Shapiro (2007) również podzielają pogląd Fieldinga. Ich zdaniem cel, jakim jest interoperacyjność, może zostać osiągnięty jedynie poprzez otwarte standardy. Prawdą jest, że same standardy muszą być otwarcie dostępne, jeśli mają w ogóle funkcjonować. Otwarty rozwój i otwarte zdolności adaptacyjne nie są jednak absolutnie konieczne. Jednakże tylko standardy, które oferują wszystkie te trzy formy otwartości i które nie są związane z patentami, są nazywane otwartymi standardami i są wspierane, na przykład, przez UE. Varian i Shapiro również postrzegają otwarte standardy jako trwałą zmianę w strategii firm ICT:

> *"Otwarte standardy i interoperacyjność prowadzą do przesunięcia punktu ciężkości konkurencji w branży komputerowej z konkurencji o normę na konkurencję w ramach normy". (Varian i Shapiro 2007, s. 127)*

Termin "otwarta innowacja" wprowadzony przez Chesbrough (2003) oznacza coś zupełnie innego. Granice firmy mają zostać otwarte w taki sposób, aby z jednej strony można było korzystać z pomysłów z zewnątrz, a z drugiej strony innowacje, które same nie są wprowadzane na rynek, mogły być udostępniane innym (za opłatą). Pod tym względem termin "wspólnotowa innowacja" używany przez Jollans powinien być rozumiany jako synonim "otwartej innowacji".

Interoperacyjność jest nie tylko celem "otwartego przetwarzania danych", ale także warunkiem wstępnym dla funkcjonowania "wspólnotowych innowacji". Interoperacyjność ta z kolei opiera się na stabilnej infrastrukturze, która funkcjonuje w stabilny sposób, co staje się coraz ważniejsze ze strategicznego punktu widzenia.

3.4.2 Koncepcja infrastruktury

Stabilnie funkcjonująca infrastruktura jest elementarna dla każdego społeczeństwa oraz dla działających w nim osób i organizacji. Ze strategicznego punktu widzenia ważne jest zatem, aby w tej dziedzinie osiągnąć nie tylko stabilność, ale również jak największą niezależność od decyzji stron trzecich. Ta niezależność może zostać osiągnięta w szczególności poprzez zintegrowanie infrastruktury ze wspólnotą.

W (cyfrowych) komonach znajduje się również wolne i otwarte oprogramowanie. Fakt, że sukces FLOSS jest postrzegany głównie w sektorze infrastruktury, jest zrozumiały z tego punktu widzenia. Infrastruktura w sektorze oprogramowania definiowana jest jako oprogramowanie, które działa na serwerze. Linuksowi udało się również - zapewnić znaczący udział w rynku w sektorze serwerowym, ale do tej pory odgrywał on jedynie znikomą rolę na pulpicie.[92]

W świecie IT pojęcie infrastruktury definiowane jest nieco szerzej. Oznacza to infrastrukturę technologiczną, którą organizacje mają przygotowane *"tak, by można było w ogóle podjąć działania"* (Lutterbeck 2007, s. 3). Oprócz sprzętu i systemu operacyjnego obejmuje to również aplikacje do poczty elektronicznej, komunikacji biurowej, usług danych itp., które mogą być umieszczone zarówno na serwerze jak i na kliencie (np. serwer pocztowy i klient pocztowy).

92 Na przykład badanie MERIT (Ghosh 2006) zakłada, że udział Linuksa w rynku serwerów wynosi ponad 50%. Odnosi się do źródła z roku 2005, ale na pulpicie Linux jest obecnie na progu 1% (http://marketshare.hitslink.com/os-market-share.aspx?qprid=9 [17.08.2009]).

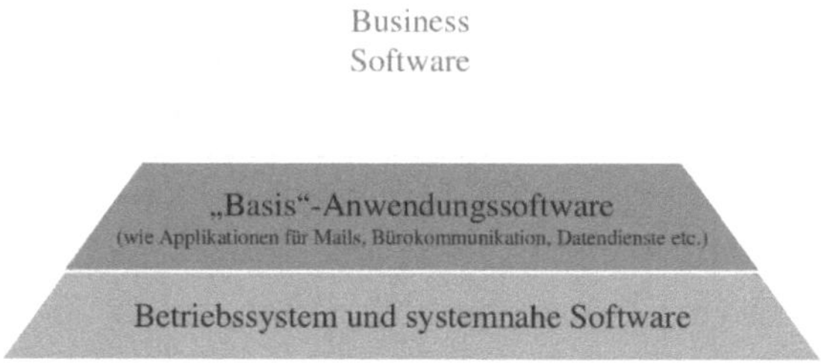

Rysunek 7: Infrastruktura oprogramowania

Rysunek **Fehler! Verweisquelle konnte nicht gefunden werden.** pomiędzy oprogramowaniem działającym na serwerze a oprogramowaniem działającym na kliencie, lecz opiera się na definicji Lutterbecka przytoczonej w poprzednim akapicie. System operacyjny i oprogramowanie związane z systemem można określić jako infrastrukturę w węższym znaczeniu, "podstawowe" oprogramowanie aplikacyjne jako infrastrukturę w szerszym znaczeniu. Żadna z nich nie służy jednak jeszcze faktycznej działalności gospodarczej, która w dużym stopniu zależy od rodzaju prowadzonej działalności.

Niezależność w sektorze infrastruktury nie może być osiągnięta poprzez samo korzystanie z systemu FLOSS. Jak pokazuje przykład integracji pionowej w niemieckim Urzędzie Spraw Zagranicznych (Auener 2008), niezależność przyznana przez Wolne Oprogramowanie może być zrealizowana tylko wtedy, gdy bierze się udział w odpowiednich projektach.

Realizacja ta stopniowo nabiera znaczenia w sensie procesu dojrzewania i znajduje coraz większe odzwierciedlenie w strategiach coraz większej liczby firm zarówno z sektora ICT, jak i spoza niego.

3.4.3 Model procesu dojrzałości

Ani w sektorze prywatnym, ani w środowisku komercyjnym nie używa się i nie wspiera wyłącznie wolnego i otwartego oprogramowania. Należy raczej zainicjować i kontynuować proces (uczenia się), w którym na pierwszym planie znajdują się zazwyczaj krótkoterminowe korzyści płynące z używania oprogramowania open source. Wraz z pozytywnymi doświadczeniami i rosnącymi potrzebami pojawia się niemalże naturalny rozwój, aby coraz bardziej angażować się jako firma lub osoba prywatna. W szczególności firmy mogą budować własną strategię i dostosowywać własne procesy.[93]

Carbone (2006; 2007) spędził pół dekady na badaniu, w jaki sposób firmy informatyczne zmierzają w kierunku ruchu FLOSS. Doprowadziło to do powstania kompleksowej koncepcji, która do tej pory była w dużej mierze ignorowana i może być strategicznie wykorzystywana w przedsiębiorstwach komercyjnych. Etapy modelu procesu dojrzewania przedstawione na rysunku **Fehler! Verweisquelle konnte nicht gefunden werden.** pokrótce wyjaśnione poniżej.

93 Na przykład West (2008) przedstawia przegląd strategii.

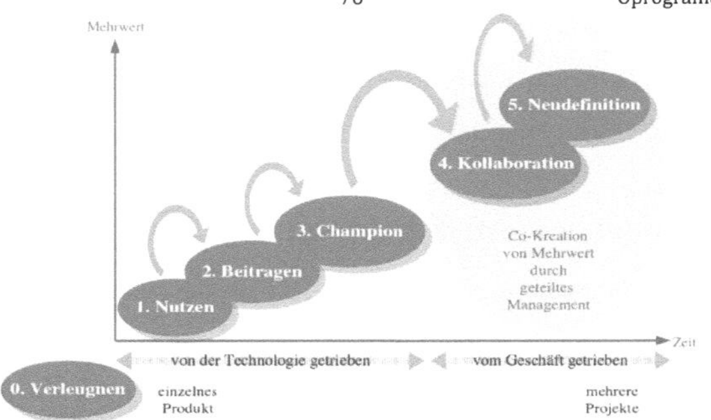

Rysunek 8: Model procesu dojrzałości firm w open source (za Carbone 2007, s. 5)

Użyj: Poziom korzyści opiera się z jednej strony na motywacji do redukcji kosztów, a z drugiej strony na skróceniu fazy "time to market". Wdrożeniem open source kierują ludzie zorientowani technologicznie, którzy często nie mają funkcji zarządzania. Użytkowanie jest w większości przypadków nadal nieskoordynowane i w dużej mierze niekontrolowane. Jednak firmy często zaczynają korzystać nie tylko z otwartego oprogramowania, ale również je promować. Korzyści dla społeczności open source są na tym etapie prawie nieistniejące.

Przyczynianie się: Motywacją do tego, by stać się współuczestnikiem jest dodawanie brakujących, ale potrzebnych sobie funkcji oraz ogólna poprawa jakości oprogramowania. Firma dostosowuje swoje zachowanie w pierwszych obszarach działalności. A kierownictwo przejmują menedżerowie produktów lub technologii, którzy ustalają konkretne wkłady do kodeksu i jednocześnie je koordynują. Wpłaty mogą polegać na dostarczeniu czasu, stworzeniu pisemnego kodu lub przekazaniu pieniędzy. Dla społeczności open source korzyść polega na większej funkcjonalności i lepszej jakości oprogramowania.

Mistrz: Dopiero po osiągnięciu trzeciego etapu rozpoczyna się strategiczna debata na temat oprogramowania open source. Zaczynają się tu pojawiać modele biznesowe. Aby zostać mistrzem, należy zbudować model biznesowy na bazie FLOSS i zdobyć niezbędne know-how. Mistrzowie w szczególności dodają nowe funkcjonalności i w ten sposób promują ewolucyjny rozwój wspieranego projektu. Na tym etapie oprogramowanie open source staje się "najwyższym priorytetem" i trafia na wyższe szczeble zarządzania. Oprócz konkretnego wkładu w postaci kodeksu, istnieje również ukierunkowana współpraca w wewnętrznym rdzeniu projektu poprzez zapewnienie firmie odpowiednich zasobów ludzkich. Są one często rekrutowane ze społeczności. Firma dokłada wszelkich starań, aby uzyskać kontrolę nad projektem, a przynajmniej jest on ściśle monitorowany. Koordynacja nie ogranicza się do własnych pracowników firmy, ale angażuje również zewnętrznych członków społeczności poprzez odpowiednie działania (takie jak działania sponsorowane). Ponadto, społeczność jest wspierana w rozpowszechnianiu projektu. Mistrz jest silnym promotorem projektu, a jego zaangażowanie zapewnia długoterminową stabilność projektu.

Współpraca: Poprzez aktywną współpracę firma dokłada wszelkich starań, aby osiągnąć wiodącą pozycję w społeczności. Prowadzi to do uzyskania przewagi rynkowej dla własnego produktu lub segmentu rynku. Kierownictwo jest przejmowane przez strategiczne i operacyjne zarządzanie sprzedażą. Wkład ten jest zatem determinowany z jednej strony przez długoterminową strategię, a z drugiej przez obecne wymagania klientów i rynku, i jest coraz bardziej zorientowany na rozwiązania, a nie "tylko" na produkt. Współpracująca ze sobą firma stara się w szczególności kierować rynkiem i klientami w kierunku open source, aby również wyeliminować zwolnienia w rozwoju oprogramowania w całym segmencie IT. Inwestuje w Open Source i jest w to wyraźnie zaangażowany. Społeczność open source zyskuje na znaczeniu dzięki współpracy, a opracowane w ten sposób oprogramowanie może łatwo stać się standardem branżowym. Proces rozwoju jest również przyspieszony.

Przedefiniowanie: Pod koniec procesu dojrzewania FLOSS, w centrum procesu znajduje się redefinicja własnej działalności, ze zmianą wartości dodanej, jaką firma oferuje swoim klientom. Proces ten jest napędzany przez kierownictwo wyższego szczebla i menedżerów technologicznych (CTO). Oprócz konkretnego wkładu w postaci kodu do projektów istotnych dla własnej działalności, firma inwestuje również w narzędzia, które ułatwiają pracę w open source i z nim. Z pomocą nowej sieci partnerskiej i nowych modeli biznesowych, klienci coraz częściej otrzymują rozwiązania oparte na otwartym kodzie źródłowym. Społeczność zyskuje dużą pulę płatników, a nowa sieć partnerska otwiera nowe możliwości współpracy z innymi projektami i rekrutacji nowych członków społeczności.

Podsumowując, Carbone podkreśla, że proces dojrzewania, który opisuje, nie jest ani czysto technologicznym, ani odosobnionym rozwojem strategicznym przedsiębiorstwa, ale jednocześnie przynosi efekty na poziomie technologicznym, biznesowym i rynkowym.

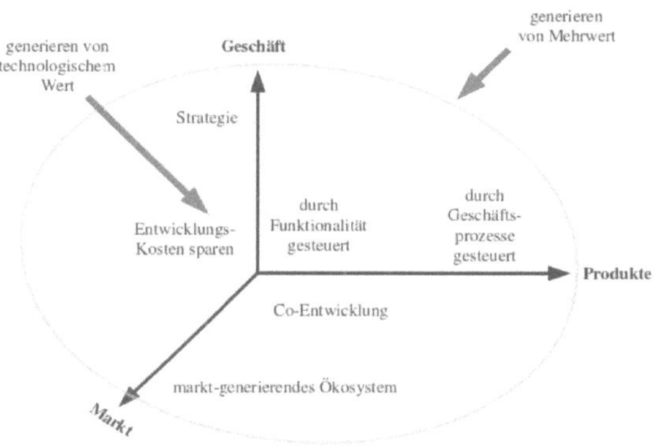

Rysunek 9: Skutki gospodarcze i biznesowe modelu procesu dojrzewania (według Carbone 2007, s. 10)

Rysunek **Fehler! Verweisquelle konnte nicht gefunden werden.** wyraźnie, że wartość dodana wygenerowana przez jedną firmę wzrasta dzięki strategicznemu wsparciu FLOSS i rozciąga się na rynek jako całość poprzez ekosystem i darmową licencję na oprogramowanie. Firma, która wspiera FLOSS ze strategicznego punktu widzenia, jest zatem katalizatorem w swoim segmencie. Proces opisany już w odniesieniu do Schumpetera (1961 r.) w pozycji wyjściowej (rozdział 1.1) jest zatem interesujący nie tylko z punktu widzenia przedsiębiorstw, ale również gospodarki, ponieważ może on generować globalny wzrost. Potwierdzają to liczne inne badania (patrz np. Ghosh 2006). Nie ma jednak jeszcze konkretnej klasyfikacji przedsiębiorstw w tym modelu. W osobistej wiadomości e-mail skierowanej do autora Carbone wyjaśnił co najmniej swoje aktualne, jeszcze niepublikowane analizy danych, z których wynika, że biorąc pod uwagę obecną sytuację, istnieją oznaki, że IBM osiągnął stadium redefinicji (Carbone, Personal communication 2008).

3.4.4 Współpraca w spółkach handlowych

Firmy, które częściowo lub całkowicie dostosowują swoją strategię do FLOSS, widzą siebie w trudnej sytuacji dwa szczególne wyzwania w codziennej współpracy. Z jednej strony, konieczne jest dostosowanie własnej współpracy do zasad wspólnoty. Z drugiej strony, firma musi nadal być ostrożna, aby chronić swoje interesy. Dahlander i Magnusson (2006) wykorzystali cztery studia przypadków ze skandynawskimi firmami open source, aby wykazać, że trudno jest pozyskać i zatrzymać wolontariuszy do projektów, które są silnie zdominowane przez firmy. Oczywiście odczuwają irytację z powodu zaangażowania firmy. Autorzy wnioskują, że tylko symbiotyczne zachowanie firm wobec społeczności prowadzi do zrównoważonego modelu biznesowego.

Henkel (2009) widzi[94]konflikt dyrektor-agent w dość rzadkich przypadkach, w których zatrudniony deweloper FLOSS identyfikuje się z ideologią ruchu wolnego oprogramowania. W przeciwnym razie deweloperzy - zgodnie z jego obszernymi danymi empirycznymi - działają w najlepszym interesie swojego pracodawcy. Zaprzeczają temu dwa badania (Dahlander i Magnusson 2006; Rossi i Bonaccorsi 2006), w których stwierdza się, że pomysły z ruchu open source z pewnością napływają do firm:

> *Możemy rozsądnie stwierdzić, że społeczny wymiar ruchu Open Source ma szansę przetrwać do jego ewolucji w rzeczywistość ekonomiczną poprzez jednostki, które przenoszą kulturę hakerów do firm Open Source. (Rossi und Bonaccorsi 2006, S. 103)*

---

94 Teoria principal-agent jest częścią New Institutional Economics (Północ 1990; 1992). Opiera się ona na założeniu, że w sytuacji umownej - w tym w związku ze stosunkiem pracy - każdy aktor chce zoptymalizować swoje indywidualne korzyści. Utrudniają to jednak ograniczone informacje dostępne na temat celów i planowanych działań drugiej strony. Ta "asymetria informacji" może być wykorzystana zarówno przez zleceniodawcę (klienta) jak i agenta (wykonawcę), co może prowadzić do konfliktów.

Dahlander i Magnusson uważają to przeniesienie za jedynie częściowo pozytywne, ponieważ przedsiębiorstwa na ogół nie uznają tego obcego dla przedsiębiorstwa sposobu myślenia, a zatem mogą się mylić w swoich decyzjach:

> *Jednak w przypadku firm OSS widzimy, że normy i wartości ruchu open source są nie tylko rozpowszechnione w społecznościach OSS, ale często wpływają również na zarządzanie w firmach OSS, a zatem istnieje potencjalne ryzyko, że kapitał społeczny w tym konkretnym otoczeniu potencjalnie wpływa na decyzje i ogranicza - działania tych konkretnych firm. Wskazuje to na konieczność postrzegania przez przedsiębiorstwa OSS swojego kapitału społecznego jako zasobu, który może być zarówno pozytywny, jak i negatywny, a w konsekwencji na potrzebę świadomego zarządzania tymi strukturami. (Dahlander und Magnusson 2006, S. 115)*

Wymieniają one zatem siedem wyzwań w zakresie zarządzania, które pojawiają się w przedsiębiorstwach w wyniku ich współpracy ze społecznością FLOSS:

- Szacunek dla norm i wartości wspólnoty
- Promocyjne wykorzystanie licencji
- Atrakcyjne strategie rekrutacji dla deweloperów i użytkowników
- Zarządzanie zużyciem zasobów w odniesieniu do pracy społecznej
- Łączenie pracy dobrowolnej i płatnej
- Rozwiązywanie napięć w zakresie kontroli i własności
- Akceptacja dla stosowania FLOSS w modelu biznesowym i unikanie bezpośrednich konfliktów

Aby model biznesowy z FLOSS odniósł trwały sukces, firma nie może sobie pozwolić na to, by być całkowicie zależną od decyzji i dobrej woli niezależnej społeczności.[95] Będzie zatem starała się zwiększyć swój wpływ na poszczególne projekty. Można to osiągnąć bardzo bezpośrednio poprzez dodanie kodu. Ponieważ społeczności zazwyczaj funkcjonują merytokratycznie, osiąga się to dzięki temu, że firma daje twórcom oprogramowania priorytet pracy nad projektem. Jeśli ludzie ci wykonują dobrą pracę pod względem jakościowym i ilościowym, zyskują również reputację w społeczności (Raymond 1999; Lerner i Tyrol 2002), która jest również przekazywana przedsiębiorstwu. Celem jest zajmowanie centralnych stanowisk, aby móc przynajmniej częściowo zarządzać zasobami, nie mając przy tym prawnego prawa własności:

> *"Dostęp do społeczności pozwala firmom uzyskać dostęp do zasobów, których nie można kupić na rynku." (Dahlander und Wallin 2006, S. 1247)*

Hierarchia w ramach projektów FLOSS opisanych w rozdziale 3.2.1 składająca się z grupy głównej, uczestników i użytkowników, zyskuje nowe aspekty z punktu widzenia firm. Jak pokazują Dahlander i Wallin w swoim artykule "A Man on the Inside: Unlocking communities as complementary assets" (2006), płatni deweloperzy FLOSS mają zazwyczaj większą sieć. Twierdzą oni, że strategią przedsiębiorstw jest odzyskanie, przynajmniej częściowo, kontroli utraconej w ten sposób z powodu braku własności. Chociaż utrzymanie tego centralnego statusu w mniejszych społecznościach FLOSS jest nadal stosunkowo łatwe, nie jest to możliwe w przypadku większych projektów, takich jak jądro Linux, ale zazwyczaj wymaga kilku lat dedykowanej pracy. Dlatego też dość często zdarza się, że duże firmy ICT "kupują" tego "człowieka od wewnątrz" od społeczności. Novell/Suse, na przykład, praktykował tę praktykę z Gregiem Kroah-Hartmanem i Red Hat z Alanem Coxem. Przykład pionowej integracji Federalnego Ministerstwa

95 Ważnym powodem, dla którego wiele firm wspiera FLOSS, jest eliminacja zależności od innych firm, takich jak Microsoft.

Spraw Zagranicznych w Niemczech (Auener 2008) pokazuje, że kluczowym czynnikiem sukcesu w stosowaniu FLOSS jest również wewnętrzny rozwój odpowiedniego know-how.

Dahlander i Magnusson (2006) również uważają za prawdopodobne, że wolontariusze są o wiele bardziej zorientowani na wewnętrzne i społeczne motywy niż zatrudnieni programiści. Tezę tę popiera Luthiger Stoll (2006), który mógłby empirycznie udowodnić, że tworzenie oprogramowania jest bardziej przyjemne w środowisku społecznościowym niż komercyjnym.

3.4.5 Wniosek tymczasowy

Wolne i otwarte oprogramowanie jest teraz głównym nurtem. Nie ma prawie żadnej znanej firmy ICT, która nie korzysta z oprogramowania open source lub nie uczestniczy w projektach open source. Jednakże liczba przedsiębiorstw, które realizują proaktywną strategię w odniesieniu do FLOSS jest nadal w mniejszości (Laisné 2008). Większość instytucji prawdopodobnie znajduje się w "procesie dojrzewania FLOSS". Widzą zasadność wolnego oprogramowania w całym portfolio oprogramowania i są coraz mniej oportunistyczni w swoim wyborze w tym względzie. Wykorzystują i promują FLOSS w celach strategicznych i w celu obniżenia kosztów. Oprogramowanie open source jest również strategicznie umieszczone w szerszym kontekście pojęcia "open computing".

Dotychczasowa dyskusja techniczna i naukowa koncentrowała się jednak w dużym stopniu na stosunkowo młodych firmach OSS, zaniedbując szczególne cechy istniejących firm ICT. W szczególności, rola programistów open source pracujących w relacji pracowniczej jest, jeśli w ogóle, rozważana tylko z perspektywy firmy. Z drugiej strony, widok jednostek do tej pory prawie nie był oświetlony.

3.5 Wnioski na temat stanu dyskusji

We wczesnej fazie, dyskusja na temat oprogramowania open source dotyczyła głównie konkretnych kwestii związanych z dobrowolnością w ramach społeczności. Oprócz kwestii motywacji podmiotów wnoszących wkład, centralną kwestią był również specyficzny model rozwoju, zwłaszcza w odniesieniu do koordynacji samoorganizacji. Wraz z rosnącym rozpowszechnieniem oprogramowania, nacisk został przesunięty na rentowność zarówno po stronie popytu, jak i podaży. Po stronie popytu starano się udowodnić, że całkowity koszt otwartego oprogramowania jest niższy niż koszt oprogramowania własnościowego. Po stronie podaży zbadano możliwości, korzyści i ryzyko związane z modelami biznesowymi typu open source. Ostatnio coraz częściej prowadzi się badania w obszarze strategicznym, z jednej strony z ekonomicznego punktu widzenia, a z drugiej strony z biznesowego punktu widzenia. UE w szczególności promuje oprogramowanie open source z uwagi na niezależność rządu od (głównie amerykańskich) korporacji.

Trzy centralne terminy "idealizm", "pragmatyzm" i "strategia" były dotychczas prezentowane i omawiane niezależnie od siebie, tzn. interakcje między tymi trzema fazami nie były prawie wcale brane pod uwagę. Ograniczenie to prowadzi do tego, że "zjawisko otwartego oprogramowania" nie może być uchwycone w pełnym zakresie lub argumentacja pozostaje jednowymiarowa.

Wzajemne relacje można schematycznie zilustrować w następujący sposób:

Podczas gdy kolorowe obszary na Rysunku Rysunek 10 zostały już opisane w trzech fazach, interakcje przedstawione w kolorze szarym do tej pory były w dużej mierze pomijane w dyskusji.

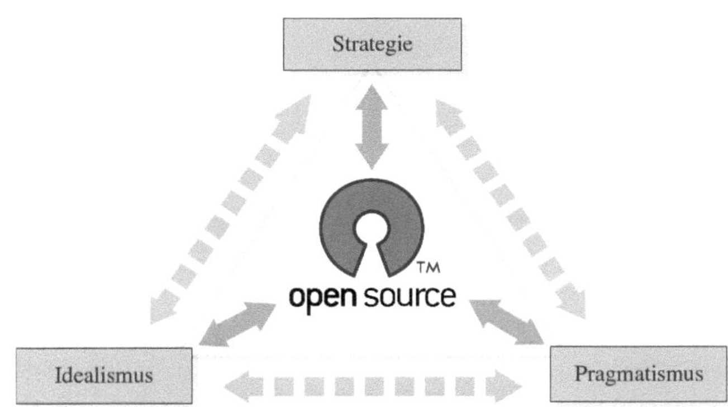

Rysunek 4: Interakcje w ekosystemie open source

Ze względu na ogólny brak danych empirycznych dotyczących oprogramowania open source - zwłaszcza w środowisku biznesowym - nieliczne badania, które poświęciły się interakcjom, ograniczają się do mniejszych, tzw. firm open source. Empirycznych danych na temat działających globalnie korporacji prawie całkowicie brakuje. Ponadto, dyskusja odbywała się w dużej mierze z perspektywy firm. Badania nad pracownikami, którzy znajdują się w obszarze konfliktu pomiędzy pragmatycznymi i strategicznymi interesami ich pracodawcy a bardziej idealistycznymi wartościami społeczności, są ponownie dostępne tylko dla małych firm, ale nie dla dużych korporacji. Jednakże, są one dostarczane przez większość deweloperów.

W oparciu o ten wniosek, praca ta ma na celu z jednej strony przyczynić się do wygenerowania wyników empirycznych - w tym zakresie istnieje nierównowaga na korzyść dotychczasowej pracy teoretycznej. Z drugiej strony, interakcje te mają być badane z naciskiem na twórców oprogramowania z grup ICT.

3.6 Pytania badawcze

Ze względu na opisaną w podsumowaniu lukę badawczą, w niniejszym opracowaniu skupiono się na biznesowej perspektywie rozwoju oprogramowania open source, zwłaszcza w dużych, renomowanych firmach informatycznych. Koncentracja ta opiera się na założeniu, że to właśnie te firmy w zdecydowany sposób napędzają rozwój oprogramowania open source.

Jak pokazują badania między innymi Rossi i Bonaccorsi (2006) oraz Dahlander i Magnusson (2006), używając jako przykładów małych "firm open source", udział w projektach wolnego oprogramowania w środowisku zorientowanym komercyjnie wyzwala różne procesy operacyjne, a czasami także niespójności. Ciekawe, jaki to będzie miało efekt w dużych firmach. W tym miejscu niniejsze opracowanie rozpoczyna się od następujących pytań badawczych:

1. Jak działają programiści open source w dużych firmach ICT? Jakie są różnice w stosunku do rozwoju "zamkniętego źródła"?
2. Jakie są obszary napięć pomiędzy społecznością open source a dużymi firmami ICT?
3. W jakim stopniu duże firmy z branży TIK uczestniczą w rozwoju oprogramowania open source i jak można określić ilościowo ten wkład?

Ze względu na fakt, że dziedzina ta jest jeszcze w dużej mierze niezbadana, intencją było jak najbardziej otwarte i bezstronne podejście do tematu w duchu Teorii Gruntownej (Glaser i Strauss 1967). Ważne było zatem, aby nie ograniczać się do wąsko zdefiniowanego pytania i tym samym wykluczyć ewentualne ustalenia w tej dziedzinie (Eisenhardt 1989).

Podczas gromadzenia danych i ich analizy iteracyjnej pojawiła się nowa ważna kwestia:

4. Jakie wymiary mogą być wykorzystane do scharakteryzowania programistów open source w dużych firmach ICT i jakie są idealne typy?

Część II: Koncepcja metodologiczna

4 Wskazówki metodyczne

4.1 Projekt studium przypadku

Ponieważ na temat tego badania nie są jeszcze dostępne żadne dane empiryczne, właściwe jest przyjęcie podejścia rozpoznawczego. Prowadzenie badań nad oprogramowaniem open source w dużych firmach z branży ICT oznacza również, że tylko ograniczona liczba firm jest dostępna do gromadzenia danych. W związku z tym projekt studium przypadku jest odpowiedni. Studium przypadku jest holistycznym badaniem, które analizuje aktualne zjawisko w jego naturalnym środowisku. Przez holistyczny rozumiemy, że całościowy obraz uzyskuje się poprzez gromadzenie i analizowanie szczegółowych danych z różnych źródeł, takich jak wywiady, dokumenty i raporty. Według Yin (2003), studium przypadku jest zasadniczo właściwe,

> *"kiedy, jak" lub "dlaczego" zadawane są pytania, kiedy badacz ma niewielką kontrolę nad zdarzeniami i kiedy skupia się na współczesnym zjawisku w jakimś realnym kontekście". (Yin 2003, S. 1)*

Rozwój jądra Linuksa jest wybierany jako przypadek. Z jednej strony, jest to jeden z najbardziej udanych projektów open source, szczególnie w środowisku korporacyjnym. Dotyczy to zarówno rozpowszechniania, jak i liczby zaangażowanych osób i przedsiębiorstw. Dzięki temu możliwe było zwrócenie się do kilku firm o zebranie danych i nadal można było zapewnić pożądaną anonimowość prezentacji danych.[96]

96 Pierwotnie zamierzano spojrzeć na przypadek jednej firmy w świetle kilku projektów open source. - Nie udało się jednak pozyskać za to żadnej firmy. Dlatego sprawa została skonstruowana na odwrót: Pogląd na projekt z perspektywy kilku firm.

Jądro Linuksa nie jest zainteresowane przede wszystkim jako przypadek sam w sobie. Należy go rozpatrywać jako typowy przypadek, aby lepiej zrozumieć "zjawisko" korporacyjnego zaangażowania w oprogramowanie open source. Stawka (1994) nazywa takie studium przypadku, które ma na celu ogólne zrozumienie nadrzędnej kwestii, instrumentalnym. W przeciwieństwie do tego jest to wewnętrzne studium przypadku, które jest wybierane z uwagi na unikalne zjawisko konkretnego przypadku.

Jeśli studium przypadku składa się z kilku (instrumentalnych) przypadków, nazywa się to studium przypadku wielokrotnym lub zbiorczym. Yin (2003) opisuje to jako uogólnienie analityczne w przeciwieństwie do uogólnienia statystycznego. Aby odpowiedzieć na (trzecie) pytanie, jaki wkład w oprogramowanie open source wnoszą duże firmy ICT - i jak ten wkład konkretnie wygląda - oraz aby uzyskać głębszą wiedzę na temat zaangażowania firmy, pliki dziennika systemowego jądra Linux zostały przeanalizowane ilościowo w sensie triangulacji (rozdział 5). Ponadto, ze względu na brak danych empirycznych, o których mowa powyżej (rozdział 6), w niniejszym badaniu wybrano podejście eksploracyjne, jakościowe. Kruse charakteryzuje badania jakościowe w następujący sposób:

"Badania jakościowe

- *chce zrozumieć złożone kwestie społeczne*
- *rekonstruuje subiektywne wzorce interpretacji*
- *powstrzymuje własne zrozumienie tak dalece i długo, jak to możliwe*
- *rozumie interpretacje i subiektywne poglądy*
- *jest zaprojektowany zgodnie z zasadą otwartości*
- *pytania otwarte, odpowiedzi są tekstami*
- *małe próbki" (Kruse 2006, str. 5)*

Aby eksploracja była jak najbardziej otwarta i kreatywna, wybrano pragmatyczne podejście przedstawione przez Kathleen M. Eisenhardt w "Building Theories from Case Study Research" (1989). To podejście badawcze charakteryzuje się podejściem iteracyjnym i silnym powiązaniem z danymi empirycznymi, co umożliwia ciągły proces porównawczy między gromadzeniem i analizą danych. Ponadto, teorie wynikające z tego podejścia badawczego charakteryzują się zazwyczaj nowością, weryfikowalnością i empiryczną aktualnością.

4.2 Kryteria jakościowe badań jakościowych

Niezależnie od tego, czy są to badania ilościowe czy jakościowe, wszelkie poważne badania muszą spełniać uznane naukowo kryteria w odniesieniu do stosowanych metod. Najważniejszymi kryteriami są: znaczenie, zgodność teorii i obserwacji, uogólnienie, spójność, odtwarzalność, precyzja i weryfikacja (Strauss i Corbin 1996). Lincoln i Guba (1985) przyjmują kryteria jakości, które definiują pod pojęciem "wiarygodności". Biorąc pod uwagę kilku autorów, kryteria oceny badań jakościowych można przedstawić w następujący sposób:

1. Ponieważ badacz jest wyraźnie uważany za uczestnika wpływającego, kryteria muszą być zagwarantowane z jednej strony przez osobę badacza (znajomość, doświadczenie w danej dziedzinie, wrażliwość) (Altheide i Johnson 1994). Z drugiej strony, metody takie jak triangulacja (Denzin 1989) lub wybór przypadków ekstremalnych i kontrastowych (Strauss i Corbin 1996) mogą osiągnąć pożądaną jakość w gromadzeniu danych.
2. Właściwość procesu badawczego charakteryzuje się wskazaniem podejścia jakościowego, doboru metod, zasad transkrypcji, strategii doboru próby, jak również komplementarności poszczególnych decyzji (Steinke i in. 2000). Czasami używa się również terminu

"odpowiedniość przedmiotu".

3. Empiryczne zakotwiczenie wyników badań oznacza, że zarówno tworzenie, jak i weryfikacja teorii musi być uzasadniona w danych, przy czym możliwa jest zarówno weryfikacja, jak i fałszowanie (Steinke i in. 2000).

Chociaż wyżej wymienione ogólne kryteria naukowe znajdują odzwierciedlenie w wymienionych powyżej punktach, dwa terminy, w szczególności dwa, wielokrotnie prowadzą do dyskusji na temat metod i dlatego zostaną wyjaśnione bardziej szczegółowo poniżej. W przypadku metod ilościowych uogólnienie wyników badań jest możliwe w przypadku próbek reprezentatywnych, w przypadku badań jakościowych uogólnienie oznacza, że wyniki mogą być uogólnione do konkretnych badanych sytuacji (Stawka 1994). Systematyczne i jak najbardziej wszechstronne pobieranie próbek pozwala na wykrycie większej ilości wariantów, a tym samym poprawia uogólnienie (Strauss i Corbin 1996).

Zapotrzebowanie na powtarzalność jest zapotrzebowaniem na weryfikowalność. Walidację tę można jednak osiągnąć nie tylko poprzez reprodukcję, ale również poprzez przejrzyste śledzenie badań. Steinke (2000) nazywa tę intersubiektywną możliwość śledzenia zamiast intersubiektywnej weryfikowalności. To odmienne podejście opiera się na uznaniu, że na przykład żaden wywiad, który nie jest w pełni ujednolicony, nie może być powtórzony identycznie, nie przez tego samego ankietera, a na pewno nie przez innego badacza.[97]

97 Zupełnie inną kwestią jest to, czy takie powielanie można faktycznie zagwarantować za pomocą badań ilościowych i standardowych wywiadów.

5 Badanie ilościowe plików logów jądra Linuksa

"Jądro Linuksa jest jednym z najpopularniejszych projektów rozwoju opartego na otwartym kodzie źródłowym, a jednak nie poświęcono wiele uwagi temu, kto zajmuje się tym rozwojem, kto go sponsoruje i co dokładnie jest rozwijane". (Kroah-Hartman 2007, S. 239)

5.1 Sytuacja wyjściowa

Przy każdym wydaniu jądra Linux, tj. co dwa do trzech miesięcy, bieżące statystyki są generowane przez Jonathana Corbeta przy wsparciu Grega Kroah-Hartmana i publikowane oraz komentowane na stronie lwn.net. Oprócz[98] kilku liczb całkowitych, najbardziej aktywni deweloperzy i firmy są[99] notowani według "zestawów zmian", tzn. spójnych zmian, które powinny być możliwie najbardziej ziarniste zgodnie z wytycznymi, jak również "zmienionych linii". Ponadto oceniane są również "sygnatariusze", którzy są uważani za "strażników", nieco swobodniejszą definicję jako "opiekunów".

Tworzenie statystyk jest w dużej mierze kontrolowane przez skrypt. Z jednej strony, "Git", oprogramowanie repozytorium napisane przez Linusa Torvaldsa specjalnie dla społeczności Linuksa, dostarcza poleceń do tworzenia plików dzienników, które zawierają wymagane dane w standardowy sposób. Z drugiej strony statystyki są generowane przez

98 Zob. np. http://lwn.net/Articles/264440/ [10.08.2009], gdzie znajdują się również listy najlepszych deweloperów i firm za rok 2007.

99 Zmienione linie" zawierają zarówno efektywnie zmienione linie kodu, jak i dodane i usunięte linie. Odfiltrowywane są tylko pliki o zmienionej nazwie, które zawsze są liczone jako usunięte (stara nazwa pliku) i dodane (nowa nazwa pliku). Można to łatwo osiągnąć za pomocą parametru podczas tworzenia plików dziennika.

skrypty Pythona[100]. Dla przydzielenia deweloperów do firm istnieje lista. W duchu Wolnego Oprogramowania, programy są dostępne na licencji GPL i tym samym publicznie dostępne, przy czym część alokacji firmy deweloperskiej jest utrzymywana "prywatnie" na żądanie deweloperów.

Jak każde oprogramowanie metryczne, te statystyki mogą być tylko zbliżone do rzeczywistości. Niektóre (znane) problemy są:

1. Zestaw zmian" lub liczba zmienionych linii nie mówi nic o rzeczywistym czasie wymaganym do wniesienia wkładu. Jednak nie można się do tego zbliżyć, jeśli nie zapyta się każdego dewelopera indywidualnie o każdy jego wkład, który, poza prawdopodobnie niechcianą postawą poszczególnych osób, musi również zawieść z powodu nieproporcjonalnego wysiłku. I nawet wtedy otrzymywałoby się tylko "filc", a nie mierzone statystyki.
2. Oceny są w dużej mierze oparte na adresach e-mail. Ponieważ jednak są one dostępne tylko jako wolny tekst, istnieje rozmycie, które może być skorygowane tylko przez czasochłonną pracę ręczną, przynajmniej w większości przypadków. Z dwumiesięczną częstotliwością, jest to podejście praktycznie niewykonalne.
3. Każdy "zestaw zmian" może być przypisany tylko jednemu autorowi, nawet jeśli pracowało nad nim kilku.
4. Ponieważ brana jest pod uwagę tylko główna gałąź rozwoju, poprawki błędów (utrzymanie) w stabilnych wydaniach nie są brane pod uwagę.
5. Zmiany w zatrudnieniu w okresie oceny nie mogą być uwzględnione ze względu na jednowymiarową listę. Jednak prawdziwa baza danych do alokacji firm nie jest pożądana, jak wspomniano w artykule na

100 Python (http://www.python.org/ [12.08.2009]) jest tak zwanym językiem skryptowym, który ma prawo do prostoty i jasności i jest otwarty na różne paradygmaty programowania. Jest to szczególnie popularne w społeczności open source.

stronie lwn.net.[101]

6. W otwartej społeczności, nie wszyscy ludzie są znani. Stąd w statystykach firmy zawsze pojawia się pozycja "(Nieznany)", która zawiera te nieznane osoby. W ostatnich ocenach, łatki dostarczone przez niewiadome mają rząd wielkości nieco ponad 10%[102], czego nie należy lekceważyć. Ponieważ wiele osób wnosi jednorazowy wkład, problemu tego nie da się rozwiązać poprzez ciągłe poszerzanie listy.
7. Znacznik "signed off-by" jest interpretowany bardzo różnie.[103]

Aby pójść nieco dalej w kwestii udziałów firm w kernelu Linux niż jest to możliwe w przypadku czystej listy i przynajmniej częściowo rozwiązać niektóre z wyżej wymienionych problemów, autor zdecydował się na przeprowadzenie własnej, jednorazowej oceny - w oparciu o istniejące narzędzia.

5.2 Pobieranie próbek

Analizie poddano cały rok 2007 (od 1 stycznia do 31 grudnia). Pierwotnie brano pod[104] uwagę katalog kodu źródłowego (repozytorium) 2.6 Linusa Torvaldsa (w dalszej części nazywany "development" i najczęściej pomijany w podpisach), ponieważ zawiera on aktualny "oficjalny" rozwój jądra. Ponadto przeanalizowano również wydania stabilne linii 2.6 w celu umożliwienia[105] składania oświadczeń o alimentach (zwanych dalej wyraźnie "alimentacjami"). W tym celu wszystkie repozytoria[106][107], które

101 Zob. http://lwn.net/Articles/264440/ 10.08.2009].

102 Ponieważ nieznani współpracownicy są zazwyczaj raczej mali, odsetek nieznanych osób wynosi nawet ponad 20%.

103 Zob. np. komentarz na stronie http://lwn.net/Articles/266004/ [10.08.2009].

104 Ze względu na fakt, że raporty opublikowane przez Fundację Linuksa na temat stanu rozwoju jądra Linuksa w latach 2008 i 2009 nie wykazują żadnych istotnych różnic (Kroah-Hartman i in. 2008; 2009), można założyć, że dane z 2007 roku, na których opiera się niniejsze opracowanie, pozwalają na uzyskanie aktualnych wyników dwa lata później.

105 Utrzymywana jest również linia 2.4, ale opiera się ona na "prywatnej" inicjatywie Willy'ego Tarreau.

106 Lista wszystkich prywatnych i oficjalnych repozytoriów znajduje się na stronie http://git.kernel.org/ [10.08.2009].

zawierały zmiany wprowadzone w 2007 roku, zostały[108]skopiowane do komputera i[109]utworzony został plik dziennika z wykorzystaniem funkcji zawartych już w programie do kontroli źródeł.

5.3 Gromadzenie danych

Struktura danych z dziennika pozwala na wyraźną identyfikację autorów i recenzentów poszczególnych wkładów, a tym samym na ich ocenę w dużej mierze przez maszynę. Typowo, opis "zestawu zmian" wygląda tak:

```
1commit   ed2c12f323e8fafbc94f9bcfb924f9df36e64dc7
2    Autor: Andrew Morton <akpm@linux-foundation.org>
     3Date: Thu Jul 19 01:50:35 2007 -0700
4
5    jądro/sysctl.c: zakończyć komentarze ostrzegawcze
6
7    Przez cały tydzień goniłem za tymi komentarzami po tej kartotece.
8    Miejmy nadzieję, że jesteśmy teraz w porządku.
9
10   Podpisano: Andrew Morton <akpm@linux-foundation.org>
11   Podpisano przez: Linus Torvalds <torvalds@linux-foundation.org>
12
    134          1kernel/sysctl     .c
```

Wiersz 1 zawiera unikalny identyfikator dla "zestawu zmian". Było to konieczne, aby wyeliminować łatkę, która była obecna w wielu

107 Kluczową datą był 8 stycznia 2008 roku.

108 Procedura ta jest bardzo dokładnie opisana w Internecie i działała bez żadnych problemów (z wyjątkiem jednego repozytorium, w którym wystąpił błąd odczytu). Po kilku próbach, autor zdecydował o 21:00, aby wysłać e-mail do osoby odpowiedzialnej w USA. Dziesięć minut później Greg Kroah-Hartman - pracownik Novell/Suse - odpowiedział już, że może odtworzyć błąd. Problem ten został teraz przekazany Willy'emu Tarreau we Francji, samemu współzałożycielowi i właścicielowi firmy Linuksowej Exosec. Po ponad dwóch godzinach rozwiązywania problemów, tuż przed północą, poddał się i poprosił o pomoc Linusa Torvaldsa, pracownika organizacji non-profit Linux Foundation w USA. O pierwszej nad ranem pisarz otrzymał wiadomość od Willy'ego Tarreau, że Torvalds znalazł błąd i że natychmiast go poprawi. Podziękowania, które otrzymał pocztą elektroniczną następnego ranka o ósmej, odpowiedział ponownie w ciągu kilku minut i przedstawił to, co się stało jako "normalne" i naturalne. Podziękował autorowi za znalezienie i zgłoszenie błędu. Ta anegdota pokazuje otwarcie praktykowany podział pracy i wielką etykę zawodową społeczności kernela Linux.

109 Polecenie to jest git log --since=2007-01-01 --until=2007-12-31 --no-merges --no-renames -M -C --find-copies-harder --ignore-all-space --pretty=medium --numstat >log-2.6.txt, i musisz być w katalogu głównym danego repozytorium. Opis parametrów znajduje się pod adresem http://www.kernel.org/pub/software/scm/git/docs/git-log.html [10.08.2009].

repozytoriach.[110] Drugi wiersz zawiera nazwisko i adres e-mail autora, tylko adres e-mail został wyodrębniony. Data z wiersza 3 i następujący komentarz (wiersze 4-9, w tym puste wiersze) nie były istotne dla niniejszej analizy. Wiersze 10 i 11 zawierają recenzentów; wiersz rozpoczyna się odpowiednio od "Signed-off-by:" i "Acked-by:", a następnie zawiera nazwisko i adres e-mail. Ponieważ niniejsza analiza dotyczy wyłącznie autorów, informacje te nie mają kluczowego znaczenia. Dla celów kontrolnych zostały one jednak również wyodrębnione i ocenione według sytuacji w celu określenia ewentualnych różnic. W linii 13 wymieniony jest zmieniony plik źródłowy - w innych "zestawach zmian" wymienionych jest kilka plików, każdy w nowej linii. Pierwszy numer określa dodane linie, drugi numer określa usunięte linie, gdzie zmiana pojawia się jako jedna dodana i jedna usunięta linia. Uwzględniono tu tylko dodane wiersze. Można to wyjaśnić faktem, że tylko w dużej mierze automatyczna ocena może zagwarantować, że zmieniona linia nie pojawi się dwukrotnie w statystykach. Można również argumentować, że w większości przypadków skreślenie wiersza nie wnosi żadnego wkładu.

5.4 Analiza danych

Do sprawdzania i konsolidowania danych został napisany osobny[111]skrypt Perla, dzięki czemu ocena może być w każdej chwili powtórzona. Było to ważne, ponieważ często tylko wygenerowane konsolidacje ujawniały błędy i wady, które nadal wymagały korekty.[112]

110 Ponieważ wydania stabilne są pobierane z repozytorium Linusa Torvaldsa, wszystkie "zestawy zmian" z niego będą wcześniej lub później powielane.

111 Perl (http://www.perl.org/ [2009-08-12]) jest jak Python językiem skryptowym, który obsługuje kilka paradygmatów programowania. Język ten jest bardzo potężny, ale ze względu na swoją dużą elastyczność i kryptyczną składnię jest trudny do nauczenia się i często trudny do zrozumienia przez osoby z zewnątrz.

112 Ustalone w ten sposób szczegółowe dane stały się dość obszerne i są wymienione szczegółowo w jednym pliku OpenOffice-Calc, każdy dla potrzeb rozwoju i utrzymania. W razie potrzeby można ich zażądać od autora.

W pierwszym etapie konieczna była ręczna weryfikacja i klasyfikacja adresów e-mail. Lista prowadzona przez Grega Kroah-Hartmana, która jest używana do regularnych ocen na stronie lwn.net, służyła jako domyślna. Dla wszystkich adresów, które nie zostały w nim wymienione, najpierw poprawiono oczywiste błędy pisarskie, nieco inną pisownię i zwolnienia. Następnie sprawdzono wszystkie adresy, aby sprawdzić, czy dana domena może być przypisana do firmy (i czy nie jest to dostawca poczty).[113] Pozostałe około 650 nieznanych adresów zostało zapisanych w indywidualnie zaadresowanym e-mailu, na który odpowiedziało około 200 osób i tym samym można było je sklasyfikować.[114] Doprowadziło to do tego, że przedstawiona tu analiza, z dobrym 18 % nieznanych autorów i 7,8 % łatami oraz 5,8 % dodanymi liniami kodu przez nieznanych autorów, znajduje się wyraźnie poniżej odpowiednich "oficjalnych" statystyk lwn.net.

Podobnie jak w badaniu MERIT (Ghosh 2006), baza danych Amadeus została[115] wykorzystana do kategoryzacji firm (od lipca 2008). Ponieważ autor musiał ograniczyć się do wolnej części bazy danych, dostępne były jedynie informacje o lokalizacji, sektorze i wielkości firm. Sektory te są jedynie bardzo podstawowe pod względem informatycznym. Konkretnie rzecz ujmując, można by dokonać rozróżnienia jedynie pomiędzy sprzętem komputerowym, rozwojem oprogramowania i usługami, telekomunikacją (w tym dostawcami usług internetowych) i handlem detalicznym. Z pewnością pożądane byłoby bardziej szczegółowe przeprowadzenie kategoryzacji. Jednak ze względu na brak danych - zwłaszcza dla mniejszych firm - nie zostało to zrobione. Niestety, nigdzie nie wyjaśniono dokładnie,

113 Nie tylko ze względu na prawo pracy, zazwyczaj wymaga się od firm, aby wkład w projekty open source był zamieszczany na firmowym adresie e-mail. Jedna z firm posuwa się nawet do tego, że wymaga, aby wpłaty dokonywane w czasie wolnym od pracy były również oznaczone firmową pocztą elektroniczną. Fakt, że nie wszyscy deweloperzy stosują się do tej zasady mówi więcej o ich reputacji niż przeciwko jej ważności.

114 Wniosek o przesłanie wiadomości e-mail znajduje się w załączniku E.

115 Można znaleźć na stronie http://www.bvdep.com/en/Company%20data%20-%20international.html [10.08.2009]. Dostępny był tylko ogólnodostępny katalog, który zawierał tylko bardzo podstawowe informacje.

jak definiuje się wielkość firmy.

Przedsiębiorstwa te musiały być przeszukiwane ręcznie w bazie danych. Ponieważ zazwyczaj było kilka trafień, trzeba było wybrać pożądane, co było możliwym źródłem błędu. W celu utrzymania poziomu błędów na jak najniższym poziomie, w przypadku wątpliwości zawsze konsultowano się ze stroną główną firmy. Firma macierzysta była zawsze rejestrowana, nawet jeśli było oczywiste, że autor był zatrudniony w oddziale.

Około 10% firm nie znalazło się w bazie danych. Dzięki temu podjęto próbę uzyskania odpowiednich informacji w Internecie (strona główna, właściciel domeny, wyszukiwanie za pomocą Google). W ten sposób można by w każdym przypadku zidentyfikować kraj. W przypadku braku informacji na temat sektora i wielkości przedsiębiorstwa założono, że przedsiębiorstwa te są bardzo małe w dziedzinie rozwoju oprogramowania i usług.

6 Jakościowe wywiady eksperckie z twórcami jądra Linux w dużych firmach ICT

6.1 Wywiad z ekspertem

Wywiady jako forma zbierania danych są najbardziej rozpowszechnione w badaniach jakościowych i mają prawie stuletnią historię (Fontana i Frey 1994; Platt 2001). Konkretne formy są wybierane w zależności od pytania badawczego. Kruse (2006) wymienia dziesięć kolejnych wariantów oprócz "klasycznych" form narracyjnych, ukierunkowanych, skoncentrowanych na problemach, etnograficznych, a także wytycznych i wywiadów eksperckich oraz dyskusji grupowych.

Chociaż termin "ekspert" - jak zostanie wyjaśnione poniżej - wymaga rozróżnienia, metoda wywiadu eksperckiego jest jednak preferowana w stosunku do wywiadu ukierunkowanego na problem (Witzel 2000) lub wywiadu ukierunkowanego (Merton i in. 1990; Hopf 2000), ponieważ wywiady eksperckie pozwalają na większą otwartość w porównaniu, a zatem lepiej odpowiadają eksploracyjnemu charakterowi badania.

Bogner i Menz (2002a) rozróżniają wywiady eksperckie odkrywcze, systematyzujące i teoretyczne. Niniejsza praca jest ukierunkowana na tę ostatnią, *"której punkt końcowy idealnie polega na sformułowaniu teorii 'formalnej'.* (Bogner i Menz 2002a, s. 38 f.). Ta "formalna" teoria jest w idealnym przypadku *"uogólnieniem typologii"* (Bogner i Menz 2002a, s. 38) i opiera się na subiektywnym poglądzie ekspertów; nie może i nie powinna być zatem rozumiana jako obiektywna rzeczywistość. Pomimo zamierzonej subiektywności stwierdzeń, porównywalność zebranych danych powinna być poparta wytycznymi. Ponadto, empirycznie, należy osiągnąć wspólne organizacyjne lub instytucjonalne powiązanie między badanymi ekspertami (Bogner i Menz 2002a).

6.1.1 Kto jest ekspertem?

Kto jest uważany za eksperta w sensie wywiadu eksperckiego, jest definiowany sprzecznie (Bogner i Menz 2002a; 2002b; Meuser i Nagel 2002b). Istnieje zgoda co do tego, że eksperci w rozumieniu wywiadu eksperckiego nie mają elitarnego statusu w społeczeństwie lub są ekspertami zewnętrznymi, ale że status eksperta wynika z zainteresowania badawczego, tj. że badacze przypisują osobie przesłuchiwanej status eksperta.[116] Na początku badania nie można ostatecznie ustalić, kto ma być uznany za eksperta, z którym należy przeprowadzić rozmowę w danej sprawie (Bogner i Menz 2002b). Na przykład ankieta przeprowadzona wśród twórców oprogramowania wykazała, że należy przeprowadzić rozmowy z osobami spoza działu rozwoju (koordynatorzy, kierownicy projektów, prawnicy).

6.1.2 Rola ankietera

Bogner i Menz (2002b) wyróżniają sześć (idealnych) typów w odniesieniu do roli rozmówcy w wywiadzie: (1) współekspert, (2) ekspert innej kultury wiedzy, (3) laik, (4) wspólnik, (5) potencjalny krytyk i (6) autorytet. Podczas gdy dwie ostatnie role wydają się problematyczne (z reguły respondent przyjmuje postawę obronną) i nie powinny być stosowane, pozostałe cztery role mogą być przyjmowane w rozmowach na różne

---

116 *"Metodologicznie rzecz biorąc, status eksperta danej osoby jest określany w odniesieniu do danego interesu badawczego; dana osoba zostaje uznana za eksperta, ponieważ zakładamy, niezależnie od tego, jak dobrze jest to uzasadnione, że posiada ona wiedzę, która niekoniecznie jest dostępna dla niej samej, ale która nie jest dostępna dla wszystkich w zakresie działania interesującego. W związku z tym, jako ekspert, jest skierowany,*
-kto jest w jakikolwiek sposób odpowiedzialny za zaprojektowanie, wdrożenie lub kontrolę nad rozwiązaniem problemu, lub
-kto ma uprzywilejowany dostęp do informacji o odpowiednich grupach ludzi, sytuacjach społecznych i procesach decyzyjnych". (Meuser i Nagel 2002a, s. 259)

sposoby, można je nawet "odgrywać". W niniejszym opracowaniu przyjęto założenie, że rozmówca powinien być jak najbardziej[117] neutralnym laikiem, aby następnie wystąpić jako współekspert, ekspert innej kultury wiedzy lub nawet wspólnik.

Jeśli chodzi o wpływ ankietera, należy wspomnieć, że trudno jest uznać siebie za całkowicie neutralnego w wywiadzie. Z jednej strony, zarówno osoba, jak i rodzaj komunikacji wpływają na rozmówcę, z drugiej strony, wywiad jest zawsze komunikacją między podmiotami, a więc subiektywną (Foddy 2003). Dlatego też wpływ ankietera musi być odzwierciedlony i uwzględniony w analizie:

> *"Oczywiście, wystarczy przeprowadzić jeden wywiad, aby wiedzieć, jak trudno jest stale koncentrować uwagę na tym, co się mówi (a nie tylko na słowach) i ciągle z góry myśleć o pytaniach, które "naturalnie" pasują do rozmowy, ale jednocześnie podążać pewną teoretyczną "linią". Innymi słowy, nikt nie może być bezpieczny przed efektem narzucania problemu, który może być wygenerowany przez naiwne, egocentryczne lub po prostu nieostre pytania, a przede wszystkim przed konsekwencjami, jakie odpowiedzi "wkładane do ust" rozmówcy mogą mieć dla badacza, który w swojej interpretacji może przyjąć na siebie artefakt, który sam stworzył nie zdając sobie z tego sprawy. (Bourdieu 1997, s. 782)*

Konieczne jest zatem udoskonalenie techniki przeprowadzania wywiadów. Odbywa się to m.in. w ramach iteracyjnej procedury zbierania i analizy danych. Oznacza to również, że przewodnik może być w razie potrzeby dostosowany. To z kolei wymaga dostosowania procedury przesłuchania.

117 Neutralność "ciągniona" byłaby prawdopodobnie w danej sytuacji raczej mało wiarygodna, ponieważ, szczególnie ze względu na status naukowy badacza, respondenci mogliby przyjąć solidną wiedzę na ten temat.

6.2 Pobieranie próbek

Celem badań jakościowych jest *"rekonstrukcja typowych wzorców"* (Helfferich 2005, s. 153). W celu osiągnięcia uogólnienia wyników - ponieważ jest to jedyny sposób, aby mówić o danych empirycznych, w przeciwieństwie do ilustracji - kamienie węgielne reprezentujące badaną sprawę są zdefiniowane poprzez określenie atrybutów interesu (Stawka 1994) (patrz Rys.

Rysunek 11).

W podejściu badawczym praktyka ta nazywana jest "teoretycznym pobieraniem próbek" (Glaser i Strauss 1967). Eisenhardt (1989) nie wyklucza metodycznie próby losowej co do zasady, ale podkreśla, że ze

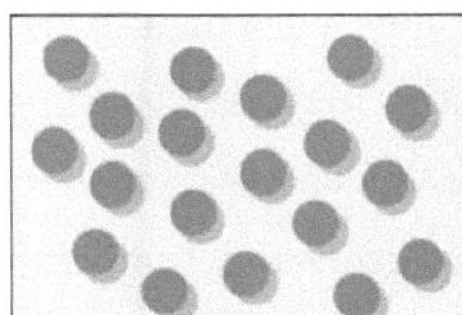
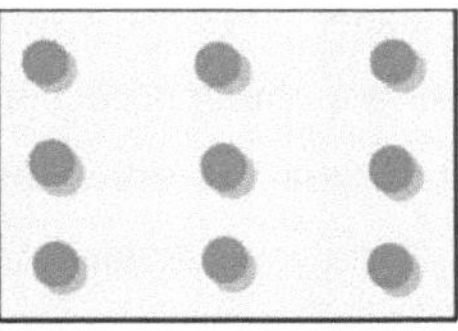

Rysunek 5: Porównanie reprezentatywnego i teoretycznego pobierania próbek (zgodnie z Kruse 2006, s. 37 f.)

względu na zwykle stosunkowo małą próbę, należy w miarę możliwości wybierać kontrastowe przypadki, aby móc skonstruować kategorie uzasadnione w danych.

W niniejszym opracowaniu przeprowadzono *"wtórną [selekcję]"* (Merkens 2000, s. 288), tj. "sporadyczną próbę o ograniczonym (teoretycznym) wpływie". Z jednej strony, liczba potencjalnych respondentów była ograniczona z powodów geograficznych. Z drugiej strony, dostępność osób w przedsiębiorstwach była ograniczona. Aby ograniczyć ten problem, przeprowadzono badania w kilku firmach ("badania wielu przypadków", Yin 2003).

6.3 Strategia rekrutacyjna

Dostępne były dwie strategie rekrutacji: za pośrednictwem społeczności lub poprzez firmy. Ze względu na fakt, że przynajmniej niektóre z wewnętrznych spraw i tajemnic firmy mogły być wspomniane w wywiadzie, istniało ryzyko, że tematy zaklasyfikowane jako "wrażliwe" zostaną zignorowane, jeśli dochodzenie zostanie przeprowadzone za pośrednictwem społeczności. Z drugiej strony, rekrutacja za pośrednictwem firm zmniejszyła wybór, ponieważ dostępni byli tylko pracownicy firm, które zgodziły się na realizację projektu badawczego. Ponadto, wybór faktycznych partnerów do rozmowy byłby ograniczony preferencjami firmy.

Decyzję o rekrutacji podjęto za pośrednictwem firm, ponieważ obawy dotyczące niechęci do odpowiedzi uznano za ważniejsze niż ograniczony dobór uczestników rozmów kwalifikacyjnych. Ponadto, rekrutacja za pośrednictwem Wspólnoty pozostała otwarta jako opcja na wypadek, gdyby okazało się, że liczba i zróżnicowanie próby są niewystarczające. Jednak opcja ta nie okazała się konieczna. Zaangażowane firmy otrzymały od autora umowę o poufności.[118]

W celu osiągnięcia jak największej jednorodności wśród włączonych firm, do udziału w badaniu zostały zaproszone tylko te firmy, które mają być przypisane do sektora IT, zatrudniają co najmniej dziesięciu programistów Linuksa, zatrudniają łącznie ponad tysiąc pracowników, są obecne w Europie i nie należą do Nowej Gospodarki, czyli mają co najmniej dwudziestoletnią historię firmy.[119] Ponadto poszukiwano przede wszystkim partnerów do rozmów kwalifikacyjnych z Niemiec. W ten sposób można by uniknąć różnic kulturowych i prawnych, aby ułatwić analizę przy

118 Prezentacja oświadczenia o poufności w języku niemieckim i angielskim znajduje się w załączniku B. Na wniosek jednego z przedsiębiorstw nadal konieczne było dokonanie selektywnych dostosowań. Zmiany te są mniej merytoryczne niż formalne - co wyraźnie wskazuje na to, że dokument został poddany przeglądowi przez Dział Prawny.

119 Tak więc firmy takie jak Red Hat czy Google zostały celowo wykluczone.

stosunkowo niewielkiej próbie.[120]

Rekrutacja firm była zróżnicowana. Wszystkie sześć kwalifikujących się przedsiębiorstw zostało poproszonych o udział w badaniu w oficjalnym piśmie od kierownika pracy doktorskiej, prof. dr Bernda Lutterbecka (patrz załącznik A). Po tym, jak w niektórych przypadkach wielokrotne zapytania, jak również towarzyszące im "działania następcze" za pośrednictwem profesjonalnej sieci autorskiej, nawiązano kontakt z jednym wyjątkiem, w którym ostatecznie zgodziło się na udział pięć firm. W tym procesie ważne było pozyskanie zainteresowanej strony w firmach, ponieważ tylko w ten osobisty sposób strategia rekrutacji zapowiadała sukces.

Osoba kontaktowa w firmie ("portier"[121]) zwróciła się do potencjalnych partnerów rozmów pisemnie lub ustnie przez osobę kontaktową w firmie po zakończeniu prac administracyjnych (głównie kwestie prawne i organizacyjne). Pracownicy mieli wówczas możliwość bezpośredniego kontaktu z autorem. Jednakże trzy z pięciu firm chciały, aby rozmówcy sami ustalili, co jest szanowane. W przypadku dwóch pozostałych przedsiębiorstw podjęto następnie próbę zastosowania metody kuli śnieżnej, aby zająć się konkretnie "przypadkami" za pośrednictwem tych, z którymi przeprowadzono pierwsze rozmowy, co jednak doprowadziło do przynajmniej częściowego *"zbrylenia próbki"* (Merkens 2000, s. 293). Ponieważ jednak maksymalna liczba udzielonych wywiadów na przedsiębiorstwo wynosiła pięć, możliwości te były bardzo ograniczone.[122]

Można mówić o teoretycznym nasyceniu w takim stopniu, w jakim informacje uzyskane przez rozmówców w dużej mierze pokrywały się w

120 Ponieważ możliwe było przeprowadzenie po jednym wywiadzie w USA i Szwajcarii, zostały one również wzięte pod uwagę w znaczeniu przypadków kontrastu.

121 Okazało się, że rekrutacja zakończyła się sukcesem tylko wtedy, gdy sam strażnik miał duże zainteresowanie tematem open source. Hierarchiczna pozycja w firmie nie była decydująca dla dostępu. Wykazano jednak, że proces ten jest szybszy na wyższej pozycji.

122 Okazało się, że liczba udzielonych wywiadów była znacznie mniejsza - od jednego do trzech dla tych firm, które chciały same wybrać ankietera. Ponadto, w przypadku obu przedsiębiorstw, co pozwoliło na swobodny wybór, możliwe było przeprowadzenie nawet sześciu wywiadów, każdy zamiast pięciu.

odniesieniu do formalnej organizacji i formalnych procesów rozwoju systemu Linux. Z drugiej strony, większa liczba wywiadów byłaby pożądana w odniesieniu do indywidualnej sytuacji zawodowej. Ponieważ jednak osiągnięcie tego celu byłoby możliwe co najwyżej kosztem większej heterogeniczności[123] przedsiębiorstw w próbie, nie zostało to zrobione.

6.4 Opracowanie przewodnika

W sensie badań poszukiwawczych wywiady były poparte wytycznymi, ale to pozostawiło wystarczająco dużo miejsca na otwartość. W związku z tym wybrano formę mieszaną między narracją i wywiadem ustrukturyzowanym, albo też przeprowadzono wywiad częściowo lub częściowo ustandaryzowany (Flick 2002) lub częściowo narracyjny (Helfferich 2005). Wskazówki dla tego typu wywiadów zawierają zazwyczaj kilka bloków tematycznych, z których każdy wprowadzany jest przez pytanie otwarte. Dla każdego tematu można zadawać konkretne, oparte na teorii, a także konfrontacyjne lub refleksyjne pytania.

Przewodnik został sporządzony na podstawie zasady SPSS (Helfferich 2005):

1. **Zebranie jak największej ilości** pytań (burza mózgów)
2. **Badanie kwestii dotyczących** otwartości, subiektywności, nowości i znaczenia, a w konsekwencji ograniczenie przypuszczalnie dużej części pytań
3. Sortować i łączyć w niezbyt wiele bloków tematycznych
4. Podejmowanie poszczególnych pytań z bloku tematycznego w ramach pytania wprowadzającego, które jest jak najbardziej otwarte i

123 Jak wspomniano wcześniej, ta niepożądana niejednorodność odnosi się przede wszystkim do lokalizacji i różnic w prawie pracy i kulturze, które mogą być z nią związane, ale także do innych sektorów.

narracyjne

Rozmówcy mają praktykę w komunikowaniu się w sposób rzeczywisty i precyzyjny. Ponieważ sytuacja rozmowy pozwala na oderwanie się od codziennej rzeczywistości, przewodnik rozpoczyna się[124] od stosunkowo zamkniętego pytania o szkolenie, a następnie staje się coraz bardziej otwarty (patrz np. Trinczek 2002). Następnie pojawiają się pytania dotyczące codziennego życia zawodowego, różnic pomiędzy oprogramowaniem open source i zamkniętym oraz szczególnych problemów związanych z rozwojem oprogramowania open source w środowisku komercyjnym. Na koniec należy dokonać oceny obecnej sytuacji zawodowej oraz realistycznej i idealnej przyszłości zawodowej.

Na etapie gromadzenia danych, przewodnik został dostosowany wybiórczo, aby uwzględnić nowe ustalenia i móc dokładniej określić zainteresowanie wynikami. Dołożono jednak starań, aby nie zmieniać ram przewodnika, tak aby nie obciążać analizy.

W ramach przygotowań do opracowania wytycznych dla deweloperów, w trzech firmach przeprowadzono otwarty wywiad z "koordynatorem", aby z jednej strony przedstawić i omówić projekt, a z drugiej strony uzyskać pierwsze informacje na temat organizacji i struktury firmy (Froschauer i Lueger 2002).

Ponadto przeprowadzono dwa wywiady z autorami znanych twórców oprogramowania ze środowiska własnościowego, ale ze zmodyfikowanym przewodnikiem. Celem nie było przetestowanie przewodnika, ale podejście do sytuacji rozmowy i przetestowanie urządzenia rejestrującego. Nie przeprowadzono pretestu, ponieważ procedura iteracyjna może i tak spowodować zmiany w wytycznych.

124 Pełny przewodnik w języku angielskim i niemieckim znajduje się w załączniku C. Z dwoma wyjątkami, można by zastosować niemieckie wytyczne. W pozostałych dwóch wywiadach wykorzystano angielski przewodnik.

6.5 Gromadzenie danych

Studia przypadków zwykle zawierają kilka metod gromadzenia danych, takich jak wywiady, kwestionariusze lub obserwacje, a także badania w archiwach (Eisenhardt 1989). W niniejszym badaniu dane jakościowe zostały zebrane głównie za pomocą wywiadów. Jednak w publicznych archiwach jądra Linuksa i na portalach informacyjnych, firmy biorące udział w próbie były aktywnie ścigane. Ponadto dokonano przeglądu wielu sprawozdań i prezentacji firm w odniesieniu do zdefiniowanego pytania badawczego. Te informacje wtórne stanowiły ważne tło dla analizy i przyczyniły się do zwiększenia zasadności triangulacji. Jednak istotą danych pozostają wywiady.

Gromadzenie danych zostało przeprowadzone w okresie od września 2007 r. do czerwca 2008 r. Autor był w stanie przeprowadzić osobiście u siebie dziewiętnaście wywiadów; pięć wywiadów zostało przeprowadzonych telefonicznie. Ze względu na czasami dłuższe podróże, zazwyczaj zaplanowano kilka wywiadów dziennie.

Czas trwania wywiadów był bardzo zróżnicowany:

	Minuty
Całkowity czas trwania	934
Najdłuższy wywiad	104
Najkrótszy wywiad	28
Średni czas trwania wywiadu	54,94

Tabela 4: Czas trwania rozmów kwalifikacyjnych

Wywiady zostały nagrane cyfrowo jako MP3 za pomocą "Handy Recorder H4". Po zakończeniu wywiadu, bezpośrednio z uczestnikami wywiadu wypełniono arkusz danych (patrz Załącznik D) zawierający dane socjodemograficzne i firmowe. Ponadto, najważniejsze (subiektywne) ustalenia zostały szybko zapisane w protokole wywiadu (Helfferich 2005).

Okazało się, że rozmówcy byli bardzo otwarci w sprawach wewnętrznych, prawdopodobnie nie tylko ze względu na "oficjalne" usankcjonowanie rozmowy przez kierownictwo. Z drugiej strony, kilka wywiadów sprawiało wrażenie, że rozmówcy wyrażali ostrożność, gdy chodziło o ich pozycję w firmie.[125]

6.6 Analiza danych

Niezależnie od zastosowanej metody, rodzaje lub etapy analizy mogą być podsumowane jako "wybrane", "kod", "grupa" i "interpretacja" (Bernard 2000). Kroki nie są ściśle sekwencyjne, lecz raczej ciągłe i powtarzalne, co pozwala na uzyskanie dodatkowej głębokości (patrz Rys. **Fehler! Verweisquelle konnte nicht gefunden werden.**).

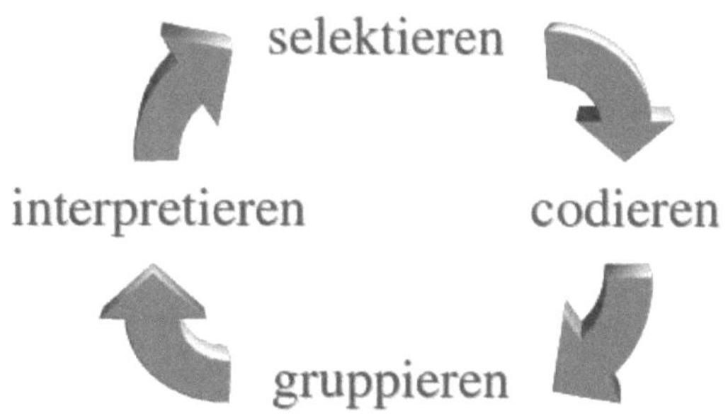

Rysunek 12: Proces analizy (po Bernardzie 2000)

Te etapy analizy nie rozpoczynają się po zakończeniu zbierania danych, ale raczej włączają do kolejnych wywiadów zdobyte spostrzeżenia, koncepcje, teorie i typologie, co pozwala na intensyfikację i pogłębienie tematu badawczego.

---

125 Typową cechą był widok, który pozwalał sprawdzić, czy drzwi są rzeczywiście zamknięte.

6.6.1 Transkrypcja

Wszystkie siedemnaście wywiadów z twórcami jądra Linuksa zostało w pełni przepisanych. Pozostałe siedem wywiadów z ewangelistami[126], kierownikami projektów i produktów, z wyjątkiem dwóch, również zostało zarejestrowanych cyfrowo, ale tylko w formie skróconej, ponieważ służyły one jako informacje ogólne i dlatego nie były zakodowane w całości lub sekwencyjnie. Zastosowano wolne oprogramowanie "Transcriber"[127], które prawie idealnie odpowiadało potrzebom autora.[128]

Wszystkie transkrypty zostały stworzone przez samego badacza, co okazało się bardzo przydatne. Mimo że przepisywanie jest czasem monotonnym i bardzo czasochłonnym zadaniem, w trakcie pisania miał miejsce proces twórczy, który był bardzo cenny dla analizy. Ponadto, proces transkrypcji przyczynił się do uzyskania ogólnego zarysu, jak również znajomości tekstów, które ponownie były bardzo pomocne w kodowaniu.

W odniesieniu do transkrypcji zastosowano uproszczone zasady (Flick 2002). Oznacza to, że chociaż w każdym przypadku sporządzono kompletny zapis, w dużej mierze zrezygnowano z pisania charakterystyk językowych i komunikacji niewerbalnej, ponieważ nie było to interesujące dla dalszej procedury. W rezultacie powstał tekst, który był kompletny pod względem treści, w dużej mierze oparty na standardowej ortografii (Kowal i O'Connell 2000) i łatwy do odczytania.

Transkrypty nie były anonimizowane, ponieważ były redagowane wyłącznie przez autora. Jest to o tyle korzystne, że nazwy, projekty i lokalizacje w surowych danych odpowiadają rzeczywistości i tym samym w analizie dają obraz rzeczywistego środowiska uczestników wywiadu. -

126 Termin "(technology) evangelist" jest często używany w informatyce w odniesieniu do osoby, której zadaniem jest promowanie (nowych) technologii (patrz http://www.gnote.ws/ [20.08.2009]).
127 Szczegółowy opis programu znajduje się w załączniku G.
128 Zob. opis programu w załączniku G.

Jednakże, aby zapewnić obiecaną anonimowość, fragmenty tekstu przytoczone w tej rozprawie zostały utajnione. W wyniku tej procedury stenogramy nie mogą być oglądane przez osoby trzecie.

6.6.2 Kodowanie indukcyjne

Transkrypty są kodowane za pomocą analizy treści w systematycznej, kierowanej regułami procedurze (maj 1997) z wolnym oprogramowaniem WeftQDA.[129] Ponieważ jest to badanie rozpoznawcze, wybrano indukcyjną definicję kategorii. Oznacza to, że kategorie nie zostały wyprowadzone z teorii, lecz z dostępnego materiału danych. Procedura ta opiera się w dużej mierze na otwartym kodowaniu Teorii Glasera i Straussa (maj 1997).

Na podstawie pytania badawczego dokonuje się wstępnej selekcji materiału tekstowego, który powinien być wykorzystany do kategoryzacji. W procesie kodowania każda transkrypcja jest przetwarzana linia po linii. Jednak te fragmenty tekstu można pozostawić niekodowane, które zawierają jedynie *"nieistotne, dekoracyjne, odbiegające od tematu"* (Mayring 1997, s. 76).

Konkretnie, w pierwszym przejściu materiał był obrabiany aż do momentu, gdy nie znaleziono nowych kategorii. Następnie zostały one po raz pierwszy zbadane bardziej szczegółowo w celu ustalenia, czy są one odpowiednie dla niniejszej kwestii i czy nadal należy je łączyć lub dalej dzielić. Jeśli wprowadzono tu zmiany, trzeba było zacząć kodowanie od nowa. Za pomocą tych kroków analitycznych stale podchodzi się do systemu kategorii, w których wybrane fragmenty tekstu ilustrują skondensowany temat (maj 1997). W oparciu o ten indukcyjnie opracowany system kategorii, można teraz formować typy.

---

129 Szczegółowy opis programu znajduje się w załączniku G.

6.7 Tworzenie typu

Aby móc uchwycić, zrozumieć i wyjaśnić złożone rzeczywistości, wiele badań jakościowych redukuje złożoność poprzez tworzenie typów (Bohnsack 1992). W rozumieniu Maxa Webera można więc zamówić *"chaotyczną różnorodność indywidualnych wyglądów"* (według Kaesler 2003, s. 232). Jest to szczególnie przydatne, gdy na podstawie danych empirycznych, których nie da się powtórzyć, a tym samym sfałszować, próbuje się *"uogólniać nieogólnione"* (Janoska-Bendl 1965, s. 84). Bardzo znanym typem stworzonym w ten sposób jest "homo oeconomicus".

Typy są często określane jako idealne (Weber 1951; Gerhardt 2001) lub prototypowe (Mayring 1997); typ jest konstrukcją teoretyczną, *"tzn. jego elementy pochodzą z rzeczywistości, ale nie opisują rzeczywistości"* (Janoska-Bendl 1965, s. 25), więc nie można go znaleźć w rzeczywistości. Wynika to z faktu, że typy są zredukowane do cech, które powinny być możliwie jak najbardziej jednorodne w obrębie typu (wewnętrzna jednorodność) i jak najbardziej niejednorodne (zewnętrzna niejednorodność) w przeciwieństwie do innych typów (Kelle i Kluge 1999), tzn. projekt jest oparty na teorii. Powstałe w ten sposób typy nie mają być jednak rozumiane jako teoria, lecz mają służyć przede wszystkim do tworzenia hipotez, a więc jako podstawa lub pośrednie etapy tworzenia teorii (Kelle i Kluge 1999), w oparciu o dane uzyskane i weryfikowalne empirycznie (Janoska-Bendl 1965).

Według Kelle i Kluge (1999) proces formowania typu, który należy rozumieć jako instrument heurystyczny (Janoska-Bendl 1965), można podzielić na cztery pod-etapy, przy czym nie jest to schemat sztywny ani liniowy (patrz rys. **Fehler! Verweisquelle konnte nicht gefunden werden.**).

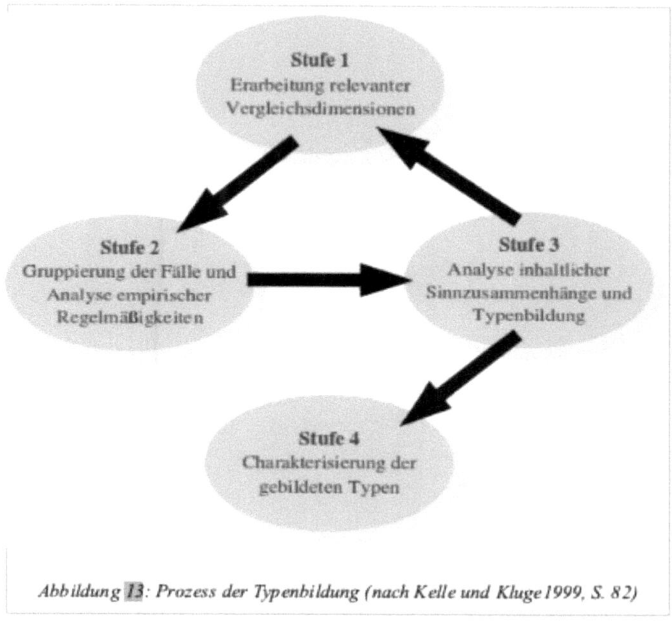

Abbildung 13: Prozess der Typenbildung (nach Kelle und Kluge 1999, S. 82)

Pierwszym krokiem jest znalezienie i określenie wymiarów, które określają wewnętrzną jednorodność i zewnętrzną niejednorodność. W podejściu badawczym odbywa się to przede wszystkim poprzez dane empiryczne. W rozumieniu Teorii Podstawowej (Glaser i Strauss 1967), wymiary te mogą być tworzone kolejno poprzez definiowanie kodów i kategorii i z pewnością mogą również wpływać na wybór przypadku ("teoretyczne próbkowanie"). W niniejszym opracowaniu tworzenie typów zostało jednak rozpoczęte dopiero od analizy danych.

Poniższe przypadki są *"pogrupowane na podstawie zdefiniowanych wymiarów porównawczych i ich cech charakterystycznych, a ustalone grupy są badane pod kątem prawidłowości empirycznych"* (Kelle i Kluge 1999, s. 86). Odbywa się to poprzez wyświetlenie ustalonych cech w matrycy i przypisanie poszczególnych przypadków do pól.

W trzecim etapie porównywane są relacje między kategoriami i przypadkami pod względem treści. To z kolei może mieć wpływ na pierwsze dwa kroki, tak że te trzy kroki są zazwyczaj przepracowane kilka razy, aż do momentu, gdy rodzaje będą spójne i nie będą musiały być korygowane w kolejnym przejściu.

W ostatnim kroku można ostatecznie scharakteryzować typy i wybrać przykładowe indywidualne przypadki, które najbardziej trafnie opisują dany typ w sensie prototypu do wyjaśnienia. W przeciwieństwie do podejścia zaproponowanego na przykład przez Gerhardta (2001), polegającego na wyolbrzymianiu wybranych przypadków pod względem tego, co jest charakterystyczne dla danej kategorii, w niniejszym opracowaniu indywidualny przypadek jest przedstawiany jak najbardziej realistycznie, a jego szczególne cechy są podkreślane w tekście, aby scharakteryzować dany typ.

Podsumowując, należy wspomnieć, że konstruowane typy, które odpowiadają oczekiwanemu zachowaniu, nie powinny być rozumiane jako osąd moralny lub obiektywny, nawet jeśli ze względu na ich konstrukcję *"subiektywna ocena stoi za nimi jednoznacznie"* (Janoska-Bendl 1965, s. 54).

6.8 Kontrola analizy danych

Ze względu na fakt, że badacz nie był zaangażowany w większy projekt badawczy lub środowisko akademickie, nie można było zagwarantować kontroli analizy danych poprzez wspólne kodowanie i wzajemną kontrolę. Z tego powodu wybrano strategię szczegółowej prezentacji procesu analizy (Kvale 1996).

Ponadto poszukiwano stałej wymiany z innymi badaczami. Podczas kilku prezentacji na TU Berlin można było wyjaśnić i omówić podejście metodologiczne. Regularny udział w seminarium badawczym "Katedry Zarządzania Strategicznego i Innowacji" w ETH w Zurychu również stanowił cenny wkład. Dalsze selektywne wymiany z doświadczonymi badaczami jakościowymi z innych obszarów tematycznych były również pomocne w trwającej krytycznej refleksji nad podejściem metodologicznym.

6.9 Ograniczenia podejścia metodologicznego

Ze względu na fakt, że niniejsze opracowanie ma charakter rozpoznawczy, można stwierdzić, że wytyczne dotyczące przeprowadzania wywiadów nie były optymalnie dostosowane do wymiarów tworzenia typów, co stało się widoczne dopiero w trakcie badania.

Za słaby punkt można również uznać fakt, że wpływ na rekrutację partnerów na rozmowę kwalifikacyjną był ograniczony i tym samym nie odpowiadał pierwotnej technice teoretycznego doboru próby (Glaser i Strauss 1967) - co byłoby pożądane. Wybrana rekrutacja za pośrednictwem przedsiębiorstw z pewnością doprowadziła do innej próby niż w przypadku rekrutacji za pośrednictwem społeczności, a zatem mogły zostać osiągnięte inne wyniki.

Jak już wspomniano, wybrane podejście metodologiczne nie zakładało opracowania *"systemu teoretycznego"* (Kelle i Kluge 1999, s. 81). Tak więc granice te można również rozumieć jako perspektywę wyjaśnień i ulepszeń dla kolejnych projektów badawczych.

Część III: Prezentacja wyników

7 Wyniki dla plików logów jądra Linuksa

Wszystkie tabele wymienione w poniższym tekście, jak również wszystkie podstawowe wartości wykresów i wielu innych ocen tabelarycznych znajdują się w załączniku F.

7.1 Zakres składek

W 2007 roku ponad 2 000 deweloperów dodało około 1,7 miliona linii kodu w ponad 28 000 łatek[130] (patrz Tabela 5).

	Rozwój	**Konserwacja**
Autorzy	2.097	374
Łaty	28.334	1.335
wiersze kodu	1.735.797	12.164
man-years[131]	1.062	4
Monetyzacja w EUR[132]	79.650.000	300.000

Tabela 5: Przegląd wkładów do jądra systemu Linux w 2007 r.

Wysiłek związany z konserwacją jest stosunkowo niewielki. Ponieważ jednak w przypadkach niekrytycznych błędy i usterki mogą być usunięte tylko w ścieżce rozwoju lub bezpośrednio w dystrybucjach, informacje te mają jedynie ograniczoną wartość informacyjną o jakości rozwoju.

---

130 Wartości te są tylko nieznacznie niższe niż te Jonathana Corbeta w jego artykule na stronie http://lwn.net/Articles/264440/ [10.08.2009]. Istniejąca różnica wynika prawdopodobnie z faktu, że pliki dzienników o najsurowszych ograniczeniach zostały stworzone dla potrzeb niniejszego badania.

131 Do obliczeń osobolat wykorzystano szeroko stosowany, choć nieco uproszczony model COCOMO (Boehm 2000) ze standardowymi wartościami dla średnio złożonego oprogramowania. Wzór na to jest następujący: **lata osobowe = 3 * tysiące linii kodu1$^{.12}$ / 12**. Nowszy model COCOMO-II nie mógł być użyty, ponieważ zakłada logiczne linie kodu, które nie były tutaj dostępne. Użycie fizycznych linii kodu dla metryki jest wadliwe. Istnieją jednak powody, by sądzić, że liczba linii napisanego kodu jest skorelowana z wydajnością i dlatego może być używana.

132 Do określenia wartości pieniężnej wykorzystano podstawę badania MERIT (2006, s. 49), które wykorzystuje 75 000 EUR jako roczny koszt jednego osobolata, co jest uważane za ostrożne. Monetyzacja opiera się zatem na wartościach europejskich, co ma wartość jedynie informacyjną w przypadku udziału w skali globalnej.

7.2 Grupy interesów

Wkłady można podzielić na kategorie w zależności od ich motywacji wynikającej z interesów handlowych, publicznych[133] lub prywatnych. Rysunek **Fehler! Verweisquelle konnte nicht gefunden werden.** przedstawia wartości procentowe tych czterech kategorii.

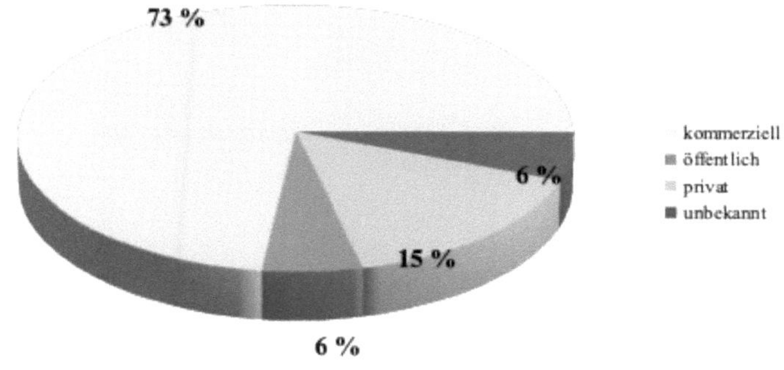

Abbildung 14: Motivation zur Mitarbeit

Prawie 75% rozwoju pochodzi z firm zorientowanych komercyjnie. Jeśli dodać do tego 6% instytucji publicznych, takich jak Fundacja Linuksa, uniwersytety czy rządy, to około 80% linii kodu jest napisane w płatnym stosunku pracy. Z inicjatywy prywatnej 20 % wkładów (w tym nieznanych[134]) jest przekazywanych nieodpłatnie. Jeśli chodzi o konserwację, następuje jedynie niewielka zmiana na korzyść instytucji komercyjnych i publicznych kosztem podmiotów prywatnych i nieznanych.

---

133 Instytucje publiczne obejmują rządy i uniwersytety, a także organizacje non-profit, takie jak Linux Foundation. To rozróżnienie między instytucjami komercyjnymi i publicznymi nie jest dokonywane w statystykach lwn.net. Oba są wymienione razem pod "pracodawca", co oczywiście jest nieco innym stwierdzeniem.

134 Jak wynika ze szczegółowych ocen, istnieją uzasadnione powody, aby przypuszczać, że nieznani autorzy są w rzeczywistości w większości osobami prywatnymi.

Jeżeli, jak wyjaśniono w pkt 7.3.1, lata osobowe i monetyzacja są obliczane dla czterech obszarów zainteresowania, wydatki zorientowane komercyjnie mogą zostać spieniężone na 56 mln euro (zob. tabela 6).

	man-years	Monetyzacja w EUR
Handlowy	748	56.099.027
Publicznie	42	3.145.749
prywatny	132	9.872.124
Nieznany	44	3.281.742

Tabela 6: Lata osobowe i monetyzacja w podziale na grupy odsetkowe

W tym kontekście interesujące jest to, że według COCOMO deweloper w środowisku komercyjnym spędza średnio 3,3 miesiąca, w sektorze publicznym 1,8 miesiąca, a prywatnym 1,9 miesiąca (dla niewiadomych jest to 0,7).

7.3 Zaangażowane przedsiębiorstwa

7.3.1 Najlepsze firmy

W 2007 r. pracownicy z łącznie 367 firm w różnym stopniu wnosili składki. 10 najlepszych firm zostało wymienionych w tabeli 7

	Firma	wiersze kodu		Łaty		Autorzy	
1	Czerwony Kapelusz	185.518	10,69 %	2.741	9,67 %	90	4,29 %
2	Intel	126.062	7,26 %	923	3,26 %	65	3,10 %
3	IBM	123.173	7,10 %	2.293	8,09 %	144	6,87 %
4	Urządzenia analogowe	101.074	5,82 %	357	1,26 %	11	0,52 %
5	Novell	91.195	5,25 %	2.161	7,63 %	56	2,67 %
6	SGI	44.646	2,57 %	1.074	3,79 %	30	1,43 %
7	Freescale	31.772	1,83 %	427	1,51 %	30	1,43 %
8	linutronix	31.215	1,80 %	506	1,79 %	5	0,24 %
9	Wyrocznia	27.229	1,57 %	672	2,37 %	19	0,91 %
10	Technologia Renesas	22.300	1,28 %	397	1,40 %	5	0,24 %

Tabela 7: Składki od *10 największych firm*

Trzy przedsiębiorstwa Red Hat (10,7 %), Intel (7,3 %) i IBM (7,1 %) dostarczyły dobrą czwartą część całego kodu. Jeśli dodamy urządzenia analogowe (5,8 %) i Novell (5,2 %), stanowi to już ponad jedną trzecią kodu wniesionego przez pięć samych przedsiębiorstw. Niemiecka firma Linutronix jest pierwszym dostawcą czystych usług, który zajął 8. miejsce (1,8%), a Oracle jest pierwszym prawdziwym dostawcą oprogramowania, który zajął 9. miejsce (1,5%).

7.3.2 Przedsiębiorstwa według regionów

Geograficzne rozmieszczenie spółek wnoszących wkład pokazuje wyraźną dominację świata zachodniego. Należy jednak zauważyć, że nie jest to miejsce zamieszkania autora, lecz siedziba firmy.[135] Rysunek 15 podzielony

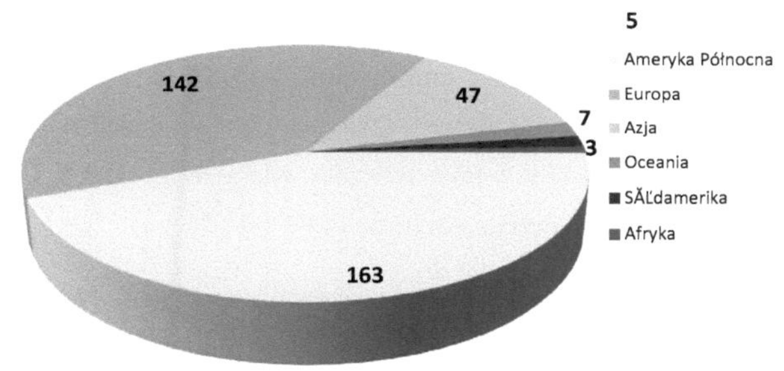

Rysunek 6: Liczba przedsiębiorstw w podziale na kontynenty

według kontynentów:

Te liczby pokazują cyfrową przepaść. Cały region Ameryki Południowej praktycznie nie istnieje, a jedynie trzy przedsiębiorstwa w Brazylii i dwie w Argentynie. Wynik ten jest zilustrowany liczbą wniesionych linii kodu, które mieszczą się tylko w zakresie jednego procenta. W Afryce obecna jest tylko RPA, ale pod względem wykonanych linii kodu jest to na znacznie większą skalę (0,53%), głównie ze względu na obecność dystrybutora Ubuntu Canonical.

Region azjatycki jest o wiele bardziej zaangażowany. Jeśli chodzi o wiersze

135 Ten pogląd na pewno nie jest idealny. Ze względu na dostępne materiały, bardziej precyzyjna lokalizacja nie była jednak możliwa. Znaczenie Linuksa wynika więc przede wszystkim ze strategicznego znaczenia Linuksa w firmach, a w mniejszym stopniu ze zdecentralizowanej dystrybucji deweloperów.

kodu, Japonia jest nawet drugim co do wielkości krajem po USA (6,01 %). Tajwan (0,57 %) znacznie wyprzedza Izrael (0,27 %), Koreę (0,11 %), Indie (0,07 %) i Singapur (0,05 %), Rosję (0,01 %) i Chiny (0,00 %), które są również przypisane do regionu azjatyckiego.

Stany Zjednoczone dominują z 145 przedsiębiorstwami (39,51 %) i znaczną 80 % linii kodu. Z AT&T, Hewlett-Packard, IBM, Dell, Intel, Motorola, Cisco, Comcast, General Dynamics, Oracle, Google, Sun, Texas Instruments, EMC, AMD, Micron, Unisys i Rockwell Automation, jest 18 z 500 firm z amerykańskiej listy Fortune, z których[136] dziewięć znajduje się nawet w pierwszej 100. Kanada również wnosi znaczący wkład w postaci 1,32 % linii kodu poprzez łącznie 18 przedsiębiorstw (4,90 %).

W Europie Niemcy są najbardziej zaangażowanym krajem. Fakt, że Finlandia znajduje się na uprzywilejowanej pozycji wynika przede wszystkim z faktu, że w jądrze działa fińska spółka Nokia. W przeciwnym razie, przemysłowe "wagi ciężkie" mają tendencję do dominowania pod względem liczby firm wnoszących wkład (patrz Rys. **Fehler! Verweisquelle konnte nicht gefunden werden.**).

136 Patrz http://money.cnn.com/magazines/fortune/fortune500/2008/full_list/index.html [10.08.2009].

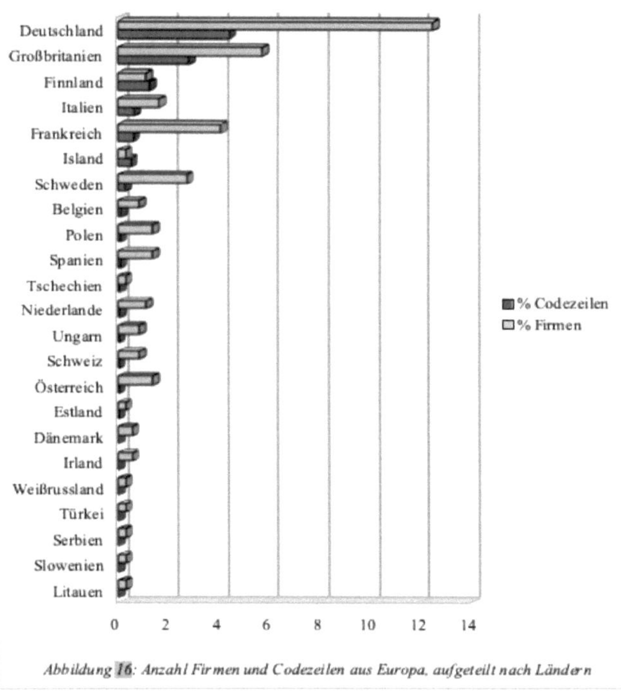

Abbildung 16: Anzahl Firmen und Codezeilen aus Europa, aufgeteilt nach Ländern

7.3.3 Firmy według wielkości

Firmy zostały podzielone na pięć kategorii, od bardzo małych do bardzo dużych. Klasyfikacja ta została w dużej mierze przejęta z ogólnodostępnej części bazy danych Amadeus, choć nie jest tam do końca jasne, jak dokładnie zdefiniowana jest wielkość firmy.[137] Niemniej jednak można wyciągnąć pewne interesujące wnioski.

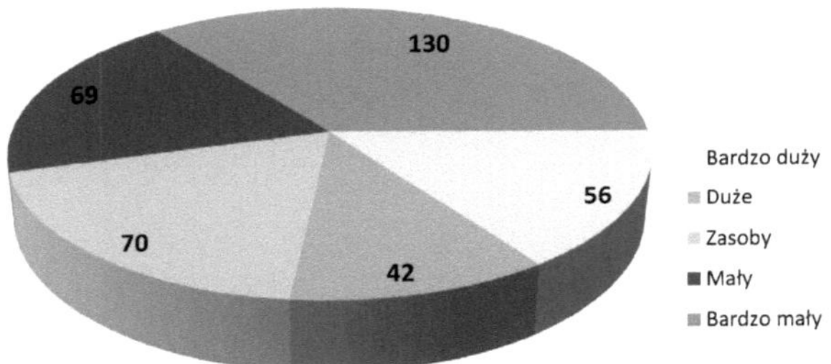

Udział małych i bardzo małych przedsiębiorstw wynosi ponad 50 % (patrz rys. 17). Ponieważ większość bardzo dużych przedsiębiorstw ma siedzibę w USA lub w Azji, odsetek mniejszych przedsiębiorstw w Europie jest nawet nieco wyższy.

Jeśli jednak przyjrzeć się liczbie twórców jądra Linuksa i liniom kodu zmienionym w 2007 roku, to bardzo duże (odpowiednio 42,94% i 48,17%) i duże firmy (odpowiednio 22,08% i 30,39%) są znacznie ważniejsze.

137 W każdym razie, jest to mieszanka różnych wartości, a nie tylko liczby pracowników lub rotacji.

7.3.4 Przedsiębiorstwa według sektorów

Jak już wspomniano w opisie procedury (patrz rozdział 5.4), klasyfikacja przedsiębiorstw na sektory jest bardzo trudna ze względu na dostępne dane. Dodatkowym problemem jest fakt, że zwłaszcza duzi, tradycyjni

Rysunek 8: Liczba przedsiębiorstw pogrupowanych według sektorów

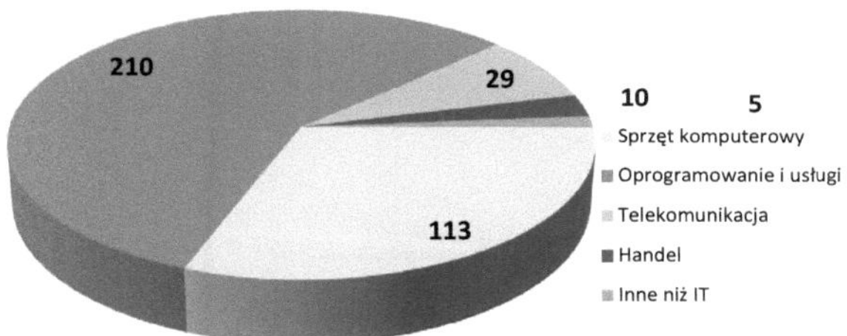

producenci sprzętu, tacy jak IBM, HP czy Sun, charakteryzują się mieszanką sprzętu, oprogramowania i usług (pod względem sprzedaży, po około jednej trzeciej), ale dostępny był tylko jeden przydział (na przykład w IBM, Software & Services, w HP i Sun Hardware). Przy tych ograniczeniach pojawia się następujący obraz:

Jak pokazuje wykres 18, największy udział mają przedsiębiorstwa z sektora oprogramowania i usług (57,22 %), znacznie więcej niż dostawcy sprzętu (30,79 %). Znacznie mniejszy udział mają spółki detaliczne i nieinformatyczne - zwłaszcza udział linii kodowych (odpowiednio 0,44 % i 0,10 %).

7.3.5 Firmy według liczby programistów Linuksa

Jeśli spojrzymy na firmy według liczby autorów, którzy w 2007 roku w ich imieniu wnieśli jeden lub więcej poprawek do jądra Linuksa, pozwoli to na jasne stwierdzenie, jak pokazuje Rysunek **Fehler! Verweisquelle konnte nicht gefunden werden.**

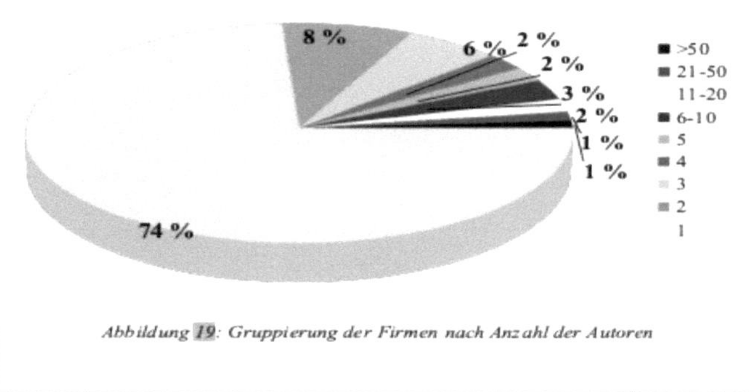

Abbildung 19: Gruppierung der Firmen nach Anzahl der Autoren

Około trzech czwartych z 367 firm zajmujących się jądrem Linux w 2007 roku miało jednego programistę pracującego nad jądrem Linux, podczas gdy 16 firm (4,5%) miało ponad dziesięciu programistów.

Teraz pytanie brzmi, w jaki sposób wkłady są rozdzielane między te przedsiębiorstwa.

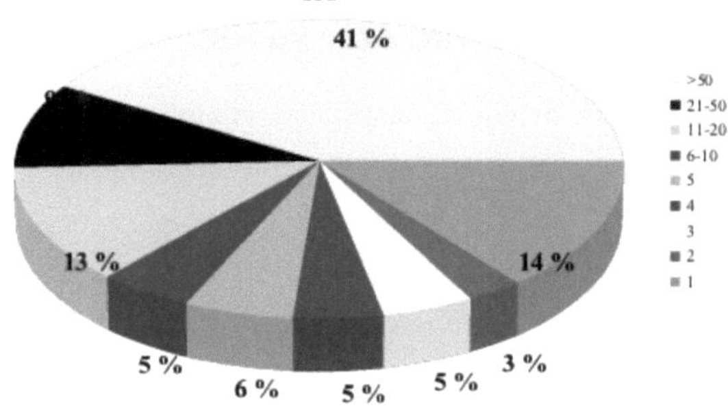

Abbildung 20: Beiträge der Firmen, gruppiert nach Anzahl der Autoren pro Firma

Rysunek **Fehler! Verweisquelle konnte nicht gefunden werden.** 16 firm z ponad dziesięcioma programistami Linuksa wnosi w sumie 63% linii kodu wniesionych przez firmy komercyjne (co stanowi ponad 45% wszystkich wkładów). Z jednej strony pokazuje to, że duże firmy wnoszą znaczną część wkładu do jądra Linuksa (co wyraźnie pokazała już suma wkładu 5 największych firm), ale z drugiej strony ponad połowa wkładu w postaci kodu jest rozdzielana pomiędzy mniejsze firmy, instytucje publiczne i osoby prywatne. Co więcej, tylko cztery firmy (Red Hat, Novell, Intel i Linutronix) mają więcej niż jednego dewelopera w pierwszej trzydziestce.

Z dwoma tylko wyjątkami (MontaVista i SWsoft), wszystkie firmy, które zatrudniają dziesięciu lub więcej programistów są dużymi lub bardzo dużymi firmami. Z wyjątkiem dwóch japońskich grup, wszystkie one również mają swoją siedzibę w USA. Ponad połowa z tych firm należy do sektora sprzętu komputerowego. Istnieje jednak kilka mniejszych firm, które pozwalają na pracę nawet pięciu programistom nad jądrem Linux. Z drugiej strony, istnieje stosunkowo niewiele bardzo dużych firm (19 z 59), które zatrudniają tylko jednego dewelopera.

7.4 Kategoryzacja wkładów spółki

Jądro Linux jest podzielone na następujące moduły (Kroah-Hartman 2007): rdzeń, sterowniki, architektura, sieć, systemy plików i inne.[138]

Rysunek 9: Wkład kodowy do modułów w podziale na grupy interesu

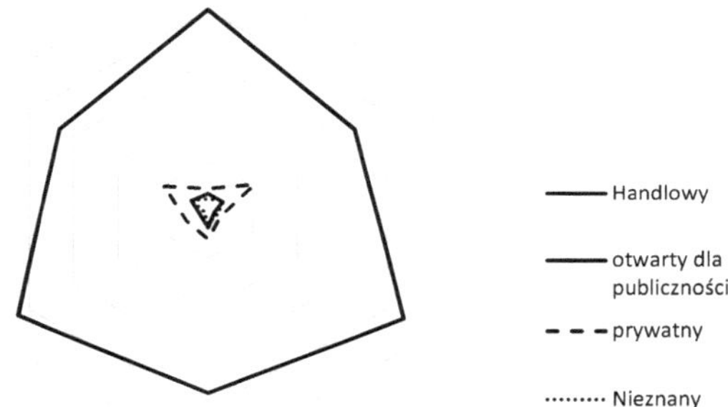

138 Niestety, podział ten nie do końca odpowiada strukturze katalogów, więc alokacja musiała być dokonywana ręcznie.

Jak widać na Rysunku 21 firmy komercyjne wnoszą główny wkład w każdym module, ale nie wszędzie w takim samym stopniu (każda z osi pokazuje 100% wkładu kodowego danego modułu). Jeśli spojrzeć na rozmieszczenie modułów nie pod względem bezwzględnej liczby wniesionych linii kodu, ale w stosunku do całkowitej liczby własnych

Rysunek 10: Wkład kodowy do modułów w odniesieniu do grupy interesu jako całości

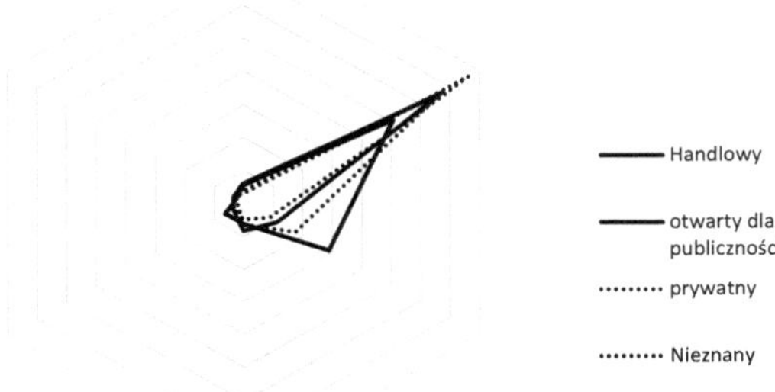

wkładów, otrzymujemy bardzo ciekawy obraz.

Jak pokazano na rysunku 22 zainteresowania wyglądają dość podobnie niezależnie od orientacji handlowej. Firmy coraz bardziej angażują się w architekturę kosztem kierowców. Jednak ani instytucje prywatne, ani publiczne nie koncentrują wyraźnie swojej uwagi na żadnym z pozostałych modułów.

Interesujący jest fakt, że system plików jest rozwijany prawie wyłącznie przez firmy amerykańskie (97,93 %). W Europie obraz jest taki, że sektor architektury jest niewystarczająco reprezentowany (6,62 %), natomiast sektor kierowców i sieci jest nadreprezentowany (odpowiednio 13,19 % i 15,21 %). W Azji natomiast stosunek ten jest odwrotny (11,8 % w porównaniu z odpowiednio 6,12 % i 2,78 %).

Ponadto bardzo duże firmy różnią się od dużych firm pod względem znaczenia w kategoriach, co widać na rysunku **Fehler! Verweisquelle**

Rysunek 11: Składki kodowe do modułów według wielkości przedsiębiorstwa

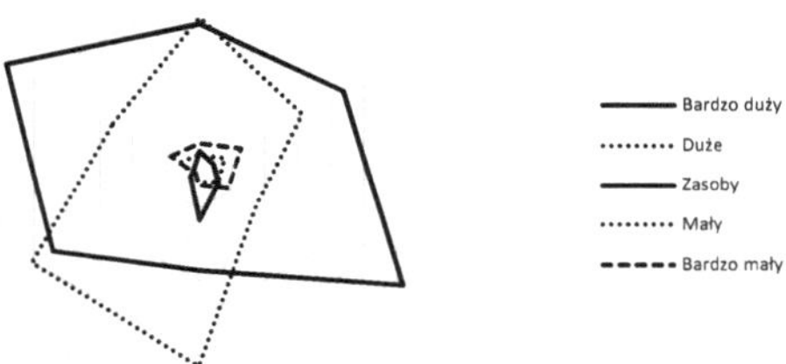

konnte nicht gefunden werden.

Podczas gdy bardzo duże przedsiębiorstwa dominują w sektorze architektury i w różnych sektorach z odpowiednio 61,84 % i 58,26 %, "jedyne" duże przedsiębiorstwa są odpowiedzialne za ponad połowę linii kodu w sektorze sieciowym (52,82 %) i systemów plików (50,52 %). Wynika to głównie z faktu, że Red Hat, który jest zdecydowanie liderem w sieci (20,1%) i systemie plików (23,25%), jest klasyfikowany tylko jako duża firma. Małe i bardzo małe firmy są silnie skoncentrowane na rozwoju kierowców. Do tej kategorii należy 62,49 % i 65,16 % wszystkich wierszy kodu przekazanych przez przedsiębiorstwa tej wielkości.

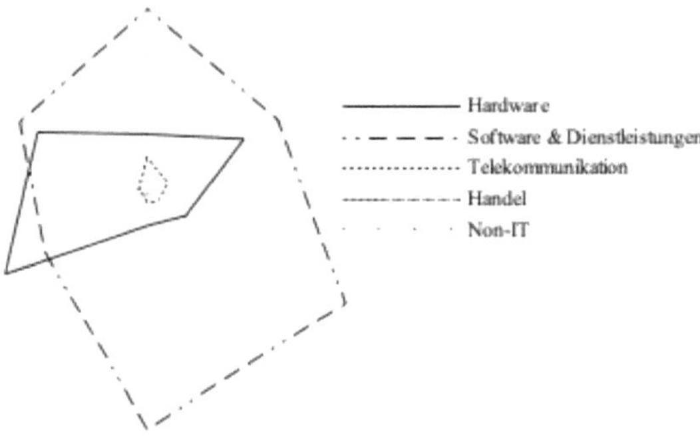

Abbildung 24: Codebeiträge zu den Modulen nach Sektoren

Podział kategorii według sektorów przedstawiono na wykresie **Fehler! Verweisquelle konnte nicht gefunden werden.**Z wyjątkiem obszarów związanych ze sprzętem komputerowym, czyli sterownikami i architekturą, w rozwój zaangażowane są głównie firmy programistyczne i dostawcy usług. Zaskakujący jest jednak fakt, że firmy telekomunikacyjne nie przyczyniają się już do rozwoju sektora sieciowego i, jak wszystkie inne sektory, inwestują głównie w rozwój sterowników (patrz rys. 25).

Rysunek 12: Wkład kodowy do modułów z podziałem na sektory

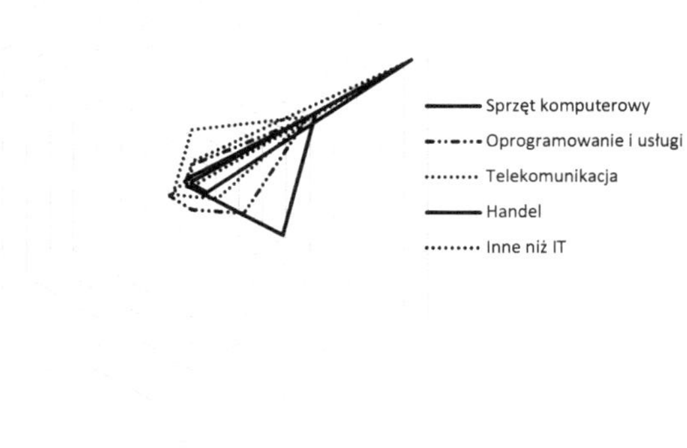

w odniesieniu do całego sektora

7.5 Podział zgodnie z architekturą

Linux został pierwotnie zaprogramowany przez Linusa Torvaldsa do uruchomienia systemu operacyjnego kompatybilnego z UNIX-em na jego tanim komputerze 386 Intel (Torvalds 2001). W międzyczasie został on jednak przeniesiony na wiele platform sprzętowych. Jądro jest skonstruowane w taki sposób, że różne platformy funkcjonują jako niezależne moduły, a zatem mogą być utrzymywane stosunkowo niezależnie. Jak pokazuje rysunek **Fehler! Verweisquelle konnte nicht gefunden werden.** i jak wynika z podziału na kategorie, firmy są proporcjonalnie bardziej zaangażowane we wspieranie architektur:[139]

139 Do kategorii "architektura" zaliczono nie tylko architekturę, ale również wyraźnie przypisane źródła z innych kategorii, zwłaszcza z kategorii kierowców.

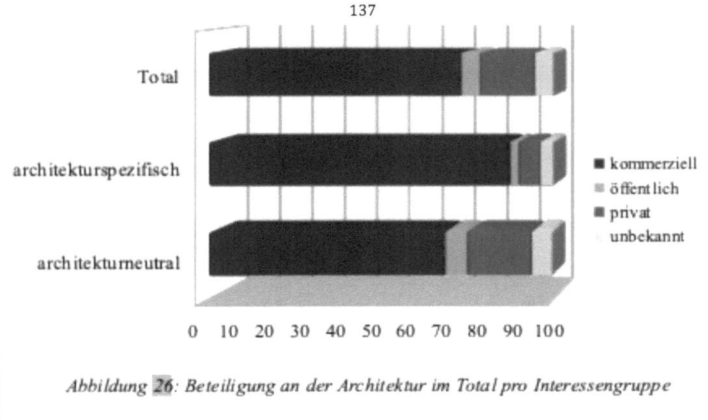

Abbildung 26: Beteiligung an der Architektur im Total pro Interessengruppe

Jednak wsparcie poszczególnych architektur nie jest jednorodne, jak pokazuje rysunek **Fehler! Verweisquelle konnte nicht gefunden werden.**

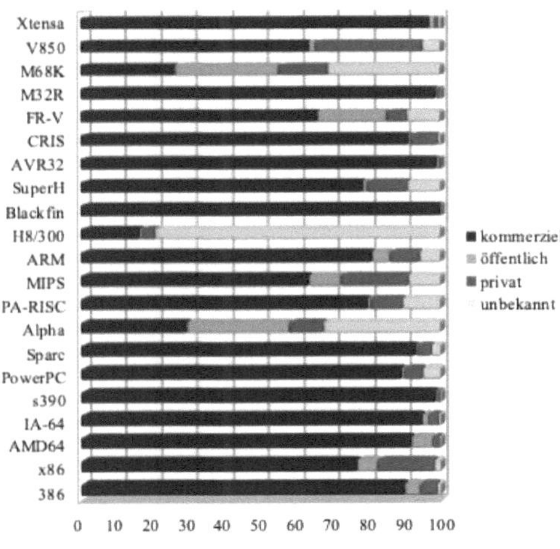

Abbildung 27: Architekturen nach Interessengruppe in %

Oczywiste jest, że architektury reprezentujące serwery klasy high-end są obsługiwane głównie przez firmy. Oczywiste jest jednak również, że architektury, które można przypisać sektorowi konsumenckiemu w najszerszym tego słowa znaczeniu, przyciągają znacznie więcej zainteresowanych stron, które nie mają charakteru komercyjnego. - Zadziwiające jest jednak, że architektura 386 nie jest silniej wspierana przez firmy prywatne. Wysoki odsetek niewiadomych w architekturze H8/300 sugeruje, że niektóre z nich należą do firmy Hitachi, co prawdopodobnie w mniejszym stopniu dotyczy M68K (Motorola) i Alpha (HP).

Jak już pokazano, architektury są zazwyczaj obsługiwane powyżej średniej przez firmy zorientowane komercyjnie. Teraz pytanie brzmi, czy są to wyłącznie przedsiębiorstwa produkcyjne, czy też inne przedsiębiorstwa - takie jak dystrybutorzy - są również zaangażowane.

Mniej niż połowa architektur jest wyraźnie zdominowana przez jedną firmę (patrz Rysunek **Fehler! Verweisquelle konnte nicht gefunden werden.**). Zazwyczaj firmą dominującą jest producent, ale w dwóch przypadkach zaangażowany jest również dystrybutor Red Hat. Jest również oczywiste, że wysokiej klasy architektury są szczególnie wspierane przez producentów.

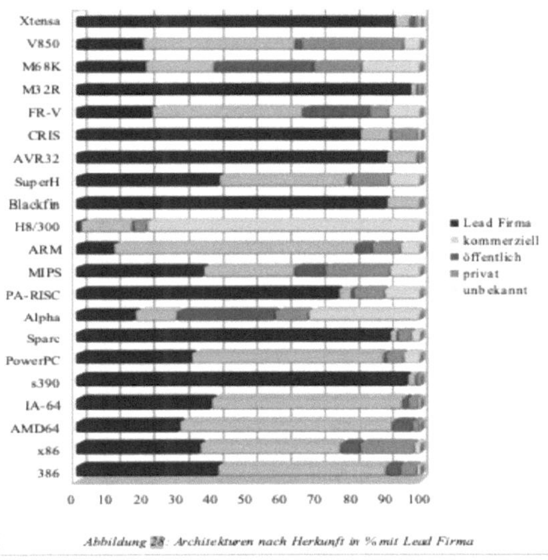

Abbildung 28: Architekturen nach Herkunft in % mit Lead Firma

W 2007 r. tylko 144 z łącznej liczby 367 przedsiębiorstw (39 %) zajmowało się architekturą. Łącznie 30 najlepszych firm stanowi ponad 80% kodu, pozostałe 114 tylko 7%. Patrząc na to, kto wnosi najwięcej linii kodu do architektury w liczbach bezwzględnych, wyłania się zaskakujący obraz: Analog Devices prowadzi na liście z prawie dwukrotnie większą ilością linii kodu (21%), znacznie wyprzedzając IBM (13%). Na kolejnych miejscach znajdują się Czerwony Kapelusz (7 %), Usługi świadczone w interesie ogólnym (5 %) i Freescale (5 %). Zaskakujące są również firmy, których brakuje na liście: z jednej strony HP (0,3%) i Sun (0,03%), które najwyraźniej mają wsparcie w postaci sprzętu w dużej mierze gwarantowanego przez dystrybutora Red Hat. Z drugiej strony, Fundacja Linuksa (0,09 %) wstrzymuje się. Jeszcze bardziej interesujące w tym kontekście jest to, jak bardzo firmy koncentrują się na wsparciu sprzętowym. Podczas gdy Analog Devices (91% ich wkładu przypada na architekturę Blackfin), Tensilica (100% Xtensa) i Axis Communications

(99% CRIS) skupiają się prawie wyłącznie na własnej architekturze, IBM (tylko 45% ich wkładu w kod jest bezpośrednio przypisane do tych architektur) i SGI (48%) są nieco bardziej zintegrowane.

8 Twórcy jądra Linux w dużych firmach teleinformatycznych

8.1 Przegląd socjodemograficzny

Przegląd socjodemograficzny odnosi się do wywiadu przeprowadzonego z twórcami jądra Linuksa. Przeprowadzono wywiady z siedmioma innymi osobami w firmach, które nie rozwijają się (już) same, są kierownikami projektów lub produktów i dlatego można je określić jako ewangelistów open source.

W wywiadach wzięło udział w sumie siedemnastu deweloperów z pięciu firm. Trzy z tych przedsiębiorstw mają siedzibę w Niemczech, po jednym w Szwajcarii i USA. Wszystkie firmy mają amerykańską firmę macierzystą.[140] Różnica w liczbie respondentów przypadających na jedną firmę wynika z jednej strony z faktu, że firmy te zatrudniają różną liczbę programistów jądra Linux. Z drugiej strony, dostęp nie był wszędzie jednakowo otwarty lub tylko nieliczni deweloperzy zgodzili się na wywiad.

Wywiady z twórcami obu płci mogłyby być prowadzone, ale dystrybucja jest bardzo jednostronnie zorientowana na mężczyzn. Ten rozkład płci odpowiada w przybliżeniu rozkładowi w niemieckiej branży oprogramowania.[141] Wszyscy rozmówcy są bardzo technicznie zorientowani w swojej pracy, kariera menedżerska nie jest zamierzona. Wynika to prawdopodobnie z wysokiego, przeważnie technicznie zorientowanego poziomu wykształcenia, a w mniejszym stopniu ze

140 Niestety, nie można podać dokładniejszych szczegółów dotyczących tych firm, ponieważ w przeciwnym razie nie można zagwarantować anonimowości.

141 Federalne Stowarzyszenie na rzecz Technologii Informacyjnych, Telekomunikacji i Nowych Mediów (BITKOM) szacuje, że około 30 000 do 50 000 kobiet jest zatrudnionych w sektorze IT (BITKOM 2007a; 2007b), co stanowi 3,5-6% całkowitej liczby 830 000 pracowników (BITKOM 2009).

szczególnej dziedziny badań.

Wielu programistów jądra Linuksa rekrutuje się bezpośrednio z uniwersytetów. Przełączanie się wewnętrznie z projektu zamkniętego do Linuksa jest popularnym sposobem, aby przejść później. Raczej rzadko deweloperzy są proszeni o pomoc za pośrednictwem społeczności. Co do zasady, zainteresowany ubiega się o ogłoszenie o pracę, zarówno na zastępstwo zewnętrzne, jak i wewnętrzne. Wyjątek stanowi również bezpośrednia prośba skierowana do społeczności ze strony firmy, w przypadku zmian wewnętrznych.

Czas trwania przynależności do firmy rozmówcy wynosi od kilku miesięcy.

do 21 lat. W zależności od wieku, doświadczenie w tworzeniu oprogramowania jest również bardzo zróżnicowane. Większość dyplomów uniwersyteckich była co najmniej zbliżona do informatyki. Tylko jedna osoba ukończyła drugi poziom edukacji.

Kod	Firma	Płeć	Wiek[142]	Szkolenie[143]	Rekrutacja
B2	A	m	37	Uniwersytet	wewnętrzny
C3	A	m	30	Uniwersytet Nauk Stosowanych	zewnętrzny
D4	A	m	33	Uniwersytet Nauk Stosowanych	wewnętrzny
E5	A	w	44	stopień uniwersytecki	wewnętrzny

142Nie znaleziono wiarygodnych danych porównawczych na temat średniego wieku pracowników IT w Niemczech. Ze względu na fakt, że o pojawieniu się Linuksa aktywnie informowali głównie dzisiejsi 31-40-latkowie, można założyć, że ta grupa wiekowa jest reprezentowana powyżej średniej.

143 Nie znaleziono wiarygodnych danych na temat poziomu wyszkolenia pracowników IT. Na podstawie wymagań dotyczących wolnych miejsc pracy można jednak założyć, że wartości podane w badaniu są dość porównywalne (BITKOM 2007b).

F6	A	m	42	Doktorat	wewnętrzny
G7	A	m	37	Doktorat	bezpośrednio z uniwersytetu
H8	B	m	32	stopień uniwersytecki	bezpośrednio z uniwersytetu
I9	B	m	29	Uniwersytet Nauk Stosowanych	bezpośrednio z uniwersytetu
J10	B	m	37	Doktorat	ze Wspólnoty
K11	B	m	36	stopień uniwersytecki	zewnętrzny
L12	B	m	39	Doktorat	bezpośrednio z uniwersytetu
N14	C	m	28	stopień uniwersytecki	bezpośrednio z uniwersytetu
O15	D	m	43	Doktorat	zewnętrzny
R18	B	m	36	Nauczanie	ze Wspólnoty
S19	E	m	35	stopień uniwersytecki	zewnętrzny
T20	E	m	35	stopień uniwersytecki	wewnętrzny
U21	E	m	28	stopień uniwersytecki	bezpośrednio z uniwersytetu

Tabela 8 zawiera przegląd danych socjodemograficznych ankietowanych twórców jądra Linuksa.

Tabela 8: Przegląd socjodemograficzny deweloperów jądra Linuksa, z którymi przeprowadzono wywiady

8.2 Empirycznie oparta formacja typu

Centralnym wymiarem porównawczym, który wynika z analizy danych, jest motywacja oraz system wartości i standardów twórców. Są to dwa wymiary, z którymi spotykamy się już bardzo wcześnie w dyskusji na temat oprogramowania open source (patrz rozdział 3.2).

Motywacja wymiarowa charakteryzuje się następującymi dwiema cechami:

Motywacja zewnętrzna: Programiści z tą cechą motywowani są głównie zachętami pieniężnymi, dobrymi perspektywami zawodowymi i konkretną potrzebą w swojej pracy.

Motywacja wewnętrzna: Programiści z tą cechą motywowani są głównie zabawą w programowanie, chęcią zdobycia reputacji, poczuciem

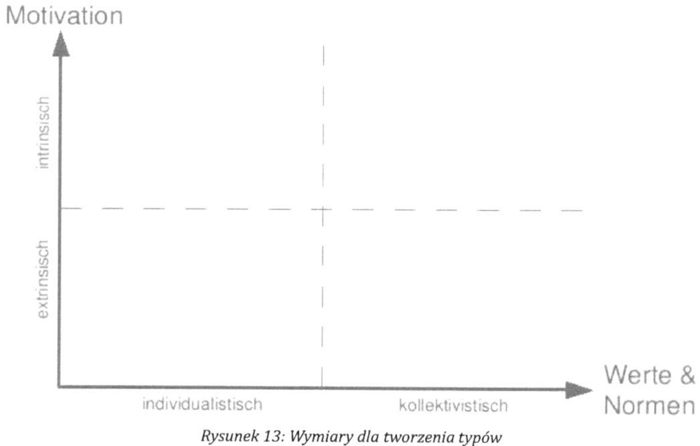

Rysunek 13: Wymiary dla tworzenia typów

przynależności, potrzebą uczenia się i altruizmem w swojej pracy.

Wymiar systemu norm i wartości charakteryzuje się dwoma następującymi cechami (patrz Rys.

Rysunek 29):

Indywidualne normy i wartości: Programiści tego typu są zorientowani głównie na normy i wartości osoby, grupy lub organizacji.

Normy i wartości zorientowane na kolektyw: Programiści tego typu są zorientowani głównie na normy i wartości całego kolektywu.

Na podstawie wymiarów i ich charakterystyki, na podstawie danych można określić następujące rodzaje:

- *Pragmatyczny inżynier*, zewnętrznie zmotywowany i zorientowany na normy i wartości jednostki.
- *Dialektyczny*[144] *informatyk*, który również jest zmotywowany zewnętrznie, ale który jest zorientowany na normy i wartości kolektywu.
- *Społeczno-romantyczny haker*, który jest z natury rzeczy zmotywowany i zorientowany na normy i wartości kolektywu.

Możliwy czwarty typ, który był wewnętrznie umotywowany, zorientowany na normy i wartości indywidualnego programisty, którego można by nazwać hedonistą w najszerszym znaczeniu, nie był rozpoznawalny jako typ w danych. Można jednak znaleźć odpowiednie cechy charakterystyczne i dlatego są one przedstawione w prezentacji wyników.

Podział na trzy rodzaje jest podany w tabeli 9

144 Terminologia dialektyki - patrz np. Popper (1993).

Inżynier pragmatyk	Dialektyczny informatyk	Socjalno-romantyczny haker
B2 D4 E5 F6 I9 K11 L12 N14 O15 S19 T20	C3 G7 H8 J10 U21	R18

Tabela 9: Podział uczestników wywiadu na trzy rodzaje

Oczywiste jest, że waga typów jest bardzo różna. Podczas gdy istnieją bardziej pragmatyczni programiści, to programista społeczno-mantyczny można znaleźć tylko raz.

8.3 Inżynier pragmatyk

8.3.1 Charakterystyka prototypu: Franz[145] (F6)

8.3.1.1 Kariera

Franz to 42-letni mężczyzna z rodziny. Studiował w głównej dziedzinie informatyki. Świadomie wybrał swoją chemię przedmiotów drugorzędnych w taki sposób, aby pokazać połączenie, które z jego punktu widzenia jest rzadkie i ma obiecującą przyszłość, jeśli chodzi o perspektywy kariery. Po napisaniu pracy doktorskiej na temat związany ze sprzętem komputerowym podczas pracy w charakterze asystenta wykładowcy na uniwersytecie, na początku 2000 roku przeniósł się do świata biznesu. Za

145 Nazwa została zmieniona.

pomocą niezamówionej aplikacji od razu znalazł pracę u swojego obecnego pracodawcy. Wewnątrzfirmowym projekcie, Franz mógł pracować w pożądanej przez siebie dziedzinie i zetknął się z Linuksem - jak również prywatnie - ale na razie jako czysty użytkownik.

Po zakończeniu tego projektu po trzech latach, Franz zaczął myśleć o swojej dalszej karierze. Ze względu na zainteresowanie i istniejące kontakty, ale także ze względów związanych z karierą, próbował przejść do zespołu Linuksa.

Ponieważ Franz był już bardzo dobrze zaznajomiony z jądrem Linuksa, po bardzo krótkim czasie był w stanie dostarczyć własny kod, głównie optymalizacje kodu i mniej nowych funkcjonalności. Dzięki swoim umiejętnościom i kilkuletniej pracy w firmie, wkrótce przejął techniczną odpowiedzialność za międzynarodowy zespół siedmiu pracowników.

8.3.1.2 Orientacja technologiczna

To, co Franz szczególnie docenia w open source, to bardzo dobra jakość oprogramowania. Decydującym dla niego czynnikiem jest nie tyle sam model rozwoju, co jasno określone standardy. Jako przykład wymienia on liczne przypadki testowe, które muszą być przeprowadzone za każdym razem, zanim poprawka zostanie zaakceptowana. Lubi też zasady, które nie tylko są zdefiniowane, ale i wdrożone - na przykład dotyczące formatowania kodu. Uznanie to wynika z faktu, że w swoim poprzednim wewnętrznym projekcie miał on odmienne doświadczenia. Dzięki swojej hierarchicznej pozycji przełożony był w stanie wyegzekwować kodeks, który Franz uważał za gorszy: *"Tak właśnie było, taka mentalność Dzikiego Zachodu.*

Innym powodem, dla którego Franz widzi lepszą jakość oprogramowania open source, jest fakt, że jest ono wciąż stosunkowo młode i nie musi (jeszcze) nosić w sobie żadnego dziedzictwa. Zwłaszcza w jego firmie, która w niektórych przypadkach nadal używa kodu, który ma dziesięciolecia, Franz musiał zachować tradycyjne metody. W związku z tym może on sobie wyobrazić, że kod pochodzący ze społeczności open source może z czasem stracić na jakości, ponieważ podejrzewa, że w przyszłości może pojawić się problem związany ze spadkowym kodem. W tej chwili jednak Franzowi podoba się fakt, że jest bardzo blisko tętna czasów, pracując na jądrze Linuxa.

Franz podkreśla, że zdecydował się na pracę nad jądrem Linuxa przede wszystkim z powodów technicznych. To, czy ten projekt jest zamknięty, czy otwarty, było dla niego raczej nieistotne.

8.3.1.3 Praca jak każda inna

Franz bardzo lubi swoją pracę, ale wyznacza wyraźne granice między życiem zawodowym i prywatnym. Nie musi on siedzieć przy komputerze w domu i widzi to samo zachowanie od większości swoich kolegów. Chociaż mógłby przynajmniej częściowo pracować w domu, lubi kontakt z kolegami w pracy.

Charakteryzuje siebie jako typowego informatyka, ponieważ ma dobre przygotowanie teoretyczne. W ten sposób odróżnia się od hakera, który jego zdaniem mniej zajmuje się kwestiami wzornictwa, a raczej angażuje się w kod. Franz uważa, że oba typy powinny mieć swoje miejsce zarówno w społeczności open source, jak i w firmie. Jednak wielokrotnie daje do zrozumienia, że kod, który pisze jest wyższej jakości.

Franz nie widzi żadnych problemów w pracy nad jądrem Linuxa. Na początku musiał wziąć udział w wewnętrznym kursie, na którym wyjaśniono mu, co i jak wolno mu robić. Zdobył również podstawową wiedzę prawniczą. Jednak czas potrzebny na to był minimalny. *"I to nie jest żadna przeszkoda w codziennej pracy." Ogólnie rzecz biorąc*, Franz widzi problemy, które istniały jeszcze kilka lat temu we współpracy firmy ze społecznością, jako w dużej mierze rozwiązane. Jego zdaniem, obie strony dostosowały się do siebie.

Konkretne zadania Franza są wynikiem procesu planowania, który jest opracowywany na poziomie zarządzania. Chociaż sam może zgłaszać sugestie, ponieważ one również przechodzą przez ten sam proces planowania, to jednak dokonuje jedynie wpisów, które jego zdaniem są już w interesie firmy, a zatem mają duże szanse na przyjęcie.

Franz dostrzega wiele aspektów modelu rozwoju open source w firmie. Dostępne są przeglądy kodu, plany testów, wytyczne dotyczące programowania itp. Decydującą różnicą dla niego jest to, że społeczność jest znacznie bardziej konsekwentna w egzekwowaniu tego. Nie kwestionuje jednak tego, dlaczego tak jest, ale akceptuje to jako fakt.

Nie uważa on również organizacji projektów przez Internet za szczególną cechę projektów open source. Ze względu na fakt, że wiele zespołów w jego firmie jest zorganizowanych decentralnie, często na kilku kontynentach i w kilku strefach czasowych, nie jest niczym niezwykłym, że Franz organizuje się asynchronicznie.

Dla Franza, bardzo dobre umiejętności techniczne są kluczowe dla udanej pracy nad jądrem Linuxa. Przypisuje je sobie. Chociaż istnieje wiele innych zadań, które byłyby mniej wymagające, *"aby być tam naprawdę szanowanym, potrzebujesz bardzo głębokiego, dogłębnego zrozumienia technicznego.* Ponadto do pracy w społeczności potrzebna jest duża cierpliwość i gruba skóra, ponieważ ton nie zawsze jest przyjemny. Jednak ci, którzy przestrzegają standardów i zasad społeczności kernela Linux nie mają żadnych poważnych problemów. Zanim po raz pierwszy zaangażował się w działalność społeczną, Franz informował się o tym samodzielnie.

8.3.1.4 Niewielka obecność w społeczności open source

Franz nie jest zbyt aktywny w społeczności open source i nie wierzy, że jest tam znany. Jego główny kontakt ze społecznością polega na przesyłaniu łatek, a następnie uczestniczeniu w powstałej dyskusji. Ale *"Nie mówię o tym zbyt wiele ot tak sobie."* Nie pełni funkcji konserwatora i nie stara się o nią.

Jego sposób komunikacji jest bardziej zorientowany na wewnętrzne praktyki firmy: W pierwszej kolejności Franz szuka osobistej rozmowy. Jeśli nie jest to możliwe, korzysta z własnego oprogramowania do współpracy. E-maile i listy mailingowe pełnią raczej podrzędną rolę.

Prywatnie, Franz nie był jeszcze aktywnie zaangażowany w żaden projekt open source. Ponieważ właśnie odkrył błąd w jednym z programów, których używa, myśli o zaangażowaniu się. Mimo że opisuje swoje doświadczenia z open source w swoim zawodzie jako dość pozytywne, decyzja nie jest dla niego łatwa. Chociaż projekt ten nie ma nic wspólnego z jego działalnością zawodową, najpierw uzyskałby zgodę swojej firmy.

8.3.1.5 Interesy firmy mają pierwszeństwo

Chociaż Franz docenia fakt, że kod źródłowy Linuksa jest otwarty, to przynajmniej prywatnie miał negatywne doświadczenia z nienaprawionymi błędami, a nawet oprogramowaniem wycofanym z rynku. Ale on nie kwestionuje własności intelektualnej i praw do jej wykorzystania. *"Cóż, nie podzielam ideologii Richarda Stallmana."* Jego zdaniem, jego firma powinna mieć pełne korzyści z tworzenia oprogramowania.

Franz nie kwestionuje również faktu, że firma musi ustalać terminy ze względów planistycznych i marketingowych. Dostrzega jednak rozbieżność w stosunku do społeczności open source, która nie ukierunkowuje swoich wydań na kalendarz, ale na kryteria jakości. Dla firmy i dla niego tworzy to dodatkową pracę, której wolałby uniknąć. Franz uważa za irytujące to, że firma ma bardzo ograniczony wpływ na kierunek technologiczny projektów open source. Krytykuje on również fakt, że społeczność open source ma tendencję do bycia elitarną i mniej zorientowaną na kwestie praktyczne.

Przez wolność Franz w dużej mierze rozumie elastyczność w zakresie godzin pracy, jaką daje mu firma. Większa swoboda w projektowaniu treści pracy jest dla niego z pewnością celem. Przyjmuje jednak, że jego zadania są określone przez interes firmy. Chciałby jednak prowadzić badania w wybranej przez siebie dziedzinie, *"niezależnie od tego, czy firma jest zainteresowana"*.

8.3.1.6 Utrzymanie status quo

Chociaż Franz jest dość zadowolony ze swojej pensji, krytykuje politykę płacową swojej firmy. Szczególnie interesujące jest to, że jest to jedyna prawdziwa krytyka jego pracodawcy. W przeciwnym razie docenia bezpieczeństwo i możliwość wglądu w różne obszary, które może mu zaoferować duża firma. Ważne jest dla niego, aby mieć jak najcichsze środowisko pracy, bez niespodzianek.

Postrzega zasady gry spółki giełdowej jako systemowe i w dużej mierze akceptuje je bez ich kwestionowania. Na przykład, jeden z członków jego zespołu został niedawno usunięty z zespołu na rzecz innego, bardziej cenionego projektu wewnętrznego. W związku z tym musiał dostosować własne priorytety i przerwać rozpoczętą już pracę. *"To nie jest pierwszy raz, kiedy to się dzieje. To nie będzie ostatni raz. I musisz się z tym pogodzić."*

Franz jest bardzo zadowolony ze swojej obecnej sytuacji zawodowej. Chociaż nie ma on jeszcze żadnych konkretnych planów na przyszłość, ważne jest dla niego, aby zachować jak najwięcej opcji otwartych - i to pomimo jego raczej negatywnego nastawienia do zmian. W zasadzie kariera techniczna jest dla niego bardziej pożądana niż ta w hierarchii zarządzania. Nie uważa jednak, że bliskość technologii jest zagrożona, jeśli zdecyduje się na zrobienie hierarchicznego kroku w karierze.

8.3.2 Idealny Typowy Charakterystyka

"Pragmatyczni programiści wykonują swoją pracę, i robią to dobrze." (Hunt i Thomas 2003, s. XVIII)

Rodzaj Inżyniera Pragmatycznego zastosowany jedenaście razy, co czyni go najbardziej powszechnym w obecnej próbie. Charakteryzuje się on przede wszystkim zewnętrzną motywacją. Dobre wynagrodzenie, bezpieczna praca, dobre warunki pracy i elastyczne godziny pracy, a także doskonałe perspektywy zawodowe to dla niego dominujące aspekty przy wyborze aktualnej pracy. Obejmuje to również fakt, że oprogramowanie open source oferuje dobre możliwości uczenia się dzięki otwartemu kodowi źródłowemu, dużej puli wiedzy i wzajemnej weryfikacji. Jego zewnętrzną motywację widać w tym, że czuje, iż publikowanie jego pracy zachęca go do lepszego postępowania, ponieważ *"świadomość, że istnieje publiczna recenzja, wystarczy, aby podjąć wysiłek napisania naprawdę czystego kodu". (B2)*

Oprogramowanie open source jest cenione przede wszystkim za bardzo dobrą jakość i aktualny stan technologii. Inżynier pragmatyk widzi siebie przede wszystkim jako inżyniera w węższym znaczeniu i jest silnie zorientowany na technikę. Nie obchodzi go podłoże ideologiczne. W większości przypadków terminy "otwarte oprogramowanie" i "wolne oprogramowanie" są tylko powierzchownie znane, a często nawet błędnie interpretowane pod względem treści.

Ponieważ większość ankietowanych Inżynierów Pragmatycznych już wcześniej w swojej poprzedniej działalności zawodowej tworzyła oprogramowanie w międzynarodowych zespołach, model rozwoju oprogramowania open source prawie nie okazuje się nowością, przynajmniej w ich środowisku zawodowym, ponieważ *"pod tym względem profil pracy [...] nie różni się tak bardzo od pracy nad innym projektem". Mamy swoje plany. Mamy naszych pracowników. Mamy naszych szefów. Mamy naszego lidera zespołu. To wszystko jest tutaj." (B2)* Kilka specjalnych umiejętności przypisujesz twórcy oprogramowania open source - *"To też jest tylko programowanie". (B2)* - a następnie zlokalizować je szczególnie w obszarze komunikacyjnym.

Ponieważ są oni głównie zainteresowani jądrem Linux jako oprogramowaniem, pragmatyczni inżynierowie uważają model rozwoju opartego na otwartym kodzie źródłowym za raczej niepokojący. W szczególności przyjmuje się, że brak kontroli nad terminami ma charakter systemowy. Chcieliby jednak, aby firma miała więcej władzy. Z drugiej strony, wewnętrzne procesy planowania nie są kwestionowane, chociaż częste spotkania są postrzegane jako nadmierne i, ich zdaniem, często nie mają bezpośredniego wpływu na jakość ich pracy.

Niezależność wspólnoty jest wykorzystywana w jej własnym interesie, zorientowanym na technologię i jakość, w celu przeciwdziałania wewnętrznym ograniczeniom. *"Tak, to dobrze dla nas, deweloperów, że możemy pracować bez terminów". (T20)* Wyraża to fakt, że jakość oprogramowania zależy od wystarczających zasobów czasu. Dodatkowe zasoby czasowe są zatem często wykorzystywane przez kierownictwo, co oznacza, że społeczność nie akceptuje jeszcze jakości.

Ograniczenia prawne, które wynikają z pracy firmy ze społecznością open source, są prawie nie dyskutowane. Jedyne, co jest ważne, to to, że w razie jakichkolwiek problemów pracownicy są objęci przez firmę. Niepokojące jest to, że kod, który ma dostęp do tajemnic handlowych, powinien być traktowany ostrożnie, np. przez dział prawny, lub że *"czasami trzeba zrobić trochę podciągnięć [podczas programowania], aby utrzymać wszystko w granicach" (F5).*

Ogólnie rzecz biorąc, ten typ osoby jest utrzymywany na jak najniższym poziomie w społeczności. Kontakty istnieją w dużej mierze wewnątrz firmy i dotyczy to również osobistych rozmów ze współpracownikami, a nie wymiany za pośrednictwem list mailingowych. Może to wynikać również z faktu, że większość uczestników wywiadu narzeka na często ostry styl komunikacji w społeczności open source. *"Cóż, czasami gliny są bardzo twarde lub nagłe. Albo czasami prawie bolesne. Dla mnie to też jest odstraszające." (E5)* Preferowany jest czysto faktograficzny styl argumentacji, który jest również praktykowany przez samych studentów.

Przyjmuje się, że napisany kod powinien na ogół trafiać do jądra mainline[146], ale lepiej byłoby uniknąć dodatkowej pracy, którą by to spowodowało. Przyczyną tej zasady jest fakt, że kodeks nie musi już być utrzymywany przez samą firmę, co pozwala zaoszczędzić koszty.

Dla pragmatycznego inżyniera, potrzeby jego pracodawcy są najważniejsze. Widzi legitymację Linuksa w tym, że jego firma może czerpać z niego bezpośrednie korzyści. Wiara w rynek i wolną przedsiębiorczość nigdy nie jest kwestionowana. Fakt, że bezpośrednia konkurencja pracuje razem nad jądrem Linux jest postrzegany jako problematyczny i potencjalny konflikt interesów.[147] Potencjał otwartej współpracy pozostaje niezauważony.

---

146 Terminy "mainline" i "upstream" są w dużej mierze używane jako synonimy. Wyraża to, że jest to oficjalnie obowiązujący, najbardziej aktualny kod źródłowy jądra Linuksa. W przeciwieństwie do tego, istnieją niezliczone repozytoria, zarówno wewnętrzne, jak i swobodnie dostępne w Internecie, które są mniej oficjalne lub aktualne.

147 *"Oczywiście istnieją konflikty interesów. Ten moduł XY pochodzi z firmy A. I takie rzeczy. Ta firma B [bezpośredni konkurent] musi patrzeć od tyłu, jak w jakiś sposób dostają tam swoje rzeczy. Może to być oddzielne zagadnienie, w szczególności dla modułu XY. Ponieważ cały kod, który znajduje się w jądrze jest napisany przez firmę A. A firma B umieszcza tam wpisy bezpośrednio na listach mailingowych. W pewnym momencie zostanie podjęta. Ale oni po prostu mają coraz gorsze karty. To, co jest następnie częściowo robione w ten sposób, to za pośrednictwem innych firm. Czy to my, firma C czy ktokolwiek inny. Ja też mogę odczuwać ten konflikt interesów. Między firmami, które w rzeczywistości są ostrą*

Biurokracja dużej, działającej w skali globalnej korporacji jest rozwiązywana jedynie marginalnie. Hierarchie są powszechnie akceptowane i postrzegane jako okazja do zrobienia własnego kroku w karierze. Znaczące jest to, że prawie wszyscy Pragmatyczni Inżynierowie, którzy pracują w firmie od kilku lat, mają przynajmniej funkcje kierownicze w zespole. Coraz większe obciążenie pracą administracyjną i kierowniczą, często związane z karierą, jest postrzegane jako dość nieprzyjemne, ale akceptowane. *"Po prostu wolę rozwijać swoje własne. To moje ulubione zajęcie. Pozostałe dwa to zło konieczne." (D4)* Inżynier Pragmatyk chciałby poświęcić cały dzień na rozwój oprogramowania. Również w tym przypadku widoczne jest silne ukierunkowanie na technologię.

Pragmatyczny inżynier woli unikać konfliktów. Z jednej strony, osiąga to nie tylko poprzez odrzucenie hierarchicznej odpowiedzialności, ale poprzez delegowanie problemów w górę. Dla niego korzystne jest to, że firma posiada organ planistyczny i zarządzający, który zajmuje się przede wszystkim (jego) konfliktami.

Największy problem w ich pracy jest postrzegany przez poszczególnych rozmówców jako brak czasu na wykonywanie swoich zadań lub niewystarczająca liczba pracowników w swojej dziedzinie pracy. Może to wynikać z faktu, że mają one tendencję do przyjmowania krótkoterminowych zamówień i dlatego często znajdują się pod presją czasu. To zaburza ich poczucie spokoju, a oni nie mogą pracować zgodnie z planem: *"Uważam, że to przyjemne, kiedy jest naprawdę cicho. To pozwala mi się zrelaksować i dobrze się skoncentrować. Lubię też organizować swoją pracę w taki sposób, że pracuję nad projektem na odcinku. Nie nawaliłam za bardzo. (F6)*

Niemniej jednak, inżynierowie pragmatyczni są w stanie zdystansować się

---

konkurencją, ale potem muszą jakoś współpracować". (Wyciąg z wywiadu I9) od swojej pracy i wierzą, że mają dobrą równowagę między pracą a życiem prywatnym. *"Przecież robię dużo pracy dla jądra Linuxa w firmie. I nie muszę tego robić w wolnym czasie." (L12)* Wraz z rosnącym wiekiem i doświadczeniem, związek ten staje się coraz bardziej zrównoważony. Zakładanie rodziny często prowadzi do relatywizacji znaczenia pracy.

Podsumowując, Pragmatyczny Inżynier jest bardzo podobny do programisty, którego oczekuje się przy tworzeniu oprogramowania własnościowego. Skłania się do swojej pracy (technicznej) i nie ma prawie żadnego przedsiębiorczego myślenia. Nie postrzega siebie jako czegoś wyjątkowego, a swoją wielką etyką pracy i aspiracją do efektywności odróżnia się od dewelopera open source, który pracuje w wolnym czasie. Uderzające jest również to, że wszyscy czterej uczestnicy wywiadu, którzy dokonali wewnętrznego przejścia z projektu zamkniętego źródła na rozwój jądra Linuksa mogą być przypisani do tego typu projektu.

8.4 Dialektyczny informatyk

8.4.1 Charakterystyka prototypu: Gerhard[148] (G7)

8.4.1.1 Kariera

Gerhard ma 37 lat i jest samotny. Od dzieciństwa, *"od dziesiątego lub jedenastego roku życia", zajmował* się komputerami. Wybór studiowania informatyki był zatem oczywisty. Już w czasie studiów nie tylko interesował się oprogramowaniem open source, ale także pracował nad różnymi projektami. Po ukończeniu doktoratu w 2000 r. Gerhard zdecydował się zrezygnować z kariery akademickiej i zdecydował się przejść do przemysłu. Było dla niego jasne, że chce pracować w obszarze open source.

Gerhard jest zatrudniony przez tego samego pracodawcę od 2000 roku. W

148 Nazwa została zmieniona.

pierwszym roku dostarczył kod w różnych obszarach jądra Linuksa. Następnie dość szybko skoncentrował się na jednym obszarze, któremu jest wierny do dziś. Gerhard musiał się upewnić, że kod, który początkowo był dostępny tylko wewnętrznie, został zintegrowany z jądrem w górę rzeki. Stał się więc oficjalnym opiekunem tego kodeksu, który, jak poprzednio, jest utrzymywany głównie w jego własnym przedsiębiorstwie. Jednak Gerhard coraz częściej wprowadzał kod w swojej specjalnej dziedzinie. To wykraczało poza potrzeby jego pracodawcy. W wyniku tego zaangażowania, społeczność wybrała go rok temu jako globalnego opiekuna w ramach kompleksowego pakietu programowego. Chociaż Gerhard nie postrzega tej pracy jako globalnego konserwatora jako zlecenia firmy, jest bardzo zadowolony z jej wyników. Ma jednak prawo - w dużej mierze milcząco - spędzać na tym pewną część swojego czasu pracy.

Wzrosły również wpływy w firmie. Jako architekt i kierownik zespołu Gerhard może w dużej mierze określić, przynajmniej pod względem technologicznym, co się robi jak i kiedy. Ponieważ od pewnego czasu współpracuje również z partnerami zewnętrznymi, wpływ ten znacznie wykracza poza granice firmy.

Gerhard jest bardzo zadowolony ze swojego rozwoju zawodowego. Dąży do kariery technicznej, którą firma pozwoli mu realizować. Po tym, jak przeszedł już kilka etapów kariery, następny, nieco większy, jest obecnie w toku.

8.4.1.2 Będąc w stanie zrobić różnicę

Dla Gerharda ważne jest, aby mógł coś zmienić w swojej pracy. Obecnie pełni funkcję architekta i kierownika zespołu, ponieważ jest on odpowiedzialny za architekturę i strategię w swojej dziedzinie w różnych działach i może podejmować decyzje techniczne w dużej mierze samodzielnie. Zgadza się więc, że ma teraz mniej czasu na programowanie i często musi uczestniczyć w posiedzeniach różnych komitetów planistycznych. Ponadto zwiększyła się ilość pracy związanej z udzielaniem odpowiedzi na e-maile i działaniami administracyjnymi. Aby nadal zdobywać aktualną wiedzę, sam Gerhard wciąż pisze kod.

To, co podoba mu się w ruchu Open Source, to otwartość procesu rozwoju. Publicznie dostępny kod źródłowy i proces przeglądania również czyni kod bardziej czytelnym. Ułatwia to zaangażowanie się i pracę z systemem. Ponadto, ze względu na prawie nieistniejącą hierarchię, wszyscy zaangażowani mogą stać się aktywni i dokonać zmian poprzez obiektywną argumentację i zaangażowanie.

Jednym z zadań Gerharda jako lidera zespołu jest wprowadzenie do procesów i zasad członków zespołu, którzy mają mniejsze doświadczenie w pracy z open source. Jest to dobra strategia do rozpoznawania i omawiania potencjalnych konfliktów na wczesnym etapie.

Zwłaszcza jako globalny opiekun, może on wykorzystać swoją podwójną rolę w taki sposób, że może wspierać kod pochodzący z jego firmy podczas jego tworzenia, a tym samym nie musi go później odrzucać.

8.4.1.3 Łączenie firmy i społeczności

Gerhard widzi siebie w dwóch rolach. Z jednej strony, jest on opłacany przez firmę i musi reprezentować jej interesy. Oznacza to, że trwają prace nad funkcjonalnością, która jest ważna dla własnego modelu biznesowego firmy. Ponieważ jednak kodeks ten ma dopiero wejść w życie, zasady wspólnoty mają zastosowanie również w roli przedsiębiorstwa. Z drugiej strony, jako globalny konserwator, musi on reprezentować interesy społeczności. Chociaż może on wykonywać pracę jako globalny konserwator przynajmniej częściowo w godzinach pracy, interesy firmy stanowią tabu. Uderzające jest to, że Gerhard zawsze mówi o "my", zarówno w sprawach firmowych, jak i w sprawach open source, tzn. identyfikuje się z obiema instytucjami.

Te dwie role są również odzwierciedlone w jego stosunku do ideologii wolnego oprogramowania. W zasadzie Richard Stallman i jego *"punkt widzenia, który jest również dobrze uzasadniony i uzasadniony"* jest mile widziany. I jest pod wrażeniem tego, jak Stallman konsekwentnie realizuje swój pomysł. Zgadza się jednak, że interesy handlowe są dla niego najważniejsze i dlatego pomysł ten jest popierany tylko w takim stopniu, w jakim jest dla nich korzystny.

Gerhard dostosowuje swoją komunikację do danej sytuacji. W firmie często komunikuje się za pomocą własnego oprogramowania do współpracy, co ułatwia mu utrzymywanie kontaktów w różnych strefach czasowych. W przeciwnym razie preferuje on e-mail jako środek komunikacji w społeczności open source. Dyskusje, które w większości mają charakter wewnętrzny, ale mogą stanowić przedmiot ogólnego zainteresowania, próbuje się zazwyczaj umieszczać w publicznych wykazach, nawet jeśli wiąże się to z dodatkową pracą dla niego.

Dla Gerharda problemy pojawiają się w firmie od czasu do czasu, kiedy musi on zajmować się jednocześnie bardziej tradycyjnie zorientowanymi kolegami i *"ludźmi, którzy są bardziej jak naprawdę hardcorowi programiści open source".* Podczas gdy pierwsze z nich preferują na przykład prezentacje w PowerPoint - dla których istnieje również infrastruktura w firmie - drugie chcą mieć prosty, tekstowy przekaz. *"A ty zawsze musisz spróbować trochę mediacji. Ale, ogólnie rzecz biorąc, to się sprawdza."*

W obszarze Linux w firmie infrastruktura została przynajmniej częściowo dostosowana do potrzeb twórców i społeczności open source. Na przykład, do obsługi błędów nie jest stosowany system śledzenia błędów powszechnie używany w firmie, ale preferowany przez społeczność

Bugzilla. Jednak pracownicy z innych obszarów, którzy znajdą problem z Linuksem, muszą to odnotować w Bugzilli. *"I to naprawdę działa całkiem dobrze."*

Tak długo, jak Gerhard będzie poruszał się w swojej firmie w obszarze Linuksa, nie będzie prawie żadnych konfliktów pomiędzy pracą w obszarze open source a komercyjną orientacją firmy, ponieważ obszar ten jest konsekwentnie zaangażowany w mentalność open source. Firma poczyniła również silne zobowiązania w zakresie Linuksa i Open Source na najwyższym poziomie. *"Ale czasami musisz po prostu wyjść poza to."* Na przykład, fakt, że projekty Fundacji Wolnego Oprogramowania wymagają podpisania cesji praw do kodu źródłowego, spowodował bóle głowy w dziale prawnym firmy. Wyjaśnienie tego problemu zajęło dobry rok i wymagało od Gerharda również dużego zaangażowania i cierpliwości. Ale jeśli znajdzie się wykonalny sposób dla firmy, jest on uważany za standard bez dalszych dyskusji.

Podobnie jak w przypadku Inżyniera Pragmatycznego, problemy pojawiają się raz po raz, gdy firma umawia się z partnerami i klientami, których nie można utrzymać ze względu na procesy w społeczności open source. Gerhard postrzega to jako wyzwanie, któremu należy sprostać. Może on zapobiec niektórym problemom, na przykład poprzez włączenie do budżetu rezerwy na "związane ze społecznością" dodatkowe prace, jeśli łatka nie zostanie natychmiast zaakceptowana.

Pokazuje to, że stara się on unikać konfliktów, szukając wspólnie z innymi w odpowiednim czasie ogólnie akceptowalnego rozwiązania. Chociaż Gerhard postrzega ograniczenia prawne, które wynikają z pracy dużej firmy ze społecznością open source jako największy czynnik zakłócający, nie postrzega ich jako przeszkody. *"Konflikty zawsze istnieją. Ale myślę, że ogólnie rzecz biorąc, wszystko idzie całkiem dobrze."* Widzi on całkiem dobre powody biurokracji, która powstaje w dużej firmie z powodu systemu, który jest dość irytujący w codziennej pracy, i akceptuje to.

8.4.2 Idealny Typowy Charakterystyka

Dialektyczny informatyk nie widzi już siebie w roli programisty, ale widzi siebie jako mediatora pomiędzy globalną korporacją a społecznością open source. Czyniąc to, zawsze stara się wyeliminować istniejące przeciwieństwa. Dialektyczny informatyk już w czasie studiów intensywnie zajmował się oprogramowaniem open source i często pisał na ten temat pracę końcową. Pracował również nad tym i szukał odpowiedniego stanowiska do pracy w obszarze open source. Fakt, że jądro Linuksa jest w centrum uwagi zazwyczaj nie był obowiązkowy i może się ponownie zmienić w przyszłości.

Jest on w przeważającej mierze zmotywowany zewnętrznie, dzięki czemu jego reputacja wśród równych sobie i wyższych rangą ludzi jest dla niego bardzo ważna. Próbuje zdobyć to uznanie głównie poprzez doskonałe wyniki, hierarchiczne uznanie jest dla niego mniej ważne. Świat open source oferuje mu tutaj szczególne możliwości dzięki przejrzystości. *"Każdy może zobaczyć, co zrobiłem. Jeśli zrobię to dobrze, możesz to zobaczyć. Jeśli zrobię to źle, ty też możesz to zobaczyć." (C3)* Jest dla niego jasne, że należy również inwestować w reputację. Zna swoje ograniczenia i jest skłonny przyjąć pomoc od innych. Wydaje mu się ważne, aby pracując w społeczności open source potrafił radzić sobie z krytyką, zarówno tą, którą otrzymujecie, jak i tą, którą sami formułujecie. Pod tym względem, *"nie każdy, kto potrafi dobrze programować [...]* jest *również dobrym programistą open source". (U21)*

Dialektyczny informatyk jest uznawany zarówno w społeczności, jak i w firmie za swoją uczciwość i gotowość do obrony swoich poglądów. Chce, aby firma wyraźnie zaangażowała się w pracę na rzecz oprogramowania open source w ramach społeczności. Ponieważ jest zatrudniony w dużej firmie, nie widzi żadnych bezpośrednich korzyści w społeczności. Szacuje on jednak, że daje mu to więcej możliwości *komunikowania się* z innymi *"dużymi firmami" (J10).* I odwrotnie, widzi swoją pozycję w firmie wzmocnioną przez swoją reputację w społeczności, często jako konserwator. Czuje się bardzo dobrze zintegrowany zarówno w firmie, jak i w społeczności.

Spędza dużo czasu na komunikacji, czy to w firmie na spotkaniach, czy w społeczności za pośrednictwem poczty elektronicznej. W komunikacji opartej na faktach, a zwłaszcza w recenzowaniu, informatyk dialektyczny widzi szansę na dokonanie zmian, co jest dla niego bardzo ważne, zarówno w firmie, jak i w społeczności. Z tego powodu akceptuje również, że na programowanie pozostało niewiele czasu. Stworzyła sobie jednak pole do *"pozostania na piłce" (G7).* Jego zadania mają bardziej długoterminowy, strategiczny charakter. *"Jako architekci i eksperci techniczni mamy oczywiście decydujący wpływ na to, co należy zrobić w zakresie treści. (G7)*

W tym kontekście jest on dobrze przygotowany, aby podpisać się pod wartościami i standardami zarówno firmy, jak i społeczności. Dostosowuje się do danej roli i odpowiednio zmienia swoje stanowisko i zachowanie. Tam, gdzie widzi konflikty, stara się pośredniczyć i znaleźć drogę akceptowalną dla obu stron. Typowe dla informatyka dialektycznego jest w szczególności to, że zapobiega on ewentualnym konfliktom poprzez samodzielne poszukiwanie kontaktu z zainteresowanymi osobami.

Widzi w firmie rozwój w kierunku stylu open source. Jego zdaniem społeczność open source bardzo dobrze dostosowała się już do współpracy z firmami poprzez samoorganizację.

Z zadowoleniem przyjmuje fakt, że napisany kod powinien generalnie trafiać do jądra mainline. Uważa on, że wynikające z tego dodatkowe wydatki są dobrą inwestycją. *"Jeśli mamy robić teraz inne rzeczy na drodze do osiągnięcia celu, to nie stanowi to dla nas problemu. Ale jesteśmy szczęśliwi, że możemy się z tym pogodzić. To tylko coś, w czym muszę zaplanować czas na ten projekt. (H8)* Przyczynę tej zasady widzi mniej w oszczędności kosztów, ale raczej w strategicznym znaczeniu tego, że jądro Linuksa z jednej strony staje się stale lepsze i może w ten sposób sprostać konkurencji własnościowej. Z drugiej strony zdaje sobie sprawę, że w dłuższej perspektywie utrzymanie własnego kodu będzie trudne ze - względu na częste wydawanie i liczne dystrybucje. Takie jest również jego podejście do klientów, niezależnie od tego, czy pochodzą oni z firmy, partnerów zewnętrznych czy klientów. *"Więc, ogólnie rzecz biorąc, mówimy naszym partnerom, że jeśli chcą czegoś [...] muszą mieć to zaakceptowane w górę rzeki w społeczności". Innymi słowy, staramy się przekonać partnerów, że aktywnie współpracują ze społecznością". (H8)*

Praca firmy zorientowanej komercyjnie, w zasadzie nie nastawionej na zysk, nie jest postrzegana przez dialektycznego informatyka jako niepokojąca, ale raczej jako wyzwanie. Od jego pracodawcy *"oczekuje się, że znajdzie wyjście"* (H8), jeśli na przykład pożądana cecha, która jest uważana za ważną dla biznesu, nie zostanie zaakceptowana przez społeczność. Sposób, w jaki znajdzie on rozwiązanie, to *"kwestia równowagi" (J10)* pomiędzy wymaganiami korporacyjnymi i społecznymi. Próbuje poradzić sobie z brakiem kontroli nad swoją firmą, zwłaszcza w odniesieniu do terminów, biorąc pod uwagę potencjalne problemy na wczesnym etapie procesu planowania, a tym samym znajdując się pod mniejszą presją. To, co go najbardziej martwi, to ograniczenia nałożone na niego przez prawo. Jednym z przykładów jest praca zespołowa:

> *"Na przykład, jedną z głównych idei open source jest praca zespołowa". Że ktoś napisałby łatkę. I wysłać go do drugiej osoby,*

która go zmieni. A potem jest wysyłany dalej. I tak dalej. I że kod przechodzi więc przez wiele rąk. Tam. A teraz dział prawny ma tutaj pewien problem z tym, że jeśli pracownik otrzymuje kod od kogoś innego, to co działa, a następnie wysyła go ponownie w całości. - Ponieważ, może być tak, że w kodzie, który dostaliśmy od kogoś innego, na przykład, czyjś patent mógł zostać naruszony. Cóż, nigdy nie wiadomo. A my wysyłamy go w imieniu firmy. Następnie, oczywiście, wymyślamy kod, który może naruszać patent. Istnieje zatem potencjalne ryzyko dla przedsiębiorstwa. [...] Dlatego zawsze istnieje pewien potencjał konfliktu. Ponieważ najbardziej oczywista metoda, że tak powiem, z punktu widzenia Open Source, tego jak chcemy i powinniśmy działać, stwarza niepotrzebne ryzyko z punktu widzenia firmy. (G7)

Informatyk dialektyczny jest wspierany w pracy we własnej jednostce organizacyjnej specjalizującej się w oprogramowaniu open source, a także przez kierownictwo wyższego szczebla. W kierownictwie średniego szczebla, które ma mniej wspólnego ze wspólnotą, stara się generować zrozumienie dla szczególnych potrzeb swojej pracy, ale także wspiera je tam, gdzie nie jest to możliwe.

Dialektyczny informatyk znajduje swoje kontakty zarówno w firmie, jak i w społeczności. Dla niego przynależność do firmy jest nieistotna. Dzięki temu kontakty zawodowe są kontynuowane w czasie wolnym od pracy. I odwrotnie, wykorzystuje on swoją sieć w społeczności do nieformalnej wymiany informacji na tematy techniczne z partnerami, a nawet z konkurencją. *"Ponieważ mam prywatnych przyjaciół z partnerami, a także z konkurentami. Cóż, to jest tam bardzo połączone, tak jakby. Nie wymienia się informacji o produktach, ale jeśli chodzi o technologie, to już jest wymiana. [...] Normalnie już zbudowałeś sieć ludzi, których znasz, ludzi, których możesz zapytać. W rzeczywistości jest to łatwiejsze na poziomie bezpośredniej komunikacji, głównie w celu uzyskania informacji. (H8)*

Niezależność, otwartość i wolność oprogramowania jest dla niego ważna, dzięki czemu postrzega to pragmatycznie i przyznaje swojej firmie prawo do rozwijania oprogramowania prawnie zastrzeżonego, jeśli jest to właściwe. Dialektyczny informatyk nie widzi dwóch światów jako przeciwieństw lub konkurentów, ale widzi uzasadnienie dla obu typów i wierzy, że mogą one iść dobrze razem lub nawet wzajemnie się zapładniać w indywidualnych przypadkach. Nie tylko akceptuje fakt, że większość deweloperów w społeczności jest opłacana przez firmy, ale postrzega to jako zaletę, ponieważ oznacza to, że do projektu napływa coraz bardziej różnorodny kod. Nierzadko zdarza mu się pracować nad oprogramowaniem open source w wolnym czasie, choć ma to mniej wspólnego z jego konkretnymi zadaniami zawodowymi. *"Innym efektem, który jest znacznie bardziej powszechny, są ludzie, którzy są opłacani przez firmy, ale pracują w wolnym czasie nad rzeczami, za które nie są opłacani. To jest dokładnie to, co robię. [...] Wtedy ktoś w innej firmie jest odpowiedzialny za swój własny projekt, a on przysyła mi łatkę do mojego projektu. Znam go z innych rzeczy, które razem robimy, ale to na razie jego hobby. (C3)*

Dialektyczny informatyk jest dobry w wyznaczaniu granicy między życiem zawodowym i prywatnym. On dużo pracuje, ale bez czasu spędzonego poza kontrolą. Pomocne jest to, że dobrze się bawi w pracy i że go to satysfakcjonuje. Zdaje sobie jednak również sprawę, że są rzeczy ważniejsze od jego pracy, na przykład założenie własnej rodziny. *"To zmieniło się prawie samo z siebie 28 stycznia 2007 roku. Bo tam urodził się mój syn. [...]*

Kiedy wracam do domu - zawsze biorę to na siebie, a dziś robisz to i tamto - ale kiedy wracam do domu, nagle pojawia się coś ważniejszego." (H8) Oznacza to, że status zawodowy jest relatywizowany przez wydarzenia prywatne. Zmiana jest zatem zintegrowana z życiem.

8.5 Socjalno-romantyczny haker

8.5.1 Charakterystyka prototypu: Robert[149] (R18)

8.5.1.1 Kariera

Robert ma 36 lat, jest samotny i pod koniec lat 90. przeniósł się z krajów sąsiednich do swojego obecnego miejsca pracy. Ukończył praktykę jako elektryk przemysłowy i rozpoczął programowanie w czasie swojej praktyki i w wolnym czasie. Dzięki swojemu hobby stał się później profesjonalnym programistą.

Bardzo wcześnie, na początku lat 90-tych, Robert natknął się na Linuksa. Był już wtedy profesjonalnym programistą. Ponieważ jego firma w tym czasie pracowała z UNIX-em i chciał użyć przynajmniej systemu operacyjnego przypominającego UNIX-a w swoim życiu prywatnym, Linux przyszedł w odpowiednim dla niego momencie. Dla niego przewagą Linuksa nad większością innych pochodnych UNIX-a było to, że oprogramowanie działało na normalnym komputerze i było wolne.

Wkrótce zainstalował oprogramowanie w firmie i był w stanie przekonać kolegów i kierownictwo Linuksa o jego lepszej wydajności i łatwiejszej obsłudze. W następnej pracy Robert mógł czerpać korzyści z wiedzy, którą zdobył głównie z książek w ramach samodzielnej nauki, jak również z prywatnych eksperymentów z Linuksem. Stale poszerzał swoją wiedzę o Linuksie.

W okresie bezrobocia, około 1995 roku, Robert zaczął intensywniej pracować z Linuksem. Po raz pierwszy sam skompilował jąderko i zagrał z

---

149 Nazwa została zmieniona.

minimalną konfiguracją jądra. Przez wiele dni i nocy pracował nad rozwiązaniem swoich problemów i w końcu wysłał swój wynik do społeczności. Pozytywne opinie, które otrzymał, zachęciły go do kontynuowania. Z powodu tej pracy, Robert został poproszony przez swojego obecnego pracodawcę o zatrudnienie. Przekonany o Linuksie, zrobił ten krok i przeniósł się do sąsiedniego kraju.

8.5.1.2 Poszukiwany i znajdowany jest nowy, emocjonalny dom

Zanim Robert przeniósł się do Niemiec, miał kilka dość krótkich okresów zatrudnienia i bezrobocia. Powodem rezygnacji z zatrudnienia była nie tyle faktyczna działalność, co idealne i ludzkie środowisko. Ostatnio, kiedy coraz bardziej zajmował się Windows i wtedy jeszcze prawnie zastrzeżonym językiem programowania Java, jego niechęć do Microsoftu wzrosła i zaczął szukać pracy w obszarze Linuksa. To, co ostatecznie przekonało go o nowym pracodawcy, to fakt, że pasował on "po ludzku". *"Po prostu podobało mi się to jako człowiekowi, to był dokładnie ten kierunek, który chciałem obrać."*

Przynależność do wspólnoty jest kluczowa dla Roberta, nawet w pracy. Jest to tym ważniejsze, że stracił znane mu środowisko społeczne, gdy wyjechał z kraju. Jego koledzy z pracy służyli mu jako zastępstwo dla rodziny i w dużej mierze tworzyli krąg jego przyjaciół w nowym miejscu. Na razie postrzega obszar swojej firmy - międzynarodowej grupy - jako samodzielną, niezależną jednostkę, z którą czuje silną więź emocjonalną. W ten sposób Robert znajduje swoją społeczność w środowisku korporacyjnym, a mniej w społeczności open source.

Robert postrzega społeczność open source bardziej jako abstrakcyjną. Kojarzy mu się więc mniej osób, ale raczej idea "kultury daru" i odpowiada tym samym marksistowskim hakerom, co charakteryzuje go przede wszystkim w jego eseju "Homesteading the Noosphere" (Raymond 1999).

W dużej mierze ignoruje on fakt, że jego pracodawca również musi zarabiać pieniądze.

8.5.1.3 Rosnąca alienacja w pracy

Kiedy Robert objął swoje obecne stanowisko w 1999 roku, Linux wciąż miał niewielkie znaczenie ekonomiczne dla firmy. Wiele jeszcze było w trakcie tworzenia. Nie było prawie żadnych struktur i zasad, hierarchia była płaska, spotkania były rzadkością. Wiele opierało się na osobistej odpowiedzialności i inicjatywie. *"To było naprawdę jak społeczność open source, w firmie też."*

Sektor Linux był w dużej mierze odizolowany od struktur dużej międzynarodowej korporacji. Jednak wraz z rosnącym znaczeniem Linuksa w firmie, obszar ten był coraz bardziej zintegrowany ze znormalizowanymi strukturami i procesami w całej firmie. Romantyzm społeczny, którego Robert szukał i znalazł, został wyraźnie utracony.

Robert stwierdził również, że ma problemy z regulaminem spółki giełdowej. Nie mógł ukryć swojej antykapitalistycznej postawy i był szczególnie zaniepokojony falami zwolnień, które w jego opinii były często nieuzasadnione. *"I za każdym razem bardzo mnie to boli." Niepokoiło go nie* tylko to, że naruszane były jego wyobrażenia o sprawiedliwości i celowości, ale także ciągłe rozpadanie się jego "rodziny" przysparzało mu coraz większych cierpień.

W przeciwieństwie do wielu jego kolegów, atmosfera w pracy również znacznie pogorszyła się dla niego, co zmusza go do rezygnacji. *"Ale, tak, dostajesz swoje pieniądze, że tak powiem. I to jest to, co zostało na końcu." Ze względu na* rosnącą alienację od firmy, Robert zawsze rozważał zmianę pracy. Niemniej jednak, pozostaje on lojalny wobec firmy od dziewięciu lat. Przypisuje to kontaktom społecznym, chociaż te nieustannie zanikają.

Decydującym czynnikiem pozostania jest fakt, że Robert przez lata zbudował silną więź ze środowiskiem pracy i dlatego ma trudności z odróżnieniem się od niego. Zwolnienie oznaczałoby więc głęboki przełom w jego osobistej historii.

8.5.1.4 Przełączanie się do innych lokalizacji

Na początku Robert starał się zrekompensować coraz słabnący idealizm w swojej pracy. W przeciwieństwie do coraz większej standaryzacji w swojej dziedzinie, poszukuje działalności, która jest związana z jego pracą, ale nie jest bezpośrednio z nią związana. Doprowadziło to jednak do podwójnego obciążenia, które było wyraźnie zauważalne poprzez zmniejszenie wydajności w miejscu pracy, a ostatecznie poprzez wypalenie.[150] Wspierany przez kolegów i z pomocą psychologa zorganizowanego przez firmę, opracował strategię opanowania swojego wypalenia. *"I, tak, decyzja była wtedy o wzięciu roku bezpłatnego urlopu."* Firma ogłosiła stanowisko na ten rok, a Robert otrzymał pisemną obietnicę, że zostanie przywrócony do tego samego działu.

Po powrocie do pracy pokonał swój niski poziom, ale pozostała rozbieżność między pożądanym a rzeczywistym środowiskiem pracy. Doprowadziło to do procesu wymiany. *"Firma nie ma już żadnego wpływu, że tak powiem, na status rodziny dla mnie, jak kiedyś. Więc tam właśnie rozluźnił się związek, że tak powiem."* Jednak ten proces wymiany odbywał się bardzo powoli. Z jednej strony nadal bardzo lubił samą pracę, a środowisko pracy oferowało mu więcej swobody, niż oczekiwałby od innego pracodawcy. Ponadto znajome otoczenie zapewniło mu pewne bezpieczeństwo, z którego nie chciał zrezygnować bez wymiany po głębokich uderzeniach. Dopiero związek miłosny, który się zakończył, otworzył nowy etap orientacji. *"Po tym jak spędziłem tu dużo czasu zajmując się sprawami korporacyjnymi, [...]*

150 Krótkie wprowadzenie do tematu "wypalenia" w branży IT zawiera na przykład Kreft (2008).

więc moje życie po prostu nie wydarzyło się [...] w ciągu ostatnich kilku lat". Robert coraz bardziej pamiętał o swoich korzeniach. Zrozumiał, że miejsce pracy nie odpowiada mu kulturowo. Powrót do ojczyzny staje się więc dla niego coraz bardziej pożądany. Poważnie rozważa też założenie własnej rodziny - teraz, gdy stracił rodzinę towarzyską w firmie.

Już wcześniej omówił ze swoim przełożonym możliwość powrotu do ojczyzny i wykonywania tam telepracy. W czasie rozmowy kwalifikacyjnej nie był jednak jeszcze gotowy, by faktycznie podjąć ten krok.

Robert nie wykluczył całkowitego wycofania się z profesjonalnego rozwoju oprogramowania. Charakterystyczne dla niego jest to, że po raz drugi zastanawia się nad realizacją swojego hobby w swoim zawodzie: Zaczął robić zdjęcia w ostatnich latach i mógł sobie wyobrazić otwarcie studia fotograficznego ze sklepem fotograficznym pomimo spodziewanej utraty dochodów. Prawdopodobnie nie do końca jest to przypadkowe, że uczyniłoby go to jego własnym panem i mistrzem, a tym samym przestało być zależne od decyzji menedżerów, którzy są od niego emocjonalnie i przestrzennie oddaleni.

8.5.2 Idealny Typowy Charakterystyka

Typ społecznego hakera romantycznego może charakteryzować się w dużej mierze wewnętrzną motywacją. Przynależność do wspólnoty, której wartości i normy, którymi się kieruje, ma w tym przypadku kluczowe znaczenie. To, co uderza socjo-romantycznego hakera, to fakt, że najpierw wybiera on społeczność, która odpowiada jego wartościom moralnym, a dopiero potem zachowuje się zgodnie z ich normami.

Społeczno-romantyczny haker widzi siebie jako w dużej mierze samowystarczalnego w społeczności. Utrudnia mu to jednak wyróżnienie się jako osoba niezależna. Może to prowadzić do samoofiary i związanego z tym wypalenia się. Ten altruizm nie jest ukierunkowany na dobro innych jednostek, ale na dobro wspólne i dlatego jest idealistyczny. Jest więc zorientowana na "kulturę daru" inspirowaną marksizmem (Raymond 1999).

W przypadku hakera socjalno-romantycznego można więc zaobserwować postawę antykapitalistyczną, która przejawia się z jednej strony w walce z oprogramowaniem własnościowym - *"nienawidzę Windows" (R18)*. Z drugiej strony, nie wykazuje on zrozumienia dla decyzji dotyczących polityki firmy i nie lubi struktur hierarchicznych.

Fakt, że praca musi być zabawą, można założyć w tworzeniu oprogramowania i jest on podany w niniejszym opracowaniu dla wszystkich uczestników. W przypadku socjo-romantycznego hakera, czynnik zabawy jest również obecny, ale zauważalne jest, że jest on mniej wyraźny w porównaniu z innymi typami.

Typowy dla hakera socjalno-romantycznego jest fakt, że w środowisku dużej korporacji znajduje się on w dylemacie pomiędzy własnymi wartościami a ustalonymi normami spółki giełdowej. Podczas gdy innym programistom o podobnych wartościach udaje się pogodzić z tymi standardami, ten typ nadal trzyma się swojego ideału niezależnego rozwoju oprogramowania. Aby rozwiązać swój dylemat, musi wyrwać się z tych norm. Może to osiągnąć jedynie poprzez zmianę pracy lub nawet zawodu, co może tłumaczyć, dlaczego w tym ustawieniu tylko jedna osoba odpowiada danemu typowi. Tak jak w przypadku opisanego powyżej prototypu, przejście na inną dziedzinę działalności, oprócz pracy, nie prowadzi do sukcesu, ponieważ haker socjalno-romantyczny z trudem może się odróżnić od swojej pracy.

Społeczno-romantyczny typ hakera pojawił się tylko raz. Uderzające jest to, że jest to jedyna osoba bez wyższego wykształcenia. Istniejąca wiedza opiera się wyłącznie na praktyce i samodzielnej nauce. To, czy jest to przypadek, czy też istnieje związek, nie może być ostatecznie ocenione ze względu na małą liczebność próby.[151]

151 Odpowiedni wywiad był w całości specjalny. Jako jedyna została przeprowadzona poza pomieszczeniami biurowymi na prośbę rozmówcy i podczas wspólnej kolacji. Zapomniał wprawdzie o umówionym spotkaniu, ale o 19.30 nadal był dostępny telefonicznie w swoim miejscu pracy. Nie można jednoznacznie odpowiedzieć na pytanie, czy szczegółowa i otwarta rozmowa wynika z otoczenia, czy też z charakteru rozmówcy..

Część IV: Dyskusja, Wnioski i perspektywy

9 Dyskusja

Fakt, że Linux i oprogramowanie open source stają się coraz ważniejsze w użyciu biznesowym może być czytany na różnych forach informacyjnych prawie codziennie i jest również potwierdzony przez liczne badania i renomowanych konsultantów.[152] Dużo mniej informacji jest dostępnych po stronie produkcyjnej oprogramowania. Fakt, że produkcja jądra Linuksa jest obecnie napędzana głównie przez firmy, został wykazany w tym badaniu poprzez ilościową analizę udziału jądra Linux. Ponadto, w celu pogłębienia komercyjnej perspektywy rozwoju oprogramowania open source, wykorzystano wywiady oparte na przewodnikach z twórcami jądra Linux w dużych firmach z branży ICT. W oparciu o wymiary motywacji oraz system norm i wartości, analiza jakościowa doprowadziła do powstania trzech różnych typów programistów, którzy pracują nad jądrem Linux w firmach: pragmatycznego inżyniera, informatyka dialektycznego i hakera socjalno-romantycznego. Czwarty typ, programista hedonistyczny, co jest możliwe ze względu na jego wymiary, nie został znaleziony w próbie.

W pierwszej części niniejszego dokumentu omówiono fakt, że duże firmy z branży TIK są siłą napędową otwartego oprogramowania i postawiono pytanie, dlaczego inne badania wykazują mniej wyraźne wyniki ilościowe. Preferują oni również argumentację o charakterze bardziej politycznym lub ideologicznym, choć ruch open source można wytłumaczyć modelami

152 W szczególności kryzys finansowy nadał ruchowi open source nowy impet od jesieni 2008 r.: na przykład wyszukiwanie "kryzysu finansowego open source" w Google oferuje łącznie 110 000 odsłon [wyszukiwanie 02.07.2009]. Jednak już w lutym 2008 r. analitycy z Gartner przewidzieli, że w najbliższych latach Open Source będzie jednym z dziesięciu najlepszych rozwiązań. Przewidzieli oni, że firmy, które utrzymają tę tendencję, będą miały decydującą przewagę konkurencyjną. Zaledwie dwa miesiące później analitycy Gartnera stwierdzili w badaniu "The State of Open Source 2008", że spodziewają się, iż do 2012 roku ponad 90% firm będzie korzystać z otwartego oprogramowania bezpośrednio lub pośrednio (wbudowanego w sprzęt lub oprogramowanie) (badanie było cytowane na wielu forach informacyjnych, np. na http://www.zdnetasia.com/news/software/0,39044164,62039870,00.htm [17.08.2009]).

ekonomicznymi i wpisuje się on w aktualne trendy gospodarcze. Analiza jądra Linuksa pozwala również na wyciągnięcie pewnych wniosków strukturalnych. Wreszcie, w tej pierwszej części dyskusji koncepcja infrastruktury mogłaby zostać rozszerzona na podstawie tych ustaleń.

W drugiej części model bazaru, który jest typowy dla projektów open source, jest rozszerzony o komponent uczestnictwa firmy. Należy ponownie omówić motywację zaangażowanych stron, mając na uwadze fakt, że duża część z nich jest opłacana przez przedsiębiorstwa za ich składki. Typologia stworzona na podstawie wyników wywiadu jest włączona do koncepcji roli społeczności, a wynikające z niej interakcje są omawiane. Wyjaśniono również, w jaki sposób typy radzą sobie z problemami w różny sposób i jakie zmiany można zaobserwować w typach. Wreszcie, samoorganizacja społeczności jest rozszerzona o komponent uczestnictwa w firmie.

9.1 Udział spółki w FLOSS

9.1.1 Interesy gospodarcze

Ilościowe dane empiryczne jądra Linuksa pokazują, że duża część wkładu pochodzi od firm zorientowanych komercyjnie: Fakt, że 73% wszystkich wpłat jest motywowanych komercyjnie, jest wyraźnym wynikiem.[153] Fakt ten został również potwierdzony w wywiadach, ponieważ wszyscy uczestnicy wywiadu są zdania, że pracują prawie wyłącznie z deweloperami z innych firm w społeczności. Podobne wyniki przynosi ocena projektu Eclipse (Spaeth i in. 2008), w której przeanalizowano nie tylko wkład w postaci kodu, ale także wkład na forach i listach mailingowych.

Jednakże, oba badania są sprzeczne z powszechnym założeniem w kręgach

153 Odpowiednich ocen jądra Linuksa dokonał Alan Cox (Red Hat) w swojej kluczowej notatce na OpenExpo w marcu 2008, http://video.google.de/videoplay?docid=1893415028065590416 [17.08.2009], oraz Robert S. Sutor (IBM, Vice President Open Source and Standards) w swojej kluczowej notatce na Open Source Meets Business event w Norymberdze w styczniu 2008.

użytkowników i ekspertów, że FLOSS jest w dużej mierze produkowany przez wolontariuszy. Są one również sprzeczne z innymi wynikami badań, w szczególności z badaniem MERIT (Ghosh 2006), *"najbardziej dokładnym badaniem na świecie"* (Lutterbeck i in. 2007, s. 5) dotyczącym znaczenia gospodarczego FLOSS. W badaniu MERIT zakłada się, że udział firmy wynosi zaledwie nieco poniżej 20% całości składek na ubezpieczenie społeczne, natomiast składki indywidualne wynoszą ponad 60% (Ghosh 2006, s. 50).

Jak można wyjaśnić tę rozbieżność? Większość projektów badawczych, które podobnie jak badanie MERIT nalegają na połączenie projektów, uzyskuje dane z centralnego repozytorium, zwykle największego otwartego repozytorium SourceForge. Chociaż jest to bardzo praktyczne z punktu widzenia gromadzenia danych, ponieważ pozwala na analizę setek tysięcy projektów przy użyciu w dużej mierze jednorodnych danych, jest to również bardzo użyteczne narzędzie do analizy danych. Jednak na tej podstawie duże projekty, które utrzymują własną platformę, są zaniedbywane. Badania takich projektów o odpowiednim poziomie rozpowszechnienia wykazały, że udział przedsiębiorstw w nich jest bardzo wysoki. Ponadto, wiele projektów na platformach takich jak SourceForge znajduje się w "Sleeping Beauty sleep"; nie są one już rozwinięte lub rozwijają się bardzo powoli, a ich społeczność składa się - jeśli w ogóle - z bardzo niewielu osób. Z tego Karl Fogel konkluduje dobitnie: *"Większość projektów wolnego oprogramowania kończy się niepowodzeniem.* (Fogel 2006, s. 1)[154]

Badanie MERIT jest oparte na dystrybucji Linuksa Debian, która zawiera zrównoważone połączenie dużych i małych, profesjonalnych i rekreacyjnych

154 Jak wynika z badania empirycznego przeprowadzonego przez Healy'ego i Schussmana (2003) przy użyciu otwartego repozytorium SourceForge, z około 45.000 zbadanych projektów, 25% nie napisało jeszcze żadnego oprogramowania, a 95% miało maksymalnie 5 zarejestrowanych współpracowników. W związku z tym tylko nieco ponad 2% projektów jest ocenianych jako dojrzałe. Z pozytywnej strony, z tej perspektywy SourceForge może być postrzegane jako ogromna pula pomysłów, z których najlepsze będą wtedy dominować.

projektów i dlatego może być uznana za reprezentatywną. Ponownie, z ponad 8,500 pakietów oprogramowania zawartych w Debianie i uwzględnionych w analizie, tylko bardzo mały procent jest istotny zarówno z ekonomicznego, jak i biznesowego punktu widzenia.[155]

Ponadto istnieje problem przydzielania spółkom składek kodowych. Z jednej strony, analiza projektu Debian zgodnie z opisem oceniała tylko pliki źródłowe. Zazwyczaj jednak wymieniany jest tylko twórca lub opiekun danego pliku, a w niektórych projektach poszczególni autorzy, ale nie ci, którzy wnieśli jakiś szczegółowy wkład. Często tę funkcję tworzenia lub utrzymywania pełnią wolontariusze lub pracownicy, którzy pełnią tę funkcję niezależnie od zatrudnienia. Ta procedura fałszuje wynik. Aby wygenerować dokładniejsze informacje, należy przeanalizować poszczególne przepływy w danym repozytorium, tzn. zobowiązania[156]. Jest to jednak procedura, która ze względu na ilość danych jest trudna do przeprowadzenia. Dlatego też wydaje się bardziej właściwe, aby autor przeanalizował niektóre reprezentatywne i specjalnie wybrane projekty na podstawie kryteriów, które należy jeszcze określić, i na tej podstawie zagregował wyniki. Podejście to zostało również wybrane przez O'Mahony'ego (2003) z sześciu wybranych i szeroko używanych projektów (GNU, jądro Linux, serwer Apache, Dystrybucja Debiana Linuksa, interfejs pulpitu GNOME oraz Linux Standard Base) i na wczesnym etapie rozpoznał płatny udział w wysokości około 66%. Obecnie nie ma badań z takim podejściem, czy to poprzez własne gromadzenie danych, czy też meta-badania. Dostępne tutaj dane jądra Linuksa mogą zatem wypełnić lukę w obecnym stanie wiedzy i przyczynić się do ewentualnego meta-nauczania.

---

155 Odpowiednie informacje o Debianie są dostępne pod adresem URL http://libresoft.es/debian-counting/sarge/ [2009-08-10]. Na przykład, ponad 3 000 pakietów nie osiągnęło jeszcze stanu stabilnej wersji 1, a ponad 5 000 pakietów zawiera mniej niż 10 000 linii kodu (co w przybliżeniu odpowiada Linuksowi w wersji 0.01 w 1991 roku, po zaledwie pół roku rozwoju przez Linusa Torvaldsa).

156 W systemie kontroli wersji, "commit" to wgranie zmiany kodu do centralnego repozytorium.

Dodatkową trudnością w analizie tak dużej liczby projektów, które są również niejednorodne, jest uwzględnienie tych specjalności. Analiza jądra systemu Linux przeprowadzona w ramach tego badania wykazała jednak, że około jednej trzeciej wkładu firmy można było określić jedynie poprzez dodatkowe ręczne przetwarzanie i dodatkowe gromadzenie danych za pomocą indywidualnych wniosków e-mailowych. Zaniedbanie tego aspektu prowadzi w konsekwencji do przesunięcia rezultatu w kierunku zbyt dużego znaczenia dobrowolnych darczyńców.

Podsumowując, można powiedzieć, że znaczenie gospodarcze FLOSS powinno być określane za pomocą dużych projektów, które są szeroko rozpowszechnione w środowisku biznesowym, a nie za pomocą możliwie najszerszej kombinacji, ponieważ te pierwsze, pomimo ich stosunkowo niewielkiej liczby, mają większe znaczenie gospodarcze ze względu na ich powszechny charakter. A dzięki tym projektom wyraźnie widać - co może być udowodnione przez analizę jądra Linuksa w rozdziale 7.2 - że dobrowolność w sensie nieodpłatnej pracy odgrywa podrzędną rolę.

9.1.2 Argumentacja ekonomiczna a idealistyczna

Stwierdzenie z badania MERIT (Ghosh 2006), że 70-80 % wkładu wnoszonego jest przez wolontariuszy w sensie zaangażowania obywatelskiego, wydaje się być nie tylko uwarunkowane metodologicznie, ale również silnie umotywowane politycznie. Ponieważ badanie dowodzi po stronie eksploatacji, że otwarte oprogramowanie może generować ogromne korzyści ekonomiczne, autorzy badania starają się uatrakcyjnić wsparcie dla wolnego i otwartego oprogramowania dla silnego lobby ekonomicznego w UE. Jednak perspektywa osiągnięcia zysku z pomocą armady dobrowolnych i nieodpłatnych pracowników nie idzie wystarczająco daleko. Z jednej strony, wyniki wywiadów pokazały, że utrata kontroli poprzez uczestnictwo w samoorganizującej się społeczności jest problemem zarówno dla firm, jak i pracowników firmy, jak pokazuje prototyp Pragmatycznego Inżyniera. Ta utrata kontroli może[157] być utrzymywana w akceptowalnym zakresie tylko poprzez ciągły i znaczący wkład. Dahlander i Wallin (2006) opisują to pojęciem "człowiek w środku". Bazując na badaniach empirycznych projektu GNOME, używają analizy ilościowej komunikacji na listach mailingowych na przestrzeni kilku lat, aby zbadać wysiłki firm w celu umieszczenia swoich pracowników w centrum sieci, aby mogli wpływać na projekt. Niniejsze opracowanie może potwierdzić tę koncepcję na podstawie analizy ilościowej jądra Linuksa oraz wywiadów jakościowych.

Badanie MERIT ignoruje również różnicę między oprogramowaniem open source a oprogramowaniem własnościowym: Poprzez licencje, prawa autorskie i często patenty, kompanie software'owe mogą stworzyć pozycję monopolisty lub przynajmniej oligopol, gdzie marże są wyższe. Nie jest to możliwe w przypadku oprogramowania open source z powodu wolnej dostępności kodu. Prowadziłoby to do wniosku, że firmy wolą kod otwarty prawnie zastrzeżony, a przynajmniej kod otwarty z bardzo ograniczoną swobodą. Jak pokazują przykłady między innymi IBM i SUN, teza ta nie może być już bezwarunkowo wspierana. Prowadzi to do pytania, jak te firmy (i wiele innych z nimi) osiągają zyski.

Ściśle związany z tą kwestią jest argument kosztów. Zastosowanie i rozwój FLOSS obniża koszty poszczególnych uczestników, zgodnie z ogólnie przyjętą tezą. Dlatego też najczęściej wymienianym powodem korzystania z FLOSS przez przedsiębiorstwa jest oszczędność kosztów (Forrester Consulting 2008; Madsen 2009). Po stronie użytkownika jest to stosunkowo łatwe do uzasadnienia i udowodnienia ze względu na fakt, że nie ma

157 Społeczności open source zazwyczaj funkcjonują w sposób merytokratyczny, co oznacza, że wpływ można uzyskać jedynie poprzez wydajność, a nie poprzez hierarchiczną pozycję władzy (patrz również rozdział 3.2.1).

kosztów licencji.[158] Jednak ze względu na wysiłek związany z migracją, TCO ("Total Cost of Ownership") nie różni się tak wyraźnie, więc przejście na FLOSS zazwyczaj zwraca się dopiero po kilku latach.[159] Fakt, że jest jednak wystarczająco dużo firm, które w niewielkim stopniu uczestniczą w rozwoju FLOSS, jest wyraźnie pokazany przez analizę plików logów jądra systemu Linux.

Jak pokazują wyniki wywiadu, równie ważnym powodem aktywnego uczestnictwa jest to, że odpowiednie firmy chcą dodać do jądra Linuksa kod, który jest dla nich ważny - czy to dla wsparcia sprzętu lub oprogramowania, czy też dla stworzenia funkcjonalności, która jest ważna dla ich własnego modelu biznesowego. Opis konkretnej działalności wszelkiego rodzaju rozmówców sugeruje, że liczba linii kodu wynikająca z konkretnej, praktycznej potrzeby jest znacznie większa niż ta wynikająca z motywacji strategicznej lub idealistycznej. Strategia wspierania FLOSS podąża zatem za rzeczywistością zaspokajania potrzeb w znacznie większym stopniu niż uczestnictwo jest budowane w oparciu o określoną strategię.

Ponadto system operacyjny taki jak Linux składa się głównie z funkcjonalności, która z punktu widzenia użytkownika nie odróżnia się od produktów konkurencyjnych, ponieważ należy ją założyć. System

158 Konkretne informacje na temat oszczędności kosztów wynikających z przejścia na oprogramowanie open source dostarcza niemieckie Ministerstwo Spraw Zagranicznych (Auener 2008), które radzi sobie bardzo dobrze, zwłaszcza w porównaniu z innymi urzędami. W Szwajcarii kanton Solothurn szacuje, że oszczędności w dziedzinie IT dzięki migracji do komputerów typu open source wynoszą ponad 100 000 euro rocznie. Nie można jednak ukrywać, że koszty IT to tylko jedna strona medalu. Na podstawie różnych komentarzy na forach użytkowników można założyć, że przynajmniej część oszczędności IT po stronie użytkownika jest równoważona przez nieoptymalne oprogramowanie. Miasto Wiedeń obliczyło, że roczne utrzymanie rozwiązania open source jest wyraźnie tańsze niż czyste rozwiązanie Microsoft lub hybrydowe. Z drugiej strony, odwrotnie jest w przypadku kosztów migracji, co skłoniło odpowiedzialnych do podjęcia decyzji na rzecz migracji miękkiej (patrz opracowanie projektu opublikowane na stronie http://www.wien.gv.at/ma14/pdf/oss-studie-deutsch-langfassung.pdf [17.08.2009]). Chociaż oszczędności kosztów są bardzo ważne w procesie podejmowania decyzji o migracji do Linuksa, przewaga niezależności jest w wielu przypadkach ważniejsza, jak pokazuje przykład miasta Monachium (szczegóły można znaleźć na stronie http://www.osor.eu/case_studies/declaration-of-independence-the-limux-project-in-munich [17.08.2009]).

159 Konkretne dane liczbowe na ten temat pochodzą np. z badania przeprowadzonego przez Fraunhofer-Gesellschaft (Renner i in. 2005), w którym obliczono potencjał oszczędności TCO w ciągu sześciu lat na poziomie ok. 2,4 %.

operacyjny, który nie może na przykład odczytywać i zapisywać na dysku twardym, jest prawdopodobnie mało przydatny w większości aplikacji. W tej części należy zatem podjąć znaczny wysiłek ze strony usługodawcy, który nie jest w stanie wyróżnić się na rynku (Perens 2007). Wartość systemu operacyjnego leży z jednej strony w jego stabilności, bezpieczeństwie i ogólnie w jego jakości. Wykazano tutaj, że zasada otwartego źródła wielu oczu jest wyraźnie nadrzędna w stosunku do modelu własnościowego. Z drugiej strony, wartość ta polega na szerokim wsparciu dla sprzętu i oprogramowania. W tym przypadku popyt rynkowy wywiera presję na właściwych dostawców, takich jak Intel, IBM czy Oracle. Wsparcie dla Linuksa jest wymagane przez klientów. Szersze wsparcie prowadzi z kolei do zwiększonego wykorzystania, a tym samym do większej presji ze strony rynku na dostawców - procesu, w którym obecny jest Linux. W związku z tym projekt jest stale przesuwany do przodu. Proces ten odpowiada ewolucyjnej teorii decyzji wprowadzonej przez Kuwejbarę (2000) (patrz rozdział 3.2.2.4), ale wymaga pewnych dostosowań, aby spełnić wymagania podmiotów handlowych (patrz Rys.

Rysunek 30).

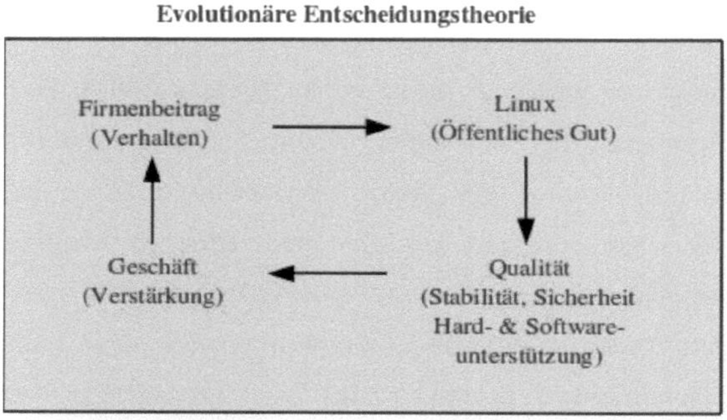

Evolutionäre Entscheidungstheorie

Firmenbeitrag (Verhalten) → Linux (Öffentliches Gut)

Linux (Öffentliches Gut) → Qualität (Stabilität, Sicherheit Hard- & Software-unterstützung)

Qualität (Stabilität, Sicherheit Hard- & Software-unterstützung) → Geschäft (Verstärkung)

Geschäft (Verstärkung) → Firmenbeitrag (Verhalten)

Rysunek 14: Porównanie teorii decyzji racjonalnych i ewolucyjnych z punktu widzenia przedsiębiorstwa po Kuwejbie (2000 r.)

Podczas gdy zasada pętli sprzężenia zwrotnego jest taka sama, poszczególne etapy cyklu różnią się pod względem treści. Jeśli zachowanie poszczególnych darczyńców odzwierciedla przede wszystkim wartości i standardy społeczności, to płatni deweloperzy są w znacznie większym stopniu odpowiedzialni za jakość oprogramowania. Dla osób prywatnych reputacja wzmacnia zaangażowanie; dla firm zwiększenie biznesu z Linuksem prowadzi również do zwiększenia wsparcia.

Niezwykle istotne jest, aby firmy takie jak IBM czy Red Hat, ze względu na niewielki wkład kodu (tylko 10%), mogły skupić się na tych obszarach, które przynoszą im rzeczywistą wartość i przewagę konkurencyjną. Strategii tej oczywiście nie uniemożliwia ujawnienie kodu, który jest często wymieniany jako wada i przeszkoda dla oprogramowania open source. To prawda, że interesy firm nie były przedmiotem tego badania. Jednakże, na podstawie wyników wywiadów, nic nie wskazuje na to, że kod dostarczany przez bezpośrednią konkurencję jest systematycznie badany w jądrze Linux. Wielokrotnie wspominano, że w związku z tym trudno jest napisać kod, który wymaga dostępu do wewnętrznych informacji przedsiębiorstwa.

Fakt, że poszczególne architektury nie są wspierane wyłącznie przez poszczególnych dostawców, jak pokazano w rozdziale 0 pokazuje w sposób imponujący, że w tej dziedzinie, która charakteryzuje się interesami komercyjnymi, społeczność - z nielicznymi wyjątkami[160] - funkcjonuje, choć niemalże z wyłączeniem instytucji niekomercyjnych i osób prywatnych. Fakt, że istnieją pojedyncze firmy, które ograniczają swój wkład w jądro Linuksa częściowo nawet do stu procent w ich własną architekturę, nie jest negatywny, ponieważ Linux jako całość może zyskać tylko na możliwie najszerszym wsparciu sprzętowym. Z drugiej strony, dość zróżnicowane podejście badanych firm wskazuje, że coraz częściej przyjmują one strategiczne podejście do oprogramowania open source, a w szczególności do systemu operacyjnego Linux.

W związku z tym zaangażowanie firmy w jądro Linuksa[161]nie polega na obniżeniu kosztów rozwoju, ale raczej na podjęciu wysiłku tam, gdzie firma oczekuje strategicznej przewagi na rynku. Ze względu na dużą liczbę zaangażowanych firm, w mozaice różnych zainteresowań powstaje kompletny, rynkowy produkt. Argumentacja "Pro-FLOSS" może więc być prowadzona ekonomicznie nie tylko po stronie popytu, ale także po stronie podaży i produkcji, bez konieczności uciekania się do idealizmu, moralności czy motywacji politycznych.

160 s390/IBM, Sparc/Sun, Blackfin/Analog Devices, Xtensa/Tensilica, CRIS/Axis Communications, AVR32/Atmel i M32R/Mitsubishi

161 Według Ghosh (2006, s. 50), IBM szacuje, że wydaje 100 milionów dolarów rocznie na rozwój systemu Linux.

9.1.3 FLOSS i trendy gospodarcze

Jeremy Rifkin (2000) pisze w swojej książce "Access: The Disappearance of Property", że wiele firm coraz częściej opiera swój model biznesowy nie na produkcji towarów, ale na dodatkowej wartości dodanej z produktu dla kupującego. Stwierdzeniu temu towarzyszy zmniejszenie własności środków produkcji. Wyjaśniono to m.in. na przykładzie firmy Nike, której artykuły są produkowane przez innych producentów i która czerpie swoją wartość dodaną z tworzenia projektu i stylu życia. Z jednej strony, dzięki temu systemowi można osiągnąć wyższą marżę, a z drugiej strony, zapewnia on większą elastyczność w działalności gospodarczej. Wadą jest jednak znaczna utrata kontroli ze względu na niekompletny system produkcji,[162]który do tej pory był w dużym stopniu kompensowany przez przeniesienie produkcji do krajów mniej rozwiniętych i wynikającą z tego lukę energetyczną. O tym, że może to być wątpliwy moralnie sposób postępowania, mówi Naomi Klein w swojej książce "No Logo!". (2001).[163]

Rifkin nie odnosi się do technologii informacyjnej, ale do przemysłu wytwórczego. W sektorze ICT outsourcing oznacza analogiczny rozwój outsourcingu produkcji do krajów o niskich płacach, gdzie prawa własności zazwyczaj nie są przenoszone. Widać jednak, że ruch FLOSS i silne wsparcie, jakie uzyskał od sektora TIK, podążają za tym samym procesem demontażu nieruchomości. Różnica w stosunku do FLOSS polega jednak na tym, że produkcja nie jest przenoszona do krajów o niskich płacach, lecz odbywa się we wspólnocie. Ze względu na warunki licencji wolnego oprogramowania prowadzi to bezpośrednio do tego, że produkowane w ten sposób oprogramowanie należy także do ogółu społeczeństwa i nie może być już

162 System produkcji, który pozwala na większą kontrolę, a jednocześnie nie jest oparty na pełnym łańcuchu produkcyjnym, został opracowany i stale doskonalony przez Toyotę od lat 50. ubiegłego wieku (Ohno 1993). System ten wykazuje podobieństwa do ruchu open source (Evans i Wolf 2005).

163 Bhagwati (2008) m.in. przyjmuje odwrotne stanowisko. Twierdzi on, że globalizacja jest winna wielu rzeczy, które nie są jej winą, z powodu często rozproszonych obaw. Z pozytywnej strony podkreśla w szczególności rosnący dobrobyt i wyższe wykształcenie w wielu krajach rozwijających się i postrzega globalizację nie jako przyczynę, ale jako wkład w rozwiązywanie światowych problemów.

prywatyzowane przez podmioty wnoszące wkład.[164] Chociaż wynikające z tego znaczne zmiany strukturalne i organizacyjne nie są specyficzne dla modelu rozwoju open source, można je określić jako przełomowe pod względem zakresu i spójności:

> *"Ogólna tendencja do decentralizacji, demontażu hierarchii i otwartych granic systemowych nie może być w żadnym wypadku pominięta. [...] Projekty wolnego oprogramowania wykraczają poza wszelką zarządczą i organizacyjną wizję teorii decentralizacji, luźnej współpracy i nieformalnej koordynacji. (Grassmuck 2002, s. 332)*

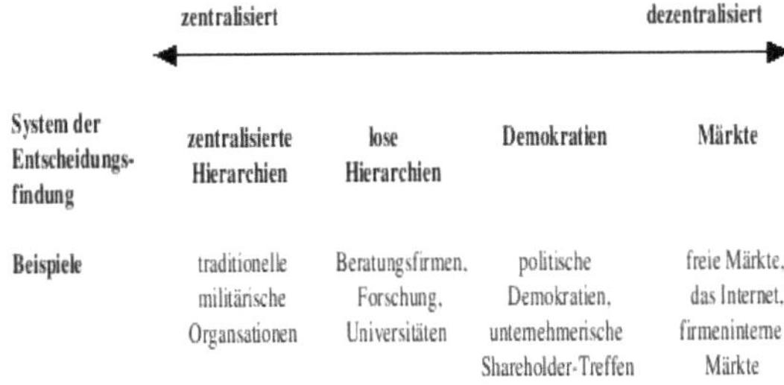

Rysunek 15: Stopień decentralizacji (według Malone 2004, s. 6)

Tę tendencję FLOSS, którą można również określić jako prototyp otwartej innowacji (West i Gallagher 2006), można znaleźć w literaturze ekonomicznej. Społeczeństwo wiedzy, opisane przez Bella (1976), Druckera (1993) i ostatnio Castellsa (2001), znajduje swój odpowiednik w modelu rozwoju open source. Malone (2004) wyjaśnia również, że stopień

164 Jednak w przeciwieństwie do produkowanego oprogramowania, know-how może zostać sprywatyzowane. Wiele firm buduje swój model biznesowy z wykorzystaniem oprogramowania open source na tym fakcie.

decentralizacji jest silnie związany z rozwojem technologii komunikacyjnych. Wyróżnia ona cztery kategorie organizacji na zasadzie kontinuum pomiędzy scentralizowaną i zdecentralizowaną.

Rynki położone na jednym końcu osi centralizacja-dekentralizacja, jak pokazano na rysunku **Fehler! Verweisquelle konnte nicht gefunden werden.** odpowiadają modelowi rozwoju bazaru wprowadzonemu przez Raymonda (1999). Oś może być jednocześnie odczytywana jako linia czasu. Nie tylko ruch open source - jak już opisano w drugiej części tej pracy - nie jest możliwy bez pojawienia się Internetu. Szybka globalizacja gospodarki w jej obecnym zasięgu była możliwa tylko dzięki możliwościom Internetu. Dlatego też ma on być umieszczony na prawym biegunie kontinuum. Pod tym względem open source może być również postrzegane jako forma globalizacji, która - w połączeniu z ograniczeniem roszczeń do własności przez organizacje komercyjne - doprowadziła do produkcji we wspólnocie.

Wyniki wywiadu pokazały, że rozwój open source jest w dużej mierze ruchem, który można wytłumaczyć aktualnymi teoriami biznesowymi i ekonomicznymi. W szczególności inżynier pragmatyk, ale także informatyk dialektyczny, postrzega swoją pracę jako zgodną z rozwojem zamkniętego źródła. Fakt, że istnieją różnice, nie jest w żadnym wypadku negowany - zostanie to omówione bardziej szczegółowo w następnym rozdziale 9.2 - ale uczestnicy wywiadu postrzegają je w znacznie mniejszym stopniu, niż wynikało to z dotychczasowej dyskusji naukowej.

Model rozwoju open source nie jest szczególnym przypadkiem - i z pewnością nie jest to wrogość wobec kapitalizmu ukierunkowana na marksizm - ale logiczną konsekwencją ogólnych trendów w ekonomii i technologii. Tak więc ruch FLOSS nie może być nazywany rewolucją, ale raczej ewolucją.

9.1.4 Skutki strukturalne

9.1.4.1 Cyfrowy wykop

Twierdzenie, że oprogramowanie open source może zmniejszyć przepaść cyfrową, nie może być potwierdzone analizą jądra Linux, przynajmniej nie w odniesieniu do udziału firm. Dominują firmy z siedzibą w USA. Niemcy odgrywają wiodącą rolę w Europie. Podczas gdy Ameryka Południowa - pomimo częściowo wyraźnego publicznego zaangażowania na rzecz open source, jak na przykład rząd Brazylii (Richter 2006) - i Afryka praktycznie nie są reprezentowane, region azjatycki jest aktywnie zaangażowany, szczególnie w przypadku Tajwanu i Japonii. Jako ograniczenie należy zauważyć, że generowane dane są lokalizacją firmy (macierzystej), a nie lokalizacją dewelopera. Jest zatem całkiem możliwe, że do krajów rozwijających się i wschodzących napłynie więcej wypłat wynagrodzeń, niż sugeruje analiza. Jednakże jest mało prawdopodobne, aby zyski z działalności związanej z Linuksem popłynęły do tych regionów w jakimkolwiek stopniu.

Jednak FLOSS ma zalety w stosunku do oprogramowania własnościowego, aby pomóc zmniejszyć przepaść cyfrową, takie jak transfer wiedzy, niższe koszty zamówień, niezależność technologiczna i lokalizacja w zakresie języka i jednostek regionalnych (Richter 2006). Jednakże w badaniu MERIT (Ghosh 2006) wykorzystano przykład Brazylii, często cytowanego "kraju modelowego" FLOSS, aby wykazać, że korzyści te są wykorzystywane tylko w mniejszym stopniu. Podczas gdy dystrybucja Linuksa na serwerach wynosi ponad 50%, inne oprogramowanie open source z trudem może się ugruntować. Jest to spowodowane głównie nieodpowiednimi interfejsami użytkownika.[165] Jednakże zwiększony udział przedsiębiorstw z krajów

165 Należy jednak zauważyć, że oświadczenia te opierają się na danych z lat 2002 i 2003, a zatem mogą już nie odzwierciedlać w pełni rzeczywistości. Ta praktyka polegająca na stosowaniu przestarzałych podstaw z powodu braku aktualnych danych jest często spotykana w związku z systemem FLOSS.

rozwijających się może prowadzić do szybszego wyrównania. Podjęto pierwsze wysiłki w tym kierunku, takie jak wirtualna współpraca 16 uniwersytetów afrykańskich, które od 2009 roku oferują studia magisterskie w ramach FLOSS.[166]

9.1.4.2 Przedsiębiorcza klasa średnia

W przeciwieństwie do firm z krajów rozwijających się, małe i średnie przedsiębiorstwa w nieproporcjonalnie dużym stopniu uczestniczą w jądrze Linux. Chociaż większość autorów i linii kodu pochodzi ze stosunkowo niewielu większych, międzynarodowych firm, małe i średnie przedsiębiorstwa - zwłaszcza w Europie, a zwłaszcza w Niemczech[167] - stanowią większość uczestniczących w nim firm. Wynik ten w dużej mierze pokrywa się z badaniem MERIT (Ghosh 2006) i jest potwierdzony np. przez niemieckie Ministerstwo Spraw Zagranicznych (Auener 2008). Stwierdzenie, że oprogramowanie open source promuje lokalny biznes można zatem potwierdzić analizując jądro Linuksa, mimo że większość miejsc pracy w Linuksie (około dwóch trzecich) znajduje się w dużych i bardzo dużych, głównie międzynarodowych korporacjach. Ponadto, większość dużych firm dostarcza kilku deweloperów, co wskazuje na strategiczne znaczenie Linuksa i otwartego oprogramowania.

Branża oprogramowania i usług przyczyniła się do powstania ponad połowy linii kodu w 2007 r., więcej niż dostawcy sprzętu. Łącznie dostarczyły one ponad 95% kodu, a pozostałe 5% dostarczyła branża telekomunikacyjna, detaliczna i nieinformatyczna. To jasno pokazuje, że Linux jest domeną dostawców sprzętu i oprogramowania, chociaż byłby otwarty dla innych branż.[168] Może się to zmienić w przyszłości, jeśli również

166 Patrz artykuł na stronie http://www.epo.de/index.php?option=com_contentiew=articled=5150:it-in-afrika-pioniere-der-freiheitatid=99:topnews [17.08.2009].

167 Aktywna rola Europy, a w szczególności Niemiec, w Linuksie ma długą tradycję, jak pokazują badania empiryczne Dempsey et al (1999).

168 Fakt, że przedsiębiorstwa handlowe dominują w architekturze, wynika nie tylko z interesów

firmy nieinformatyczne obiecują sobie przewagę strategiczną poprzez aktywne korzystanie z oprogramowania open source, jak to ma miejsce na przykład obecnie w przypadku BMW, lub jak zaczyna się to pojawiać w przypadku zapowiedzianego "Lekkiego samochodu - Open Source"[169] lub już zrealizowanego "Miejskiego samochodu".[170]

O tym, że nie tylko bardzo duże, ustabilizowane firmy IT mogą coś zmienić, świadczy w szczególności przykład Red Hata jako największego pojedynczego płatnika. Obszar sieci, jak również system plików jest nawet silnie promowany przez tę jedną firmę z ponad 20% udziałem w całości linii kodu. Interesujące jest również to, że komercyjnie zorientowane firmy nie tylko dbają o wsparcie sprzętowe, ale również wnoszą 70-80% linii kodu do rzeczywistego rdzenia, jak również do "różnych", jak dokumentacja. Małe i bardzo małe firmy silnie koncentrują się na rozwoju kierowców. Dobre dwie trzecie ich wkładów kodowych można przypisać do tego obszaru.

9.1.5 Rozszerzenie koncepcji infrastruktury

Jak opisano w rozdziale 3.4.2, przez infrastrukturę rozumie się oprogramowanie, które jest niezbędne do funkcjonowania organizacji. Można rozróżnić oprogramowanie związane z systemem (zwłaszcza system operacyjny) od podstawowego oprogramowania aplikacyjnego. Badane jądro Linuksa należy do oprogramowania zorientowanego na system. Liczne badania oparte na danych z projektów odpowiadających tej koncepcji infrastruktury wspierają wyniki przedstawione w niniejszym opracowaniu (Roberts i in. 2006; Dahlander i Wallin 2006; Spaeth i in. 2008). W ten sposób uogólnienie wyników może być przedstawione w kontekście sektora infrastruktury.

---

handlowych, ale również z faktu, że know-how systemów leży głównie, jeśli nie wyłącznie, w gestii przedsiębiorstw produkcyjnych.

169 Patrz np. http://www.autobild.de/artikel/edag-light-car-in-genf-2009_833566.html [17.08.2009].

170 Zob. np. http://www.golem.de/0906/67826.html [17.08.2009].

Pojawia się teraz pytanie, czy można rozszerzyć uogólnienie na FLOSS, które nie odpowiada tej koncepcji infrastruktury? Pogląd autora jest w zasadzie "tak", o ile koncepcja infrastruktury zostanie rozszerzona. Biorąc pod uwagę argumentację Perensa (2007), który nie klasyfikuje oprogramowania na podstawie typów aplikacji, ale raczej opiera klasyfikację na użyteczności oprogramowania, można również rozszerzyć pojęcie infrastruktury. Według Perensa, oprogramowanie - niezależnie od tego, czy jest wolne czy zastrzeżone - powinno mieć bardzo mały bezpośredni wpływ na sukces firmy. W związku z tym wartość oprogramowania leży przede wszystkim w aplikacji użytkownika. Perens szacuje, że tylko około 10% oprogramowania używanego w firmie odróżnia ją od konkurencji i tym samym wnosi część wartości dodanej. Pozostałe 90 % nie jest zatem zróżnicowane i, jak się tu proponuje, można je uznać za infrastrukturę:

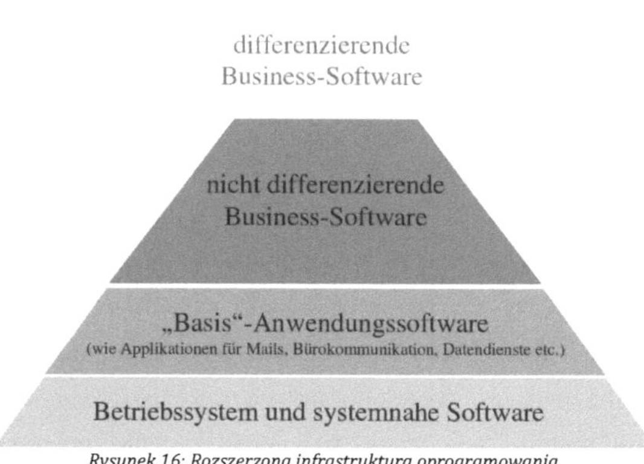

Rysunek 16: Rozszerzona infrastruktura oprogramowania

Rysunek

Rysunek 32 potencjał znaczącej penetracji rynku przez FLOSS jest o wiele większy niż powszechnie zakładano i biorąc pod uwagę pracę wykonaną na

Linuksie, Apache'u, Firefoksie i innych. Podobnie jak firma konsultingowa Forrester, Gartner ma odwagę prognozować w swoim bieżącym opracowaniu "Open Source Software Impact on IT Services Purchasing Patterns, 2008", że do 2012 roku prawie jedna trzecia całkowitych wydatków na IT zostanie wydana na działalność FLOSS. Stwierdzenie to odnosi się również do Europy i Niemiec, jak wynika z niedawnego badania:

> *"Według obu badaczy rynku, wolne aplikacje dla przedsiębiorstw są używane rzadziej, ale wykazują pozytywny trend: Open Source coraz częściej podbija wyższe poziomy w stosie oprogramowania firm. (Diedrich 2009)*

OpenWorldForum, które odbyło się po raz pierwszy w Paryżu w grudniu 2008 r., w swojej mapie drogowej do 2020 r. (Laisné 2008) widzi również przyjęcie oprogramowania przez FLOSS we wszystkich obszarach jako dane

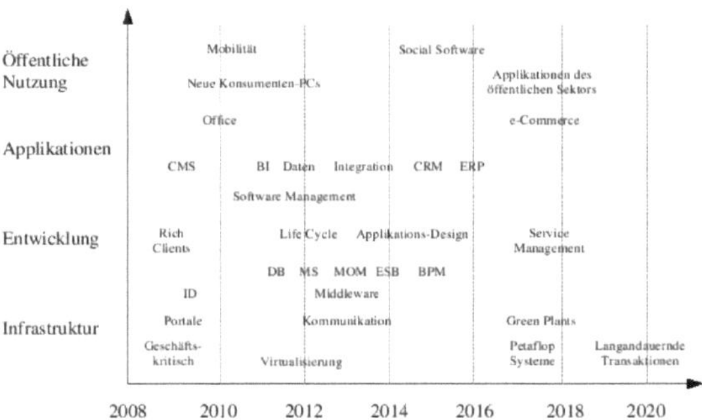

Rysunek 17: Przyjęcie przez FLOSS (po Laisné 2008, s. 9)

(patrz Rys. **Fehler! Verweisquelle konnte nicht gefunden werden.**).

Te stwierdzenia nie są zbyt zaskakujące. Istnieje powszechna zgoda co do tego, *że "FLOSS używa nadrzędnej metody rozwoju oprogramowania w celu zapewnienia tej infrastruktury"* (Lutterbeck 2007, s. 3; patrz również Bauer i Pizka 2005).

Jeśli zdefiniować "infrastrukturę" nie z technicznego, ale z punktu widzenia użyteczności, to potencjał FLOSS w zastosowaniu przedsiębiorczym jest znacznie większy, niż wcześniej przewidywano. Przedstawione w tym opracowaniu wyniki badań nad jądrem Linux mogą być zatem zastosowane do różnych projektów z pewnymi ograniczeniami.

9.2 Rozbudowany model bazaru

W dyskusji na temat udziału firm zorientowanych komercyjnie nie należy zapominać, że z perspektywy projektów open source wkład ten jest również wnoszony dobrowolnie. Oznacza to, że zarówno firmy, jak i osoby prywatne wnoszą ważny dla nich kodeks. Zgodnie z tym, projekty open source nie tyle realizują plan generalny, co raczej rozwijają się w sposób ciągły w sensie mozaiki z poszczególnymi cząstkami. To, co w słowach Raymonda (1999) określane jest jako bazar, jest jednak również zgodne z zasadami wolnego rynku, który rozwija się w oparciu o podaż i popyt, jakby kierowany "niewidzialną ręką" (Smith 1974).

W całej dyskusji na temat modelu rozwoju open source nadal w dużej mierze zakłada się niezależne jednostki. Jak już jednak wspomniano, w dużych projektach osoby fizyczne nie działają tak samodzielnie, lecz działają w imieniu swojego pracodawcy. Wyniki wywiadów pokazują, że zdecydowana większość wkładów firmy nie opiera się na indywidualnej inicjatywie, ale wynika z wewnętrznego planowania projektu. Większość z nich to wymagania wewnętrzne (np. wsparcie dla naszych własnych nowych wersji sprzętu lub oprogramowania), jak również prośby lub komunikaty o błędach od klientów i partnerów. W związku z tym rozwój nie wynika przede wszystkim z potrzeb dewelopera, ale z interesów biznesowych pracodawcy. Jednakże, z pewnością istnieje możliwość wyboru i określenia konkretnej pracy do wykonania przez deweloperów.[171]

Stopień, w jakim poszczególni deweloperzy są w stanie określić swój własny wkład w postaci kodu w odniesieniu do konkretnych umów, zależy w dużej mierze od strategicznego ukierunkowania danej firmy w odniesieniu do oprogramowania open source, jak opisano w sekcji 3.4.3. Firmy, które strategicznie ledwo identyfikują się z oprogramowaniem open source, zazwyczaj dają deweloperom więcej swobody w pracy ze społecznością. Z drugiej strony, firmy, które mają jasną strategię open source, przejęły kontrolę w tym zakresie. Wiedzą o tym wszyscy uczestnicy wywiadu. Konkretnym tematem jest przejście do orientacji strategicznej tylko dla hakera socjalno-romantycznego. Dwie opisane perspektywy - wolność deweloperów i strategia, obie w odniesieniu do open source - znajdują się również w innych opracowaniach: pierwsza została opisana przez Henkla (2009) jako "mistrzowie ujawniania", druga przez Dahlandera i Wallina (2006) z "człowiekiem od środka".

Z punktu widzenia projektów FLOSS istotne jest, czy większość uczestników to wolontariusze czy płatni deweloperzy. Wynika to z badań nad projektami Apacz (Roberts i in. 2006), Gnome (Dahlander i Wallin 2006) i Eclipse (Spaeth i in. 2008). Stwierdzono, że deweloperzy opłacani przez swojego pracodawcę są bardziej aktywni. Fakt ten jest również potwierdzony przez

---

171 W badanych firmach powszechną praktyką jest, że wkłady pożądane przez deweloperów muszą być zapisane w planie i zatwierdzone przez kierownictwo (produktowe). Przedsiębiorstwa te nie posiadały formalnego uregulowania, takiego jak na przykład Google, zgodnie z którym 10 % prac jest dostępnych dla osób wykonujących wolny zawód w ramach projektów open source.

jądro Linux. Przy średnio ponad 1000 zmienionych liniach kodu na komercyjnego dewelopera, w porównaniu z około 650 w sektorze publicznym i prywatnym, można zauważyć uderzającą różnicę.

Udział firmy wpływa również na model rozwoju, szczególnie w zakresie organizacji i koordynacji oraz ról w ramach projektów. Omówiony w dotychczasowej literaturze model open source dobrze wpisuje się w aktualne trendy gospodarcze w tym zakresie[172]. Jak już wyjaśniono w rozdziale 9.1.3 nie należy go zatem uznawać za przypadek szczególny. Model bazaru musi być logicznie dostosowany, przynajmniej częściowo, ze względu na silny udział przedsiębiorstw, a samoorganizacja społeczności musi być kwestionowana. Ważne jest rozważenie ról, które wynikają ze współpracy zatrudnionych programistów w społeczności open source. Do modelu należy również dodać ich motywację do pracy w środowisku open-source, a nie closed-source, oraz konflikty wynikające z tego środowiska. Dyskusja ta zostanie przeprowadzona w kolejnych rozdziałach.

9.2.1 Motywacja komercyjnych programistów FLOSS

O tym, że rozwój FLOSS jest bardziej przyjemny, świadczą między innymi badania przeprowadzone przez Luthiger Stoll (2006). Autor ogranicza się do rozróżnienia na dobrowolnie pracujących programistów FLOSS i zatrudnionych programistów zamkniętych. Jednak grupa płatnych deweloperów FLOSS nie jest adresowana przez Luthiger Stoll.

Tworzenie oprogramowania to zabawa, niezależnie od modelu. Zostało to potwierdzone w wynikach wywiadu przeprowadzonego w ramach tego badania. Większość uczestników uważa, że woleliby rozwijać oprogramowanie w ciągu całego swojego czasu pracy. Dotyczy to w szczególności typu Inżyniera Pragmatycznego. Większość ludzi, którzy

172 Trendy te zostały opisane w poprzednim rozdziale. Z jednej strony obserwuje się rosnącą decentralizację, a z drugiej strony zmniejszenie własności nieruchomości.

przeszli z obszaru zastrzeżonego do Linuksa w firmie i mogą w ten sposób dokonać bezpośredniego porównania, wyraźnie uważa pracę open source za "bardziej przyjemną", bez możliwości dokładniejszego określenia tego. - Jednakże fakt, że jeden rodzaj hedonistycznych programistów nie może być potwierdzony w danych empirycznych tego badania sugeruje, że przyjemność z pracy może być postrzegana w mniejszym stopniu jako czynnik motywujący niż jako czynnik higieniczny. Rozróżnienie między czynnikami motywującymi a higienicznymi sięga dwuczynnikowej teorii Herzberga (1959). Przez czynniki higieniczne rozumie się te warunki, które są zakładane i dlatego nie przyczyniają się do zadowolenia. Ale jeśli ich brakuje, mogą prowadzić do niezadowolenia. Motywatory mają odwrotny efekt: jeśli są obecne, prowadzą do satysfakcji. Jeśli natomiast ich brakuje, to nie musi to powodować niezadowolenia.

Wyniki wywiadu pokazały, że deweloperzy open source nie mogą być rekrutowani wyłącznie ze społeczności, ale że droga wewnętrzna jest - równie praktyczna (patrz przegląd społeczno-demograficzny w Tabeli 8). To również znacznie zmienia dyskusję na temat motywacji. Głównym aspektem, który przyciąga programistów z wieloletnim doświadczeniem w dziedzinie oprogramowania zamkniętego, a w szczególności jądro Linuksa, jest jakość kodu. Pod pojęciem jakości programiści nie rozumieją przede wszystkim stabilności i względnej wolności od błędów systemu operacyjnego - innymi słowy, tego, czym użytkownik jest przede wszystkim zainteresowany. Ważniejsze są projekt i architektura, a także przejrzystość i piękno samego kodu, osiągnięte dzięki jasno określonym i konsekwentnie egzekwowanym standardom kodowania. W tym właśnie miejscu wyraźnie przejawia się etyka zawodowa osób zainteresowanych.

Dyskusja motywacyjna pokazuje, że open source i jądro Linux nie są chaotyczne i są zorganizowane głównie nieformalnie. Fakt, że istnieją nie tylko pisemne i niepisane zasady, ale że są one również egzekwowane wbrew indywidualnym interesom, ma kluczowe znaczenie nie tylko dla jakości oprogramowania, ale również dla motywacji do współpracy. Według respondentów istnieje decydująca różnica pomiędzy egzekwowaniem standardów a rozwojem zamkniętym, gdzie określone i formalnie ustanowione standardy nie są brane pod uwagę ze względu na często krótkoterminowe interesy przedsiębiorstwa. Ten aspekt był do tej pory zaniedbywany w dyskusji na temat FLOSS. Również w tym przypadku oczywiste jest, że organizacja projektów - elastyczność, decentralizacja itp. - może być postrzegana w znacznie mniejszym stopniu jako szczególna cecha modelu rozwoju. Z drugiej strony, jakość kodeksu i metody jego egzekwowania powinny w coraz większym stopniu stać się przedmiotem dyskusji.

9.2.2 Role komercyjne w projektach FLOSS

9.2.2.1 Klasyfikacja typologii w strukturze wspólnotowej

Jak już wspomniano, dla pracowników FLOSS można przyjąć dwa rodzaje ról: "człowiek w środku" (Dahlander i Wallin 2006) oraz "mistrz ujawniania" (Henkel 2009). Przedstawiciele obu koncepcji ról są motywowani z punktu widzenia firmy. Podczas gdy "człowiek od wewnątrz" opiera się na tezie, że firmy mogą przynajmniej częściowo odzyskać kontrolę z powodu braku własności poprzez wywieranie wpływu za pośrednictwem sponsorowanego głównego dewelopera, "mistrz ujawniania" opiera się na teorii głównego agenta i (w zasadzie nie potwierdzonym) założeniu, że zatrudnieni deweloperzy mają wyższe interesy społeczności niż firma. Podczas gdy oba rodzaje ról domyślnie zakładają albo/albo przejście, te dwa rodzaje występują jednocześnie obok siebie w dużych firmach z branży teleinformatycznej badanych w niniejszym badaniu, zarówno w obrębie firm, jak i w niektórych przypadkach w związkach zawodowych.

Role Dahlandera i Wallina oraz Henkla z jednej strony oraz typologię stworzoną w tym opracowaniu z drugiej strony można włączyć do wzorca Nakakoji et al. (2002, patrz rozdział 3.2.1), jak pokazano na rysunku **Fehler!**

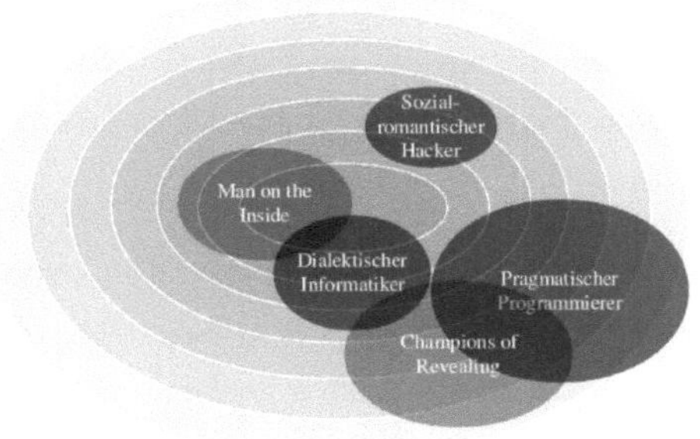

Rysunek 34: Role i typologia komercyjnych programistów FLOSS

Verweisquelle konnte nicht gefunden werden.

Na podstawie wyników wywiadu, rola "człowieka w środku" może być przypisana tylko dwóm osobom. Oba odpowiadają typowi dialektycznego informatyka. Jeden z nich został faktycznie zatrudniony w społeczności, drugi uzyskał to stanowisko dzięki pracy w firmie, pracując "tylko" nad podprojektem. Obydwie role mają tę zaletę, że mają duże możliwości podejmowania decyzji technicznych wewnętrznie i mogą również wykorzystać swój czas pracy do realizacji zadań społecznych. Oznacza to jednak, że oni sami mogą napisać bardzo mało kodu, właśnie z tego powodu i z powodu zwiększonych zadań administracyjnych i zarządczych. Ze względu na ich sieciowe i strategiczne znaczenie, pracownicy ci są trudni do zastąpienia i tym samym uzyskania pewnej pozycji władzy w firmie. - Szczególną pozycję zajmują ci deweloperzy, którzy są hierarchicznie uszeregowani bezpośrednio pod Linusem Torvaldsem i którzy prawie bez wyjątku byli zatrudnieni przez firmy. Są wśród nich ludzie tacy jak Alan Cox (Red Hat), Greg Kroah-Hartman (Novell/Suse) i Andrew Morton (Google). Mogą oni wykonywać swoje obowiązki społeczne w dużej mierze niezależnie od pracodawcy i zostali zatrudnieni przede wszystkim do realizacji projektów ważnych dla firmy, które bez ich zaangażowania prawdopodobnie nie zostałyby zrealizowane wcale lub zostałyby zrealizowane powoli. Ponadto, ich zatrudnienie ma pozytywny wpływ na reputację danej firmy.

Dialektyczni informatycy różnią się w jednym ważnym punkcie od roli typu "człowiek w środku". Działają oni nie tylko strategicznie jako organ kontrolny firmy, ale także dialektycznie w nowoczesnym sensie, tzn. starają się odkryć sprzeczności między społecznością a firmą i wyeliminować je. Ich znaczenie wykracza daleko poza rozumienie projektu przez Dahlandera i Wallina, ponieważ nie tylko starają się oni uzyskać kontrolę nad projektem w możliwych ramach, ale także wywierają wpływ zarówno w firmie, jak i w społeczności. W ten sposób obie mogą jeszcze bardziej zbliżyć się do siebie. Chociaż działają w interesie swojego pracodawcy, ich działania są trwałe i dlatego można je zlecić ponad firmą.

Więcej kodu niż dialektyczny informatyk, "mistrzowie ujawniania" mogą przyczynić się do powstania jądra. W rozumieniu Henkla (2009) oznacza to tych programistów w firmie, którzy mogą decydować, przynajmniej nieoficjalnie, jaki kod może być zawarty w projekcie open source. Takie stanowisko może być postrzegane jako oznaka zaufania w firmie, ponieważ błędne decyzje nie mogą zostać cofnięte lub skorygowane z powodu warunków licencji. Rola ta niekoniecznie musi być odzwierciedlona w społeczności, ale zakłada ona, że oprócz lojalnego zachowania firmy, istnieje również znajomość społeczności FLOSS. Henkel dostrzega w tych osobach trudny, aczkolwiek nierozwiązywalny problem, gdyż często odczuwają one zaangażowanie zarówno w sprawy firmy, jak i społeczności lokalnej, w związku z czym istnieje ryzyko, że będą przedkładać interesy firmy nad interesy społeczności lokalnej (zob. również Rossi i Bonaccorsi 2006). Rola ta znajduje odzwierciedlenie w wywiadach przeprowadzonych w typach Dialektical Computer Scientist oraz Pragmatic Engineer. Są to przeważnie ludzie pełniący funkcję wewnętrznego przywódcy drużyny, co można porównać do "poruczników" (Moody 2001) społeczności. Nierzadko w tym samym czasie ponoszą oni również odpowiedzialność za pakiety w jądrze Linuksa, choć jest to zazwyczaj obszar, o który dbają głównie we własnej firmie (np. wsparcie dla własnego sprzętu). Chociaż pracodawca musi polegać na lojalności swojego pracownika, ten z kolei nie ma wystarczająco silnej pozycji (zarówno w społeczności, jak i w firmie), aby wewnętrznie sprawować władzę. Większe zaangażowanie w odpowiedzialność korporacyjną poprzez funkcję kierownika zespołu może być dla firm świadomym sposobem wpływania na konflikt główny-agent na rzecz ich własnej działalności.

Na podstawie podanych powyżej wyjaśnień powinno stać się jasne, że dialektyczny informatyk wykracza daleko poza znaczenie "mistrzów ujawniania". Inżynier Pragmatyk najprawdopodobniej najbardziej odpowiada roli opisanej przez Henkla w fazie zaawansowanej, tj. w przejściu do Dialektycznego Informatyka. W przeciwnym razie, ten pragmatyczny inżynier, przedstawiany tutaj jako "prosty" deweloper, jest w dużej mierze zaniedbywany w dyskusji. Z jednej strony, może to wynikać z faktu, że są one uważane za mniej interesujące. Z drugiej strony, można sobie wyobrazić, że ze względu na ich niską aktywność w społeczności - z wyjątkiem wkładów kodowych - nie są oni bardzo aktywni i nie odpowiadają na zapytania internetowe. W związku z tym, że niniejsze badanie zostało przeprowadzone za pośrednictwem przedsiębiorstw, grupa ta mogłaby zostać w szczególności uwzględniona. Można założyć, że grupa rekrutowana z typu Pragmatic Engineer ma największy udział płatnych deweloperów pod względem ilościowym, nawet jeśli wybrane podejście nie pozwala na wiarygodne wnioski. Ponieważ nie są one szczególnie aktywne w sieci, w mniejszym stopniu identyfikują się z filozofią ruchu FLOSS i w przeważającej mierze reprezentują interesy firm, nie mają one ani strategicznego znaczenia, ani nie stwarzają ryzyka konfliktu interesów głównych agentów. Osoby te są wymienne i definiują siebie przede wszystkim poprzez swoje umiejętności programowania. Są one jednak niezwykle ważne dla firm, ponieważ piszą dużą część kodu, który jest istotny dla ich własnego modelu biznesowego.

Jak wspomina Henkel w swoich wnioskach, konflikt główny-agent nie istnieje wyłącznie poprzez znajomość wspólnoty. Według Henkla, problemy firm w tym zakresie pojawiają się tylko w wyniku utożsamiania się z ideologią FLOSS. Stwierdzenie to sugeruje, że typ hakera socjalno-romantycznego w dużej mierze odpowiada "mistrzowi ujawniania" i że musiałyby z nim powstać poważne konflikty. Nie można jednak potwierdzić tego założenia. Jeden z badanych w tej pracy przypadków w dużej mierze przeniósł sytuacje konfliktowe do jego życia prywatnego. Na podstawie jego wypowiedzi zakłada się, że jego firma dostosowała już swoją organizację wewnętrzną do tego stopnia, że nie mogą wystąpić żadne konflikty dyrektor-agent.[173]

173 Przykład prototypu, opisany w punkcie 8.5.1 wyraźnie pokazał, że nie jest on dokładnie korzystny dla pracownika typu socjalno-romantycznego hakera.

Opracowana w niniejszym opracowaniu typologia nie tylko podsumowuje (strategiczne) role twórców FLOSS w środowisku komercyjnym, które zostały wypracowane w dotychczasowej debacie naukowej, ale z jednej strony rozszerza je o aspekt pragmatyczny. Z drugiej strony, typologia może dostarczyć kompleksowego obrazu pracy komercyjnej nad jądrem Linuksa. Wyniki niniejszego badania sugerują również, że firmy mają o wiele mniejszy strategiczny wpływ na społeczność FLOSS poprzez politykę personalną, niż zakłada wiele osób. Fakt, że jądro Linuksa i inne projekty są napędzane głównie przez napisany kod, znajduje odzwierciedlenie w badanych firmach. Wpływa na to głównie ilość i rodzaj wniesionego kodu. Dlatego też nie należy lekceważyć roli pragmatycznego programisty, ponieważ jego wkład jest w dużej mierze zdeterminowany przez wewnętrzne planowanie i w związku z tym w dużej mierze odpowiada znanemu wytwarzaniu oprogramowania własnościowego. Niemniej jednak potrzebny jest również informatyk dialektyczny, właśnie dlatego, że pragmatyczny programista tylko w ograniczonym stopniu czuje się w społeczności jak u siebie w domu i w związku z tym otrzymuje niezbędne wsparcie w sensie środków towarzyszących.

9.2.2.2 Interakcje dla typów

Wykres wyprowadzony we wnioskach dotyczących interakcji w przypadku uczestnictwa w open source może być dostosowany na podstawie wyników wywiadu i z uwzględnieniem trzech zdefiniowanych typów, jak pokazano na rysunku **Fehler! Verweisquelle konnte nicht gefunden werden.**

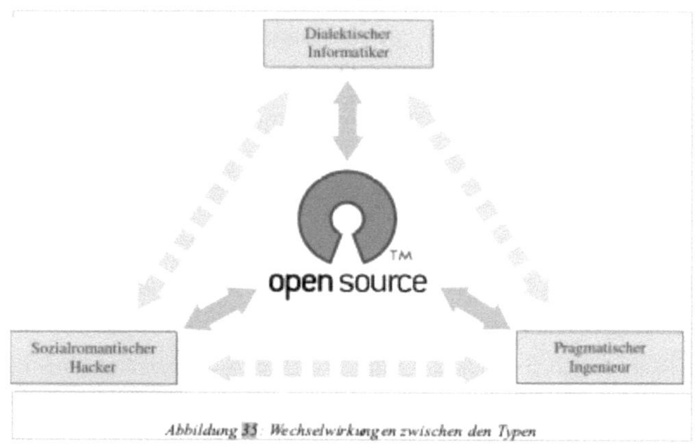

Abbildung 33: Wechselwirkungen zwischen den Typen

Społeczno-romantyczny haker ma wpływ na społeczność open source w takim stopniu, w jakim przekazuje ideologię leżącą u podstaw tego ruchu, a tym samym zapewnia, że społeczność pozostaje nienaruszona. Jeśli społeczność odejdzie od ideologii, współpraca może stać się nieciekawa dla socjalno-romantycznego hakera. Zapewnia jednak również, jak zauważyli Rossi i Bonaccorsi (2006 r.) (i jak już wspomniano w sekcji 3.4.4), wprowadzenie do przedsiębiorstwa elementu społecznego otwartego oprogramowania. Jednak, jak stwierdził również Henkel (2009), jest to wyjątek i jest bardziej prawdopodobne, że znajdzie się on w małych i średnich przedsiębiorstwach typu open source. W dużych firmach, jak sugerują również wyniki wywiadu, wpływ hakerów społecznoromantycznych jest marginalny.

Ten pragmatyczny inżynier ma bezpośredni wpływ na open source tylko poprzez kod pisany, ponieważ w przeciwnym razie ma niewielkie zaangażowanie w społeczność i nie podziela ideologii. Niemniej jednak, jego wkład w kodeks oraz faktyczne, profesjonalne zachowanie jego pracowników mają wpływ, którego nie należy lekceważyć. Dzieje się tak, ponieważ, jak wyjaśnia ewolucyjny model decyzyjny (patrz Rysunek

Rysunek 30), obecne zachowanie wpływa na przyszłe wartości i normy społeczności poprzez pętlę sprzężenia zwrotnego. Dla firmy ten pragmatyczny inżynier jest normalnym programistą, ponieważ znajduje się również w projektach zamkniętych. Mało uwagi poświęca socjo-romantycznemu hakerowi, gdyż w dużej mierze jest mu obcy. Kiedy społeczność odchodzi od ideologii pod wpływem Pragmatycznych Inżynierów, socjalno-romantyczny haker odwraca się od open source lub szuka społeczności bardziej zgodnej z jego postawą.

Wreszcie, dialektyczny informatyk działa jako mediator między społecznością a firmą, a w tym względzie również między społecznością a pragmatycznym inżynierem lub między firmą a społecznoromantycznym hakerem. W ten sposób zmienia zarówno społeczność, jak i firmę i wpływa bezpośrednio na pragmatycznego inżyniera, hakera socjalno-romantycznego, raczej pośrednio.

Podczas gdy Dahlander i Wallin (2006) i Henkel (2009) koncentrują się na bezpośrednim wpływie płatnych deweloperów na społeczność, Dahlander i Magnusson (2006) oraz Rossi i Bonaccorsi (2006) bardziej zajmują się pośrednim wpływem na społeczność i firmy poprzez deweloperów. Jednak żadne z nich nie odnosi się do tego, że wpływ na nie zmienia całego systemu, a tym samym wpływa na inne zaangażowane strony. Ewolucyjny model decyzyjny sugeruje zatem, że strategia i wynikające z niej zachowania przedsiębiorstw mają trwały wpływ na normy i wartości społeczności. Jak wykazały różne badania (West i O'Mahony 2005; Dahlander i Magnusson 2006; Spaeth i in. 2008), projekty open source, które są zbyt silnie zdominowane przez jedną firmę, mają problem z przyciągnięciem wolontariuszy. Pomimo dominującego zaangażowania korporacji w jądro Linux, jedną z mocnych stron projektu jest to, że wciąż jest wielu wolontariuszy, którzy wspierają projekt w wolnym czasie. Z jednej strony, w ten sposób szybko rozwiązuje się prawdziwe problemy, którym poświęca się mniej uwagi w środowisku komercyjnym. Z drugiej strony, jest to jedyny sposób, aby zająć się pulą wiedzy, która w przeciwnym razie zostałaby zaprzepaszczona na rzecz tych projektów.

9.2.2.3 Jak różne rodzaje deweloperów radzą sobie z konfliktami

Twórcy otwartego oprogramowania w środowisku komercyjnym napotykają na kilka specyficznych problemów, które bezpośrednio wpływają na sposób ich pracy. Problemy te są różnie postrzegane, a poszczególne typy opracowały różne strategie radzenia sobie z nimi. W szczególności, w wywiadach uwzględniono cztery obszary problemowe (patrz tabela 10).

Kompleksowe planowanie
Ograniczenia prawne
Konflikty interesów
Komunikacja ze społecznością

Tabela 10: Obszary problemowe twórców open source w dużych firmach IT

Złożone planowanie: Proces planowania w środowisku Linux jest niezwykle złożony, ponieważ twórca kodu zazwyczaj nie jest jego dystrybutorem. W związku z[174] tym dystrybutorzy muszą uzgodnić wewnętrzne plany kilku niezależnie działających partnerów, nie mając przy tym wszystkich stron przy jednym stole.[175] Z jednej strony oznacza to, że producenci oprogramowania i sprzętu obsługują tylko jedną lub co najwyżej dwie dystrybucje. Z drugiej[176] strony, dwaj najwięksi dystrybutorzy, Red Hat i

174 Na przykład IBM, w przeciwieństwie do Oracle, z powodów strategicznych wyraźnie zdecydował się nie dodawać do portfolio swojej własnej dystrybucji Linuksa.

175 Bardziej szczegółowy opis znajduje się poniżej.

176 To z kolei prowadzi do blokady, która ma być wyeliminowana za pomocą FLOSS. Ponieważ jednak odnosi się to tylko do dystrybucji, która zazwyczaj jest bezpłatna, nadal istnieje konkurencja, choć ograniczona, poprzez obszar wsparcia. Z drugiej strony, bardzo trudno jest nowej dystrybucji zdobyć

Suse, nieoficjalnie uzgodnili wydawanie swoich produktów w różnych okresach. W[177] konsekwencji nastąpił podział zadań w firmach, które wspierają Linuksa siłą roboczą na większą skalę. Deweloper jest w dużej mierze zwolniony z obowiązku faktycznej koordynacji terminów, ponieważ leży to w gestii planistów i koordynatorów. W ostatnim przypadku deweloper nadal odczuwa konflikty terminowe i musi je rozwiązać w swojej pracy. Ale on nie jest za to odpowiedzialny.

Podczas gdy pragmatyczny inżynier stara się przekazać problemy z terminami do góry, informatyk dialektyczny często przyjmuje pozycję mediatora i szuka konkretnych rozwiązań. Wynika to również z faktu, że zazwyczaj ponosi on większą odpowiedzialność w tym zakresie na swoim wewnętrznym stanowisku w firmie. Należy zauważyć, że oba typy postrzegają planowanie jako zło konieczne, ale znalazły zadowalający alternatywny sposób działania. Wreszcie, socjo-romantyczny haker jest mniej zainteresowany wewnętrznymi spotkaniami w firmie. Fakt, że mimo to jest on zaangażowany w planowanie wewnętrzne, a więc musi zaakceptować straty jakościowe i w ten sposób złamać zasadę wspólnoty, prowadzi do wewnętrznego napięcia w nim.

Ograniczenia prawne: Wszystkie firmy w tym otoczeniu zobowiązały się do stosowania oprogramowania open source, ale w różnym stopniu. W rezultacie, chęć ujawnienia i wydania kodu nadal się różni. W związku z tym zasady i procesy wydawania kodu znajdują się nadal na bardzo różnych etapach rozwoju. Jednakże w tym zakresie można w każdym przypadku dążyć do rozwoju w kierunku standaryzacji.

---

oparcie w biznesie - jest to okoliczność, która dotyczy również Ubuntu, dystrybucji o bardzo dużym zapleczu finansowym. Chociaż jest to bardzo rozpowszechnione, często nie jest jeszcze certyfikowane na serwerach przez dostawcę sprzętu.

177 Ten układ nie był całkowicie dobrowolny. Jeśli oba dystrybucje planują duże wydanie w mniej więcej tym samym czasie, oznacza to, że partnerzy, którzy zawarli umowy na oba dystrybucje, muszą zrobić duże wydanie w tym samym czasie. W rezultacie wielokrotnie prowadziło to do przesuwania terminów, co wywierało presję na dystrybucję przez zainteresowanych partnerów, aby planować ich publikacje z opóźnieniem.

W szczególności, spółki bardzo ostrożnie podchodzą do ujawniania informacji, które są przeznaczone wyłącznie do użytku wewnętrznego. Dla producentów sprzętu, na przykład, są to specyfikacje sprzętu, dla producentów oprogramowania są to konkretne algorytmy. Dla deweloperów oznacza to, że muszą oni sprawdzać swój kod na własną odpowiedzialność w tym zakresie, ponieważ nie istnieje żadna instancja, która sprawdza napisany kod ponownie przed jego wydaniem. W przypadku wątpliwości, istnieje możliwość zwrócenia się do działu prawnego.

Innym prawnym ograniczeniem jest to, że firmy zastrzegają sobie prawo do opatentowania funkcjonalności lub utrzymania jej w tajemnicy, jeśli wydaje się to właściwe z biznesowego punktu widzenia. W praktyce problem ten jest jednak zredukowany, ponieważ dotyczy to tylko funkcjonalności, która musi zostać przepisana. Codzienna praca polega głównie na dostosowywaniu lub korygowaniu istniejącego kodu.

Podczas gdy punkty opisane powyżej są postrzegane przez wszystkie trzy rodzaje, ale nie są postrzegane jako konkretna przeszkoda w pracy, sytuacja jest inna w przypadku aspektów odpowiedzialności. Ten pragmatyczny inżynier widzi siebie zwolnionego z odpowiedzialności na podstawie swojej umowy o pracę i nie omawia tego dalej. Z kolei informatyk dialektyczny widzi siebie w swojej pracy upośledzonego, ponieważ nie może działać zgodnie z procesami wspólnotowymi.

Społeczno-romantyczny haker stawia się po stronie Fundacji Wolnego Oprogramowania w kwestiach prawnych. Chciałby znieść patenty, a najlepiej udostępnić wszystkie informacje za darmo. W swojej codziennej pracy może w dużej mierze pogodzić się z tym, że jego firma zazwyczaj upiera się przy odmiennym stanowisku.

Konflikty interesów: Reprezentowanie interesów korporacyjnych w społeczności jest niepopularne i raczej przynosi efekt przeciwny do zamierzonego, zwłaszcza jeśli chodzi o wprowadzenie kodu do jądra w pożądanej formie. Społeczność jądra Linuksa jest w rzeczywistości w dużej mierze odporna na argumenty handlowe. Liczą się tylko aspekty techniczne. Jednakże, przejmując funkcję opiekuna w społeczności, można wywierać wpływ w interesie firmy, co jest również widoczne w wynikach wywiadu.

Ten pragmatyczny inżynier reprezentuje interesy swojego pracodawcy, ale ma świadomość, że nie może tego reprezentować w społeczeństwie. Widzi zatem swoją zdolność do reprezentowania swoich interesów głównie w uporczywości, gdy jego propozycje nie są szybko przyjmowane i w obiektywnej argumentacji, nawet gdy otrzymuje osobiste uwagi. Ponieważ on sam nie musi radzić sobie z konfliktami, które wynikają z tej postawy, nie mają one dla niego większego znaczenia. Poprzez swoje mediacyjne i strategiczne myślenie, dialektyczny informatyk stara się unikać konfliktów interesów. Widzi też współpracę ze społecznością jako inwestycję w pozycję władzy. Ze względu na merytokratyczny charakter wspólnoty w odniesieniu do wcześniejszych osiągnięć, przyszłe interesy mogą być silniej reprezentowane. Wreszcie, socjo-romantyczny haker reprezentuje interesy społeczności open source i ma problemy z zaakceptowaniem interesów firmy, które są sprzeczne z jego osobistymi przekonaniami.

Komunikacja ze społecznością: Komunikacja jest postrzegana przez większość uczestników wywiadu jako jedna z głównych różnic pomiędzy oprogramowaniem open source i zamkniętym. Z jednej strony należy zwrócić uwagę na to, jakie informacje są ujawniane, które są przeznaczone wyłącznie do użytku wewnętrznego. Ponadto, deweloperzy mają świadomość, że reprezentują swoją firmę w społeczności i dlatego wymagany jest profesjonalny styl. Z drugiej strony, rozmówcy muszą być w stanie zaakceptować, że decyzje nie są podejmowane na podstawie stanowisk władzy, ale są omawiane obiektywnie.[178]

Pragmatyczny inżynier stwierdza, że styl komunikacji, szczególnie w społeczności jądra Linuxa, jest czasem osobiście obraźliwy i hamujący. Chciałby skrócić proces podejmowania decyzji poprzez postawienie stopy w dół, ale akceptuje zasady gry, które w jego oczach wymagają takich cech jak "otwartość", "wytrwałość" i "gruba skóra". Dla informatyka dialektycznego, omawianie decyzji merytorycznych jest sposobem działania w charakterze mediatora. Styl szczotki nie jest przez niego dalej omawiany, ale stara się dawać przykład i oddzielać osobiste uczucia od faktycznych argumentów. Wreszcie, socjo-romantyczny haker czuje się dobrze w społeczności i nie ma problemów z ewentualnymi językowymi ekscesami.

Co więcej, spotkania wewnętrzne są ważną kwestią w zakresie komunikacji. Spotkania są uważane za niepokojące przez wszystkie rodzaje i zazwyczaj są zbyt częste. Pragmatyczny inżynier stara się trzymać jak najdalej od formalnych spotkań, które często służą bardziej celom organizacyjnym niż wyjaśnieniu konkretnych problemów. Pierwszeństwo przyznaje się spotkaniom ad hoc w sprawach technicznych. Podczas formalnych spotkań ma tendencję do bycia biernym i dlatego postrzega je jako jednokierunkową komunikację. Dla informatyka dialektycznego spotkania są w dużej mierze środkiem do osiągnięcia celu i dostosowuje się on do standardów odpowiednich komitetów (np. prezentacje PowerPoint w obszarze zarządzania). Jest ona aktywna i stara się znaleźć rozwiązania oparte na konsensusie. Wreszcie, socjo-romantyczny haker postrzega spotkania bardziej jako forum do dyskusji. Ma kłopoty z różnicami w hierarchicznej władzy na spotkaniach i zachowuje się w nich raczej biernie. Woli komunikować się w sytuacjach osobistych lub poprzez bardziej bezosobową

178 Komunikacja we wspólnocie odpowiada zatem bardziej oddolnej demokratycznej dyskusji niż hierarchicznemu procesowi decyzyjnemu. Deweloperzy często stają w obliczu konfliktu, który zmusza ich do wprowadzania hierarchicznych decyzji podejmowanych w firmie na ścieżkę dyskusji do społeczności.

wersję pisemną.

9.2.2.4 Przejścia typów

W przeciwieństwie do wyników Dahlander and Wallin (2006) i Henkel (2009), wyniki wywiadu pokazują przejścia w typach. Można

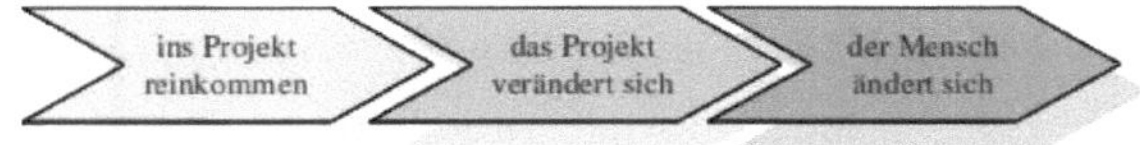

Rysunek 18: Zmiany w działalności Linuksa w firmach

zidentyfikować trzy różne przejścia: po pierwsze, kiedy pracownik rozpoczyna pracę w systemie Linux; po drugie, kiedy praca w środowisku Linux zmienia się w firmie (patrz rozdział 3.4.3), oraz po trzecie, wynagradzany programista Linuksa również widzi siebie w procesie dojrzewania (patrz Rys.

Rysunek 36).

Wejdź do projektu: Jedną z często wymienianych w literaturze motywów zaangażowania w oprogramowanie open source są możliwości przyszłej kariery (Lerner i Tyrol 2001; Lakhani i Wolf 2003; Ghosh i in. 2002). Jest zatem oczywiste, że twórcy jądra Linux są rekrutowani ze społeczności. Tak było rzeczywiście w przypadku dwóch z siedemnastu respondentów, ale stało się to jakiś czas temu (odpowiednio w 1999 i 2001 roku). Podczas gdy z jednym z uczestników skontaktowano się w masowej poczcie elektronicznej, drugi otrzymał indywidualną prośbę ze względu na swoje konkretne doświadczenie i pozycję w społeczności - jest opiekunem w ważnym dla firmy rekrutacyjnej obszarze. Fakt, że rekrutacja ze społeczności nie miała miejsca w późniejszych latach wśród uczestników rozmowy kwalifikacyjnej, może wynikać z faktu, że większość deweloperów jest obecnie zatrudniona przez firmę. Trudno byłoby zatem nawiązać bezpośredni kontakt z tymi pracownikami ze względu na ewentualną kontrrekrutację i z powodów konkurencyjnych.

Jeśli programiści pracowali już w innej firmie zanim zostali zatrudnieni - w końcu prawie jedna trzecia ankietowanych - to bez wyjątku byli już związani z Linuksem w swoich poprzednich pracach. We wszystkich z nich zmiana została zainicjowana przez pracowników. W związku z tym nie ma dowodów na to, że deweloperzy zostali zatrudnieni bezpośrednio z powodu ich znaczenia w społeczności.

Pozostają dwa punkty wejścia do płatnej pracy w Linuksie: z jednej strony, czterech uczestników wywiadu przeszło od projektu zamkniętego do Linuksa w firmie, a inicjatywa we wszystkich czterech przypadkach pochodziła od pracownika. Z drugiej strony, istnieje możliwość dołączenia jako deweloper Linuksa bezpośrednio po ukończeniu studiów. Miało to miejsce w przypadku ponad jednej trzeciej próby, ale wyniki w zakresie rozwoju we Wspólnocie były decydującym kryterium przy rekrutacji tylko jednej osoby. Niemniej jednak, wydaje się prawdopodobne, że inwestycja w oprogramowanie open source w okresie objętym badaniem może się dobrze zwrócić. Inwestycja ta odbywa się obecnie na zasadach prywatnych, z jednej strony, a z drugiej strony poprzez przygotowywanie prac semestralnych i końcowych. Szerokie włączenie tematu open source do materiałów dydaktycznych sprawia, że wydaje się to uzasadnione.

Zmienia się sam projekt: Na początku działalności firmy open source, struktura organizacyjna i procesy nie są jeszcze dostosowane. Odpowiedni wydział cieszy się dużą swobodą w organizowaniu pracy, ma płaską hierarchię i jest na ogół bardzo kolegialny i charakteryzuje się dużą dozą idealizmu. Głównym zadaniem rozwoju jądra Linuksa jest wprowadzenie po raz pierwszy własnego obszaru biznesowego do jądra, a zatem oznacza to wiele pracy badawczej.

Wraz z rosnącym znaczeniem oprogramowania open source dla firm, któremu towarzyszy większa baza klientów w tym obszarze, procesy są również standaryzowane, a obszar ten staje się coraz bardziej ustrukturyzowany i hierarchiczny. Na razie procesy sprawdzone w firmie są przyjmowane i - w razie potrzeby - dostosowywane do pracy w społeczności. Deweloperzy coraz częściej stykają się z wymaganiami menedżerów produktów i klientów, dla których trzeba naprawić błędy lub którzy chcą nowej funkcjonalności. Konkretna działalność deweloperów jądra Linuksa odpowiada w tej formie klasycznej działalności deweloperskiej, jak to ma miejsce również w rozwoju oprogramowania zamkniętego.

Wraz z rosnącym znaczeniem strategicznym firmy są gotowe do kwestionowania swoich wewnętrznych procesów i struktur. Istnieje również zbliżenie ze społecznością open source, ale zawsze z celem firmy w centrum uwagi. Obecnie, rozwój jądra Linuksa coraz częściej poszukuje strategicznie myślących informatyków, którzy rozumieją, jak połączyć oba światy tak bezstronnie, jak to możliwe.

Ludzie się zmieniają: Większość osób, z którymi przeprowadzono rozmowy, była silnie zmotywowana wewnętrznie na początku swojej pracy w sektorze open source. Nie było to czynnikiem zakłócającym we wczesnej fazie działalności firmy w zakresie open source, ale było nawet pożądane, ponieważ ruch open source w firmie rozpoczął się dopiero z niezbędnym entuzjazmem. Coraz częściej jednak praca była standaryzowana, a procesy w całej firmie w dużej mierze zintegrowane. Wielu programistów przeszło przez ten proces, który może być postrzegany jako normalny proces rozwoju. Przez lata deweloperzy osiedlili się i założyli rodzinę. Radość z pracy została uzupełniona o potrzebę bezpieczeństwa i wystarczająco wysokich dochodów. Ten pragmatyzm dobrze wpisywał się w wewnętrzną profesjonalizację rozwoju open source.

Niektóre osoby, głównie niezależne prywatnie, zachowały swój entuzjazm, ale potrafiły dostosować się do rosnącej profesjonalizacji. Swoje zadania widzą przede wszystkim w dalszym zbliżaniu tych dwóch światów.

9.2.3 Zabezpieczona umownie samoorganizacja

Cztery cechy systemu samoorganizującego opisane w rozdziale 3.2.1 - złożoność, samodzielność, nadmiarowość i autonomia - odnoszą się zasadniczo do jądra Linux. Podczas gdy złożoność systemu jest prawdopodobnie bezsporna, pozostałe trzy cechy muszą być ograniczone ze względu na wyniki wywiadu. Odnoszą się one w mniejszym stopniu do prac technicznych, a w większym do koordynacji. Ograniczenia te znajdują odzwierciedlenie w sposobie, w jaki firmy zaangażowane w jądro Linux zorganizowały się wewnętrznie.

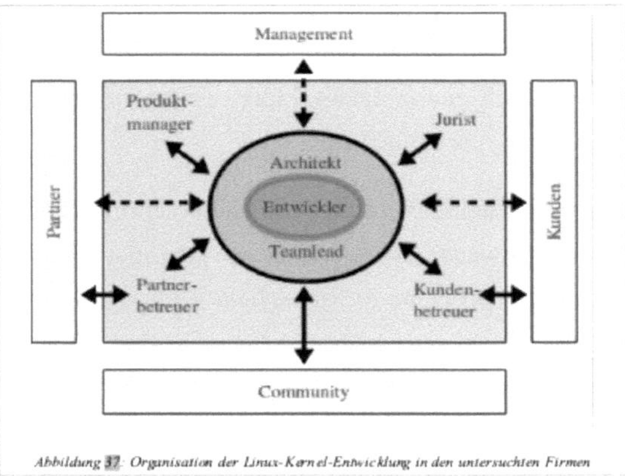

Abbildung 37: Organisation der Linux-Kernel-Entwicklung in den untersuchten Firmen

Jak widać na rysunku **Fehler! Verweisquelle konnte nicht gefunden werden.**, role kształtujące i organizujące są wyraźnie rozdzielone. Część czerwoną należy rozumieć jako obszar wewnątrz firmy, który można przypisać do rzeczywistego systemu jądra Linux. To głównie tam, gdzie odbywa się projektowanie, ale także w mniejszym stopniu organizacja i zarządzanie. Zaznaczone na niebiesko pole zawiera role wewnętrzne firmy, które nie oddziałują już bezpośrednio z jądrem Linuksa, ale zamiast tego robią to głównie poprzez programistów ze względu na regulacje organizacyjne. Zasadą jest, że deweloperzy mogą rozmawiać tylko o sprawach technicznych - chyba że są one tajne. Wszystkie procesy planowania i zorientowane na produkt muszą być realizowane za pośrednictwem tej linii. Widać[179] już tutaj, że samokonferencje, nadmiarowość i autonomia nie są już całkowicie zapewnione w jądrze Linuksa.

Ponadto wpływ wywierany jest pośrednio przez partnerów i klientów, tj. jednostki organizacyjne znajdujące się poza przedsiębiorstwem. Centralną rolę odgrywają dystrybutorzy[180], którzy działają jako swego rodzaju centrala dla wszystkich zainteresowanych kernelem Linux. Dystrybutor jest powiązany z partnerami i klientami poprzez indywidualne umowy. Interesujące jest to, że planowanie i koordynacja nie odbywa się przy okrągłym stole, ale że dystrybutor uniezależnia od siebie planowanie z każdym z poszczególnych partnerów, między innymi dlatego, że ustalenia umowne nie są ujawniane. Z punktu widzenia umowy (patrz rys. **Fehler! Verweisquelle konnte nicht gefunden werden.**) relacja ta jest zatem relacją dwukierunkową pomiędzy dystrybutorem a partnerem.[181] Zmiany w

179 Co ciekawe, badane firmy zorganizowały się w podobny sposób, co wynika głównie z dojrzałości procesu open source (patrz rozdział 3.4.3). Charakterystyczne dla wszystkich firm jest również to, że do pewnego stopnia odizolowały one obszar Linuxa. Po pierwsze, są ku temu powody prawne: Jest to najprostszy sposób na zapewnienie, że żaden zastrzeżony kod nie zostanie włączony do projektu FLOSS i na odwrót. Z drugiej strony, możliwe jest również włączenie zasad pracy społecznej do własnej organizacji, upraszczając w ten sposób współpracę deweloperów bez "infiltracji" całej firmy. Praktyka ta sprawdziła się również po stronie użytkownika, jak pokazuje przykład niemieckiego Ministerstwa Spraw Zagranicznych (Auener 2008).

180 Sprzedawcy sprzętu i oprogramowania zazwyczaj dostarczają swój kod bezpośrednio do repozytorium jądra, niezależnie od dystrybutorów. Ponieważ zmiany docierają do klientów tylko za pośrednictwem dystrybutorów, a dystrybutorzy nie aktualizują jądra całkowicie regularnie ze względów stabilności, zmiany muszą być dodawane do jądra (tzw. backport), co jest bardzo kosztowne.

181 Działa to również wtedy, gdy dwóch partnerów dystrybutora jest z kolei powiązanych umownie. Również w tym przypadku żadna informacja o dystrybutorze nie jest wymieniana w relacji

planowaniu - np. z powodu opóźnienia w dostawie przez jednego partnera - są koordynowane indywidualnie ze wszystkimi pozostałymi partnerami. Może to skutkować nowymi opóźnieniami, które z kolei muszą być uzgadniane indywidualnie z wszystkimi partnerami. W związku z tym zarządzanie planami dotyczącymi odpowiednich stanowisk u dystrybutorów jest bardzo złożonym wyzwaniem.

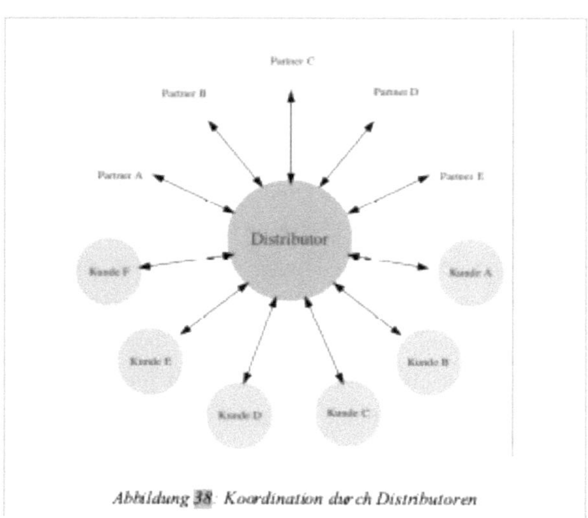

Abbildung 38: Koordination durch Distributoren

Ale również dostawcy sprzętu i oprogramowania są kwestionowane w planowaniu. Jako logiczna konsekwencja, zwykle poświadczają one tylko dwa dystrybucje. Zazwyczaj są to Red Hat i Suse. Redukcja ta wynika z faktu, że planowanie z dystrybucją, jak właśnie wyjaśniono, jest bardzo złożone. Złożoność rośnie wykładniczo z każdą dodatkową dystrybucją, ponieważ dystrybutorzy działają jako konkurenci na rynku i dlatego nie ma między nimi koordynacji. Ze[182] względu na ustalenia umowne dystrybutorzy muszą

---

trójstronnej, ale zawsze tylko w relacji dwustronnej zabezpieczonej umową.

182 Jak wspomniano wcześniej, wyjątkiem jest fakt, że dwaj dystrybutorzy nieformalnie koordynowali

z jednej strony uważać, aby nie przekazywać innym partnerom żadnych wewnętrznych informacji handlowych partnerów, które są wymieniane na podstawie umowy o zachowaniu poufności (ang. Non Disclosure Agreement). I odwrotnie, sprzedawcy sprzętu i oprogramowania muszą uważać, aby nie przekazywać żadnych wewnętrznych informacji od jednego dystrybutora do drugiego lub do swoich własnych klientów. Większe firmy zareagowały na ten problem, tworząc koordynatorów i zespoły, które są w - dużej mierze niezależne od siebie i pracują wyłącznie z danym partnerem, czy to dystrybutorem, czy sprzedawcą sprzętu lub oprogramowania. Dużym wyzwaniem jest koordynacja różnych planów[183] i zależności oraz dbanie o własne interesy. Z jednej strony wymaga to wielkich umiejętności negocjacyjnych, a z drugiej strony umiejętności empatii ze stroną partnerską, aby na wszelki wypadek móc dostosować własne planowanie.

Podsumowując, stało się jasne, że projekt jądra Linuxa w węższym znaczeniu tego słowa może być opisany jako system samoorganizujący się. Jeśli jednak system jest postrzegany bardziej holistycznie, w tym ekosystem z dystrybutorami oraz sprzedawcami sprzętu i oprogramowania, którzy razem wnoszą dużą część kodu źródłowego, to oczywiste jest, że tworzona jest dodatkowa złożona sieć prawna w celu ochrony indywidualnych (komercyjnych) interesów.

swoje cykle wydawania produktów, tak aby ich partnerzy nie popadali w konflikt pierwszeństwa.

183 Sytuację dodatkowo pogarsza fakt, że planowanie własne i partnerów może mieć różne horyzonty czasowe. Zazwyczaj dostawcy sprzętu mają znacznie szerszy horyzont planowania niż dostawcy i dystrybutorzy oprogramowania. Ponadto, większe firmy mają tendencję do planowania z większym wyprzedzeniem niż małe firmy.

10 Wnioski

Analiza plików logów jądra Linuksa wyraźnie pokazuje, że dalszy rozwój jądra Linuksa jest silnie napędzany przez interesy handlowe. Fakt, że interesy te reprezentowane są przez liczne i, pod względem wielkości i zakresu działalności, bardzo różne firmy, oznacza, że jądro Linux rozwija się w wielu różnych kierunkach. Wpływ jednej firmy jest ograniczony, ponieważ w rozwój zaangażowane są grupy o dużym rozproszeniu. Dlatego nie ma jednej firmy, która miałaby tak silną pozycję w społeczeństwie, że mogłaby wywierać decydujący wpływ. Linus Torvalds jako "życzliwy dyktator" również zapewnia te ograniczone możliwości wpływu.[184] Jeśli weźmie się również pod uwagę fakt, że "druga straż" jądra Linuksa jest prawie zawsze na stanowiskach, na których są zatrudnieni przez firmy komercyjne, ale mają tam dużą swobodę, to bezpośredni wpływ interesów komercyjnych na dalszy rozwój jądra Linuksa będzie prawdopodobnie jeszcze mniejszy niż pokazują wygenerowane dane. Pomimo braku kontroli ze strony firm, dane empiryczne, na których opiera się niniejsze badanie, obalają powszechny obraz społecznego romantyzmu oprogramowania open source, co zostało potwierdzone np. w badaniu MERIT (Ghosh 2006).

1. wniosek

Istotne ekonomicznie oprogramowanie open source, takie jak jądro Linux, jest w dużej mierze napędzane przez deweloperów opłacanych i dostarczanych przez firmy.

Wyniki wywiadu pokazały, że model rozwoju open source ma pewne

184 Torvalds celowo nie jest zatrudniany przez firmę, która jest bliska Linuksowi, jak wyjaśnia w swojej biografii (Torvalds 2001). Niemniej jednak, stał się bogaty dzięki Linuxowi, ponieważ Red Hat dał mu znaczną liczbę akcji w podziękowaniu, gdy został upubliczniony.

problemy dla zaangażowanych firm. Zwłaszcza koordynacja z partnerami w biznesie linuksowym, brak kontroli nad harmonogramem, złożona komunikacja ze społecznością, jak również aspekty praw autorskich są opisane jako niepokojące. Z drugiej strony jako zalety wymienia się lepszą jakość oprogramowania, jak również duży zasób wiedzy i rozwoju dostępny poza własną firmą. Ogólnie rzecz biorąc, pozytywne i negatywne aspekty modelu rozwoju otwartego oprogramowania w dużym stopniu unieważniają się nawzajem dla zainteresowanych firm i w związku z tym nie wyjaśniają jeszcze stale rosnącego zainteresowania firm otwartym oprogramowaniem - które zazwyczaj jest nieodwracalne z powodu modelu licencyjnego wolnego oprogramowania - na własną rękę. Rozsądne jest zatem założenie, że firmy spodziewają się uzyskać korzyści z idei leżącej u podstaw Open Source - wolności oprogramowania.

2. wniosek

Oprogramowanie open source jest coraz częściej wspierane przez duże firmy z branży ICT nie tylko z powodów pragmatycznych, ale także ze względów strategicznych wynikających z wolności oprogramowania. Termin "otwarty" powinien zatem zostać rozszerzony i rozumiany jako oznaczający, że wzrost gospodarczy i społeczny nie może być dłużej gwarantowany poprzez ochronę własności. To[185] właśnie otwarcie i otwartość jądra Linuksa, na przykład, generuje i wykorzystuje odpowiedni potencjał innowacji i wzrostu.

Wniosek ten, jak wyjaśniono w rozdziale 9.1.5, doprowadzi w przyszłości do powstania infrastruktury wolnego oprogramowania. Prawdą jest, że poszczególne firmy będą angażować się w niezależne projekty przede

185 W raporcie Banku Światowego Materu opisuje obecną fazę jako *"o-decade"* (Materu 2004, s. 5). Pod tym pojęciem podsumowuje Open Source, Open Systems, Open Standards, Open Access, Open Archives i Open Everything.

wszystkim w obszarach, w których nie ma bezpośredniej konkurencji w ich podstawowej działalności. Jeśli jednak zrobią to firmy z różnych sektorów, doprowadzi to do powstania szerokiej gamy swobodnie dostępnych programów. W związku z tym przedsiębiorstwa ICT, które chcą z powodzeniem zaistnieć na rynku w dłuższej perspektywie czasowej, musiałyby oprzeć swój model biznesowy na wprowadzeniu do obrotu 10 % udziału zróżnicowanego oprogramowania biznesowego w ogólnym pakiecie oprogramowania wspomnianego w dyskusji. Aby[186] faktycznie odróżnić się od konkurencji, musi to być oprogramowanie indywidualne.

3. wniosek

Za kilka lat powstanie w dużej mierze infrastruktura wolnego oprogramowania nawet dla obszarów istotnych gospodarczo i krytycznych dla biznesu. Zróżnicowane oprogramowanie biznesowe będzie współistnieć jako własnościowe oprogramowanie indywidualne obok wolnego oprogramowania. Z drugiej strony, zastrzeżone oprogramowanie standardowe stanie się mniej ważne.

Uczestniczące firmy i społeczność w dużej mierze koordynowały swoje wewnętrzne procesy w oparciu o wspólne prace nad jądrem Linux, które rozwijały się w ciągu ostatnich kilkunastu lat. Ponadto rozwinęła się złożona sieć prawna służąca wzajemnej ochronie.

4. wniosek

W jądrze Linuksa model rozwoju opartego na otwartym kodzie

186 Jest oczywiste, że to spostrzeżenie uderza w Microsoft szczególnie mocno w rdzeń ich modelu biznesowego i że w przeszłości zdecydowanie opierał się on FLOSSowi. Coraz większa otwartość na FLOSS w ostatnim czasie jest wyraźnym sygnałem, że również Microsoft uznał, że musi dostosować swój model biznesowy, tzn. coraz bardziej odwraca się od oprogramowania infrastruktury marketingowej w kierunku oferowania zróżnicowanych usług. Autor widzi zachowanie tej firmy, która wciąż stara się rozpowszechniać FUD ("Fear, Uncertainty and Doubt") w związku z oprogramowaniem open source, bardziej jako strategię zdobywania czasu na dostosowanie własnej działalności.

źródłowym nie może być już dłużej rozumiany jako wyłącznie samoorganizujący się system, przynajmniej nie poza węższym jądrem rozwojowym. Jeśli spojrzymy na system jako całość, powinniśmy raczej mówić o "umownie zabezpieczonej samoorganizacji".

Podczas gdy socjo-romantyczni hakerzy mogą wywierać niepożądany wpływ na decyzje firmowe poprzez utożsamianie się z ideologią open source, pragmatyczni inżynierowie ryzykują profesjonalizację społeczności, a tym samym wypychanie wolontariuszy. Dialektyczni informatycy mogą tu odegrać rolę pośredniczącą. W celu utrzymania równowagi zarówno w przedsiębiorstwach, jak i w społeczności, przedsiębiorstwa powinny w szczególności zapewnić, że wszystkie rodzaje są należycie reprezentowane w społeczności.

5. Wniosek

Ewolucyjny model decyzyjny sugeruje, że strategia i zachowania firm z niej wynikających mają trwały wpływ na normy i wartości społeczności. Wykazano, że społeczności zdominowane przez przedsiębiorstwa pozostają odizolowane. Dlatego też przedsiębiorstwa muszą być bardzo ostrożne w kontrolowaniu swoich bezpośrednich i pośrednich wpływów, jeśli nie chcą internalizować tego ruchu. Duże firmy informatyczne, które strategicznie wspierają FLOSS, zdają się być tego świadome, przynajmniej w przypadku jądra Linux.

Dalszy rozwój oprogramowania open source zwiększa również zapotrzebowanie na odpowiednich pracowników. Badanie to wykazało, że dla odpowiednich funkcji operacyjnych potrzebne są różne rodzaje twórców oprogramowania, w zależności od funkcji. Równolegle z rozwojem dyskusji o otwartym oprogramowaniu, rozwijają się również profesjonalne funkcje w obszarze open source. Entuzjastyczni, społecznie romantyczni hakerzy znikają, przynajmniej dla jądra Linuxa i dużych firm informatycznych. Większość kodu dostarczonego do jądra Linuksa pochodzi od pragmatycznie myślących i działających inżynierów, których praca tylko nieznacznie różni się od rozwoju oprogramowania prawnie zastrzeżonego. Jednak ich wsparcie w firmach wymaga również dialektycznych informatyków, którzy działają jako mediatorzy i są dobrze zakorzenieni w społeczności open source. W zależności od wielkości i strategii firmy, wymagane są mniej więcej oba rodzaje.

Twórcy oprogramowania open source są rekrutowani zarówno wewnętrznie jak i zewnętrznie, jak pokazały wyniki wywiadów z twórcami jądra Linux w dużych firmach IT. O ile wewnętrzne zmiany mogą pozwolić na pewien okres czasu na zapoznanie się ze specyfiką pracy w obszarze open source, o tyle zewnętrzne aplikacje wymagają odpowiedniej wiedzy i doświadczenia. Wiedza na temat pracy w otwartej społeczności staje się zatem coraz ważniejsza i dlatego musi być w większym stopniu uwzględniana w szkoleniach. Ze względu na otwarte społeczności, uczestnictwo z przewodnikiem w wybranych projektach open source jest idealnym sposobem na osiągnięcie tego celu.

6. Wniosek

Ze względu na rosnące znaczenie oprogramowania open source, w przyszłości w pierwszej kolejności będą zatrudniane osoby z doświadczeniem w pracy na rzecz społeczności. W kształceniu i szkoleniu kadry informatycznej wzrasta ilość szkoleń z zakresu pracy społecznej. Oferta o charakterze wyłącznie technicznym w coraz większym stopniu nie spełnia już wymogów; należy również promować umiejętności miękkie. Może się to odbywać w bardzo praktyczny sposób, dzięki otwartym społecznościom.

11 Widok na

Stwierdzenie, że istotne ekonomicznie oprogramowanie open source jest napędzane głównie przez firmy (1. wniosek) odnosi się do danych empirycznych jądra Linuksa i nie może być łatwo generalizowane. Możliwym punktem wyjścia dla przyszłych badań jest zatem umieszczenie tego stwierdzenia na szerszej podstawie empirycznej. Bezpośrednio z tym wiąże się wymóg szczegółowego określenia, które cechy odróżniają "ekonomicznie istotne" FLOSS i które projekty odpowiadają tym cechom.

Udział firm w Open Source był dotychczas postrzegany przede wszystkim z perspektywy modelu rozwoju. Jednakże, jak pokazują wyniki wywiadu w tej pracy, wolność oprogramowania, przynajmniej w jądrze Linuxa, jest równie ważna dla zainteresowanych firm (2. wniosek).[187] Aspekt ten zasługuje na dalsze, bardziej dogłębne rozważenie, zarówno ze strategicznego punktu widzenia gospodarczego, jak i prawnego.

Strategiczny aspekt uczestnictwa w FLOSS staje się coraz ważniejszy dla firm, nie tylko ze względu na przewidywaną dyfuzję w gospodarce (3. wniosek). Z jednej strony, ważne jest, aby dostosować się do procesów społecznych. Z drugiej strony, przedsiębiorstwa muszą zapewnić, że zachowają swój zakres strategiczny. Niniejsze opracowanie pokazuje, jak zorganizowały się firmy, które od lat działają w świecie open source (4. wniosek). Ustalenia te mogłyby być dalej przetwarzane i uzupełniane, tak aby nowe podmioty mogły z nich korzystać. Obejmuje to optymalizację wewnętrznej organizacji i procesów, ustanowienie norm i wartości odpowiednich dla pracy społecznej oraz w obszarze zasobów ludzkich,

187 Bardzo niedawnym przykładem tej tezy jest system operacyjny ChromeOS, który jest przeznaczony dla netbooków i jest open source, ale jest w dużej mierze opracowany wewnętrznie przez Google. Zobacz wpis na blogu pod adresem http://googleblog.blogspot.com/2009/07/introducing-google-chrome-os.html [27.08.2009].

dostosowanie rekrutacji, szkoleń i budowania zespołu.

Znaczenie deweloperów opłacanych przez firmy za projekty open source można by wykazać na podstawie danych empirycznych. Społeczność jądra Linuksa wykonała doskonałą pracę dostosowując swoje procesy do tej rzeczywistości bez naruszania filozofii wolnego oprogramowania. Chociaż każdy projekt open source ma swój własny charakter, ustalenia te mogą być wykorzystane do stworzenia przewodnika współpracy społeczności z firmami.

Trzy rodzaje twórców oprogramowania open source w środowisku biznesowym - inżynier pragmatyk, informatyk dialektyczny i haker socjo-romantyczny - zostały zidentyfikowane na podstawie podejścia jakościowego. Dlatego też nie jest możliwe stwierdzenie ilościowego występowania tych typów. Pożądane byłoby zatem przeprowadzenie dodatkowego, ilościowego badania, które wykraczałoby poza zakres jądra Linuxa. Wiedza na temat ilościowego rozkładu rodzajów jest ważna o tyle, o ile zrównoważony wskaźnik przyczynia się do stabilizacji społeczności (5. Wniosek).

Jeśli chodzi o edukację, zwłaszcza na uniwersytetach, ale także o dalsze kształcenie zawodowe, należy położyć większy nacisk na pracę w środowisku open source (6. Wniosek). Pierwszym krokiem jest z pewnością profesura w dziedzinie otwartego oprogramowania, ogłoszona niedawno na Uniwersytecie w Erlangen-Norymberdze, lub kurs magisterski w dziedzinie otwartego oprogramowania wprowadzony w Lizbonie. Ponieważ jednak FLOSS jest coraz szerzej stosowany, temat ten powinien być również włączony do ogólnej edukacji informatycznej. W związku z tym należałoby określić odpowiednie kompetencje oraz opracować cele i programy nauczania.

12 Bibliografia

Altheide, D.L. und Johnson, J.M. (1994). Kryteria oceny ważności interpretacyjnej w badaniach jakościowych. W: N. K. Denzin und Y. S. Lincoln (hrsg.), *Handbook of Qualitative Research*. Thousand Oaks : Sarge, S. 485-499.

Anderson, C. (2006). *The Long Tail Why the Future of Business Is Selling Less of More*. Nowy Jork. Hyperion.

Auener, D. (2008). *Integracja pionowa usług informatycznych poprzez wykorzystanie otwartego oprogramowania: studium przypadku Federalnego Urzędu Spraw Zagranicznych*. Teza. TU Berlin.

Baldwin, C.Y. und Clark, K.B. (2006). Architektura Uczestnictwa: Czy architektura kodu łagodzi zjawisko wolnej jazdy w modelu rozwoju open source? *Zarządzaj. Sci., 52(7)*, 1116-1127.

Bauer, A. i Pizka, M. (2005). Wkład wolnego oprogramowania w ewolucję oprogramowania. W: B. Lutterbeck, R. A. Gehring i M. Bärwolff (red.), *Open Source Yearbook 2005: Between Software Development and Social Model*. Berlin: Lehmanns Media, S. 95-112.

Baumgärtel, T. (2002). Na początku całe oprogramowanie było wolne. Microsoft, Linux i zemsta hakerów. W: A. Roesler i B. Stiegler (red.), *Microsoft : Media, Power, Monopol*. Frankfurt nad Menem: Suhrkamp, S. 103-129.

Becker, G.S. (1993). *Ekonomiczne podejście do wyjaśniania ludzkich zachowań*. Tübingen : Mohr.

Beck, K. (2000). *Programowanie ekstremalne: Manifest*. Monachium: Addison-Wesley.

Bell, D. (1976). *Społeczeństwo postindustrialne*. Frankfurt : Kampus.

Benabou, R. und Tirole, J. (2000). Pewność siebie i interakcje społeczne. *SSRN eLibrary*.

Benkler, Y. (2003). Pingwin Coase'a, czyli Linux i Natura Firmy. *The Yale Law Journal, 112*, 369-446.

Bernard, R.H. (2000). *Metody badań społecznych : Podejście jakościowe i ilościowe*. Tysiąc dębów. Mędrzec.

Bezroukov, N. (1999a). Open Source Software Development as a Special Type of Academic Research (Critique of Vulgar Raymondism). *Pierwszy poniedziałek, 4(10)*. Online: http://firstmonday.org/htbin/cgiwrap/bin/ojs/index.php/fm/article/viewArticle/696/606 [09.09.2009].

Bezroukov, N. (1999b). A Second Look at the Cathedral and the Bazaar. *Pierwszy poniedziałek, 4(12)*. Online: http://firstmonday.org/htbin/cgiwrap/bin/ojs/index.php/fm/article/viewArticle/708/618 [09.09.2009].

Bhagwati, J.N. (2008). *Obrona globalizacji*. Monachium : Wydawnictwo Pantheon.

BITKOM Niemieckie Stowarzyszenie na rzecz Technologii Informacyjnych, Telekomunikacji i Nowych Mediów (2007a). Wada *lokalizacji ze względu na brak wykwalifikowanych pracowników: Fakty i rozwiązania: W jaki sposób polityka, przemysł i nauka mogłyby trwale wzmocnić Niemcy jako lokalizację dla zaawansowanych technologii*. Berlin: BITKOM.

BITKOM Niemieckie Stowarzyszenie na rzecz Technologii Informacyjnych, Telekomunikacji i Nowych Mediów (2007b). *Poglądy na imigrację wysoko wykwalifikowanych pracowników : Zwycięstwo w konkursie na najlepszy mózg*. Berlin: BITKOM.

BITKOM Niemieckie Stowarzyszenie na rzecz Technologii Informacyjnych, Telekomunikacji i Nowych Mediów (2009). *Wzmocnić siły wzrostu. Zaawansowana technicznie agenda na 17. okres legislacyjny*. Berlin: BITKOM.

Boehm, B.W. (2000). *Szacowanie kosztów oprogramowania z Cocomo II*. Upper Saddle River, N.J.: Prentice Hall.

Bogner, A. i Menz, W. (2002a). Wywiad z ekspertami tworzącymi teorię: zainteresowanie wiedzą, formy wiedzy, interakcja. W: A. Bogner i W. Menz (red.), *The Expert Interview : Theory, Method, Application*. Opladen : Leske + Budrich, s. 33-70.

Bogner, A. i Menz, W. (2002b). Wiedza ekspercka i praktyka badawcza: teoria modernizacji i debata metodologiczna na temat ekspertów. Dla wprowadzenia w skomplikowany obszar problemowy. W: A. Bogner i W. Menz (red.), *The Expert Interview : Theory, Method, Application*. Opladen : Leske + Budrich, s. 7-29.

Bohnsack, R. (1992). Dokumentalna interpretacja wzorów orientacyjnych : rozumienie-interpretacja-tworzenie typów w analizie socjologicznej. W: M. Meuser und R. Sackmann (red.), *Analysis of social patterns of interpretation : Contributions to the empirical sociology of knowledge.* Pfaffenweiler : Centaurus, str. 139-160.

Bonaccorsi, A. und Rossi, C. (2003). Dlaczego oprogramowanie open source może się udać. *Polityka badawcza, 32*, 1243-1258.

Bourdieu, P. (ed.). (1997). Nędza *świata: świadectwa i diagnozy dotyczące codziennego cierpienia w społeczeństwie.* Constance : UVK Universitätsverlag Konstanz.

Brand, S. (1988). *Laboratorium Medialne: Inventing the Future at M.I.T.* New York : Penguin Books.

Brecht, B. (1967). Porozmawiajmy o funkcji nadawania. W: *Utwory zebrane - Tom* VIII Frankfurt nad Menem: Suhrkamp, str. 127-134.

Brooks, F.P.J. (1995). *Mityczny człowiek-miesiąc.* Boston: Addison-Wesley.

Carbone, P. (2006). Konkurencja z oprogramowaniem Open Source : Wnioski z ostatnich badań. W: *Seria konferencji partnerskich OCRI.* Ottawa. Online: http://www.ocri.ca/events/presentations/partnership/April2106/Carbone.pdf [20.08.2009].

Carbone, P. (2007). Wartość pochodząca z Open Source jest funkcją poziomów dojrzałości. W: *Seria konferencji partnerskich OCRI.* Ottawa. Online: http://www.ocri.ca/events/presentations/partnership/April1907/PeterCarbone.pdf [20.08.2009].

Castells, M. (2001). *Era informacji: wzrost społeczeństwa sieciowego.* Opladen: Leske + Budrich.Chesbrough, H.W. (2003). *Otwarta innowacja - nowy imperatyw tworzenia i korzystania z technologii.* Boston: Harvard Business School Press.

Coase, R.H. (1937). Natura firmy. *Economica, 4(16)*, 386-405.

Cohen, S. (2008). Open Source: Model jest zepsuty. *BusinessWeek.* Online: http://www.businessweek.com/technology/content/nov2008/tc20081130_276152.htm [20.08.2009].

Dahlander, L. und Magnusson, M.G. (2006). Modele biznesowe i relacje ze społecznościami firm zajmujących się oprogramowaniem open source. W: J. Bitzer und P. J. H. Schröder (Hrsg.), *The Economics of Open Source Software Development.* Amsterdam: Elsevier, S. 111-130.

Dahlander, L. und Wallin, M.W. (2006). Człowiek w środku: Odblokowanie społeczności jako aktywów uzupełniających. *Polityka badawcza, 35*, 1243-1259.

Deci, E.L. und Ryan, R.M. (1987). Wsparcie autonomii i kontrola zachowań. *Journal of Personality and Social Psychology, 53(6)*, 1024-1037.

DeMarco, T. i Lister, T. (1999). *Wiedeń na ciebie czeka! Czynnik ludzki w zarządzaniu IT*. Monachium: Hanser.

Dempsey, B.J., Weiss, D., Jones, P. und Greenberg J. (1999). Profil ilościowy społeczności programistów Open Source Linux. *School of Information and Library Service*, TR-1999-065. Online: http://www.ibiblio.org/osrt/develpro.html [20.08.2009].

Denzin, N.K. (1989). *The Research Act a Theoretical Introduction to Sociological Methods*. Englewood Cliffs, N.J.: Prentice-Hall.

Diedrich, O. (2009). *Badanie trendów Open Source : Jak oprogramowanie Open Source jest wykorzystywane w Niemczech*. Heise Publishing. Online: http://www.heise.de/open/artikel/126682 [20.08.2009].

Drucker, P.F. (1998). Nowe paradygmaty kierownictwa. *Forbes*, (10.05.1998), 152-177.

Drucker, P.F. (1993). *Społeczeństwo postkapitalistyczne*. Düsseldorf : Wydawnictwo Econ.

Drucker, P.L. (1996). Licencjonowanie Alternatyw dla Wolno Redystrybuowalnego Oprogramowania. W: *Freely Redistributable Software Conference*. Boston. Online: http://gd.tuwien.ac.at/ publicationing/ghostscript/papers/frs96.ps [27.05.2009].

Eisenhardt, K.M. (1989). Teorie budowlane z badań nad przypadkami. *Academy of Management Review, 14(4)*, 532-550.

Elster, J. (1986). *Racjonalny wybór*. Oxford: Basil Blackwell.

Esser, H. (2000). *Akcja społeczna*. Frankfurt nad Menem: Campus Verlag.

Ettrich, M. (2004). Koordynacja i komunikacja w projektach open source. W: R. A. Gehring i B. Lutterbeck (Ed.), *Open Source Yearbook 2004: Between Software Development and the Social Model*. Berlin: Lehmanns Media, S. 179-192.

Evans, P. i Wolf, B. (2005). Zaufanie jest podstawą. *Harvard Business Manager, 11*, 61-74.

Evers, S. (2008). *Model rozwoju open source*. Dissertation. TU Berlin.

Fehr, E. und Gächter, S. (2002). Czy Umowy Motywacyjne stanowią podstawę dobrowolnej współpracy? *SSRN eLibrary*. Online: http://papers.ssrn.com/sol3/papers.cfm?abstract_id=313028 [09.09.2009].

Feller, J. und Fitzgerald, B. (2002). *Zrozumienie rozwoju oprogramowania open source*. Londyn: Addison-Wesley.

Fielding, R.T. (1999). Wspólne przywództwo w projekcie Apaczów. *Społeczność. ACM, 42(4)*, 42-43.

Fielding, R.T. (2008). Otwarta architektura. W: *O'Reilly OSCON Open Source Convention*. Online: http://assets.en.oreilly.com/1/event/12/Open%20Architecture%20at%20REST%20Presentation.pdf [20.08.2009].

Flick, U. (2002). *Jakościowe badania społeczne : Wprowadzenie*. Reinbek koło Hamburga: Rowohlt.

Foddy, W. (2003). *Konstruowanie pytań na potrzeby wywiadów i kwestionariuszy : Teoria i praktyka w badaniach społecznych*. Cambridge : Cambridge University Press.

Fogel, K. (2006). *Tworzenie oprogramowania open source*. Sebastopol. O'Reilly.

Fontana, A. und Frey, J.H. (1994). Rozmowa kwalifikacyjna: The Art of Science. W: N. K. Denzin und Y. S. Lincoln (hrsg.), *Handbook of Qualitative Research*. Thousand Oaks. Sierżant, S. 361-376.

Fornefeld, M. i Gasper, M. (2009). *Analiza potencjału w dziedzinie technologii Open Source w regionie stołecznym Berlina*. Berlin : Agencja Innowacji TSB Berlin GmbH. Online: http://www.tsb-berlin.de/data/files/Downloads/Studien-Potenzialanalyse.pdf [20.08.2009].

Forrester Consulting (Hrsg.) (2008). *Open Source wytycza drogę dla następnej generacji Enterprise IT*. Cambridge : Forrester Consulting.

Frey, B.S. und Goette, L. (1999). Czy wynagrodzenie motywuje wolontariuszy? *Working Papers Series, 22*. Online: http://www.iew.unizh.ch/wp/iewwp007.pdf [20.08.2009].

Frey, B.S. und Stutzer, A. (2007). *Ekonomia i psychologia obiecującą nową interdyscyplinarną dziedziną*. Cambridge, Mass : MIT Press.

Froschauer, U. i Lueger, M. (2002). Dyskusje eksperckie w zakresie interpretacji badań organizacyjnych. W: A. Bogner i W. Menz (red.), *The Expert Interview : Theory, Method, Application*. Opladen : Leske + Budrich, s. 223-240.

Gerhardt, U. (2001). *Typ ideału: Dla metodologicznych podstaw współczesnej socjologii*. Frankfurt nad Menem: Suhrkamp.

Ghosh, R.A. (1998). Rynki garnków do gotowania: ekonomiczny model handlu darmowymi towarami i usługami w Internecie. *Pierwszy poniedziałek, 3(3)*. Online: http://firstmonday.org/htbin/cgiwrap/bin/ojs/index.php/fm/article/viewArticle/580/501 [09.09.2009].

Ghosh, R.A. (2006). *Studium na temat: Gospodarczy wpływ otwartego oprogramowania na innowacje i konkurencyjność sektora technologii informacyjnych i komunikacyjnych (ICT) w UE*. MERIT. Online:

http://ec.europa.eu/enterprise/ict/policy/doc/2006-11-20-flossimpact.pdf [20.08.2009].

Ghosh, R.A., Glott, R. und Robles, G. (2002). *The Free/Libre i F/OSS Software Developers Survey and Study - Raport końcowy FLOSS*. Maastricht : Międzynarodowy Instytut Infonomii, Uniwersytet w Maastricht i Berlecon Research GmbH. Online: http://www.infonomics.nl/FLOSS/report/ [20.08.2009].

Ghosh, R.A. und Prakash, V.V. (2000). The Orbiten wolny oprogramowanie badanie. *Pierwszy poniedziałek, 5(7)*. Online: http://firstmonday.org/htbin/cgiwrap/bin/ojs/index.php/fm/article/viewArticle/769 [09.09.2009].

Gibson, W. (2000). *Trylogia Neuromancer. Trzy powieści: Neuromancer / Biochips / Mona Lisa Overdrive*. Monachium. Hejne.

Glaser, B.G. und Strauss, A.L. (1967). *Discovery of Grounded Theory Strategies for Qualitative Research*. Nowy Jork. Aldine.

Godfrey, M.W. und Tu, Q. (2000). Ewolucja w oprogramowaniu open source: Studium przypadku. W: *W trakcie międzynarodowej konferencji poświęconej konserwacji oprogramowania*. S. 131-142.

Grassmuck, V. (2002). *Wolne oprogramowanie Między własnością prywatną a publiczną*. Bonn : Federalna Agencja Edukacji Obywatelskiej.

Hardin, G. (1968). Tragedia Gminy. *Nauka, 162(3859)*, 1243-1248.

Hars, A. und Ou, S. (2002). Pracujesz za darmo? - Motywy uczestnictwa w projektach Open Source. *International Journal of Electronic Commerce, 6*, 25-39.

Healy, K. und Schussman, A. (2003). Ekologia rozwoju oprogramowania open-source. *Wydział Socilogii, Uniwersytet w Arizonie, 23*. Online: http://opensource.mit.edu/papers/healyschussman.pdf [16.06.2009].

Helfferich, C. (2005). *Jakość danych jakościowych: podręcznik wdrażania danych jakościowych*. Wiesbaden : VS Verlag dla nauk społecznych.

Henkel, J. (2009). Champions of Revealing - Rola Open Source Developers w firmach komercyjnych. *Industrial and Corporate Change, 18(3)*, S. 435-471.

Hertel, G., Niedner, S. und Herrmann, S. (2003). Motywacja twórców oprogramowania w projektach Open Source: ankieta internetowa dotycząca współpracowników jądra Linux. *Polityka badawcza, 32(7)*, 1159-1177.

Herzberg, F. (1959). *Motywacja do pracy*. Nowy Jork: John Wiley.

Himanen, P. (2001). *Etyka hakerów i duch epoki informacji*. Londyn: Secker & Warburg.

von Hippel, E. und von Krogh, G. (2003). Oprogramowanie Open Source i "Prywatny Zbiorowy" Model Innowacji: Zagadnienia dla nauki o organizacji. *Organization Science, 14(2)*, 209-223.

Hopf, C. (2000). Wywiady jakościowe - przegląd. W: U. Flick, E. von Kardoff i I. Steinke (red.), *Qualitative Research : A Handbook*. Reinbek koło Hamburga: Rowohlt, S. 349-360.

Hunt, A. i Thomas, D. (2003). *Pragmatyczny programista*. Monachium: Hanser.

Imhorst, C. (2004). *Anarchia hakerów: Richard Stallman i Ruch Wolnego Oprogramowania*. Marburg: Tectum.

Janoska-Bendl, J. (1965). *Aspekty metodologiczne idealnego typu: Max Weber i socjologia historii*. Berlin: Duncker & Humblot.

Jollans, A. (2006). Open Source Poza Linuksem: Collaborative Innovation for your business. *Linux@IBM Event 27.10.2006, Zürich*.

Kaesler, D. (2003). *Max Weber : Wprowadzenie do życia, pracy i wpływu*. Frankfurt nad Menem: Kampus.

Kelle, U. i Kluge, S. (1999). *Od indywidualnego przypadku do typu: porównanie przypadków i kontrast w jakościowych badaniach społecznych*. Opladen: Leske + Budrich.

Klein, N. (2001). *Nie ma mowy! Bitwa globalnych graczy o władzę rynkową: gra z wieloma przegranymi i nielicznymi zwycięzcami*. Monachium: Riemann.

Kollock, P. (1999). Ekonomika współpracy on-line: dar i dobra publiczne w cyberprzestrzeni. W: M. A. Smith und P. Kollock (red.), *Communities in cyberspace*. Londyn: Routledge, S. 220-246.

Kowal, S. i O'Connell, D.C. (2000). Do przepisywania rozmów. W: U. Flick, E. von Kardoff i I. Steinke (red.), *Qualitative Research : A Handbook*. Reinbek koło Hamburga: Rowohlt, S. 437-447.

Kreft, U. (2008). Burnout w branży IT. *Dokument roboczy ITG*, 02 Online: http://www.risp-duisburg.de/abtpro/prolog/ap2_itg_final.pdf [20.08.2009].

Krishnamurthy, S. (2002). Jaskinia czy społeczność? *Pierwszy poniedziałek, 7(6)*. Online: http://firstmonday.org/htbin/cgiwrap/bin/ojs/index.php/fm/article/viewArticle/960/881 [09.09.2009].

Kroah-Hartman, G. (2007). Linux Kernel Development : Jak szybko to idzie, Kto to robi, co robi i kto to sponsoruje. W: *Obrady Sympozjum Linuksa : Tom pierwszy*. S. 239-244. Online: https://ols2006.108.redhat.com/2007/ Reprints/kroah-hartman-Reprint.pdf [20.08.2009].

Kroah-Hartman, G., Corbet, J. und McPherson, A. (2008). *Linux Kernel Development : Jak szybko to idzie, Kto to robi, co robi i kto to sponsoruje*. Online: http://www.linuxfoundation.org/publications/linuxkerneldevelopment.pdf [07.06.2009].

Kroah-Hartman, G., Corbet, J. und McPherson, A. (2009). *Linux Kernel Development : How Fast it is Going, Who is Doing It, What They are Doing, and Who is Sponsoring It: An August 2009 Update*. Online: http://www.linuxfoundation.org/publications/ whowriteslinux.pdf [19.08.2009].

Kruse, J. (2006). *Czytnik "Badania jakościowe wywiadu"*. Freiburg.

Kuwabara, K. (2000). Linux: Bazar na skraju chaosu. *Pierwszy poniedziałek, 5(3)*. Online:

http://firstmonday.org/htbin/cgiwrap/bin/ojs/index.php/fm/article/viewArticle/1482/1397 [09.09.2009].

Kvale, S. (1996). *Wywiady : Wprowadzenie do badań jakościowych*. Thousand Oaks : Sage Publications.

Laisné, J. (red.) (2008). *Mapa drogowa FLOSS 2020*. Paryż. Online: http://www. 2020flossroadmap.org/docs/OWF_2020_Roadmap%20v2.18-3.pdf [09.09.2009].

Lakhani, K. und von Hippel, E. (2003). Jak działa oprogramowanie Open Source: "Bezpłatna" pomoc dla użytkownika. *Polityka badawcza*, 32, 923-943.

Lakhani, K.R. und Wolf, R.G. (2003). *Dlaczego Hakerzy robią to, co robią: Zrozumienie motywacji i wysiłku w projektach wolnego/otwartego oprogramowania źródłowego*. Boston: MIT Sloan.

Lammers, s. (1986). *Programiści w pracy*. Microsoft Press, U.S.

Lancashire, D. (2001). Fading Altruism of Open Source Development. *Pierwszy poniedziałek*, 6(12).

Lee, G.K. und Cole, R.E. (2003). Od Firmowego do Wspólnotowego Modelu Tworzenia Wiedzy: Sprawa rozwoju jądra Linuksa. *Organization Science, 14(6)*, 633-649.

Lehman, M.M. e (1997). Metryka i prawa ewolucji oprogramowania: Widok na lata dziewięćdziesiąte. W: *Software Metrics Symposium, 1997. Postępowania., Czwarta Międzynarodowa*. Albuquerque, NM, S. 20-32.

Leiteritz, R. (2004). Modele biznesowe Open Source. W: B. Lutterbeck i R. A. Gehring (red.), *Open Source Yearbook 2004: Between Software Development and Social Model*. Berlin : Lehmanns Media, S. 139-170.

Lerner, J. und Tirole, J. (2001). Ruch open source: Kluczowe pytania badawcze. *Europejski przegląd gospodarczy, 45(4-6)*, 819-826.

Lerner, J. und Tirole, J. (2002). Kilka prostych ekonomii Open Source. *Journal of Industrial Economics, L(2)*, 197-234.

Levy, S. (1994). *Hakerzy: Bohaterowie Rewolucji Komputerowej*. Londyn: Pingwin.

Lincoln, Y.S. und Guba, E.G. (1985). *Naturalistyczne dochodzenie*. Newbury Park: Sage.

Luthiger Stoll, B. (2006). *Zabawa i rozwój oprogramowania w celu motywowania programistów open source*. Dissertation. Zurych.

Lutterbeck, B. (2005). Infrastruktura wspólnoty - open source, innowacje i przyszłość Internetu. W: B. Lutterbeck, R. A. Gehring i M. Bärwolff (red.), *Open Source Yearbook 2005: Between Software Development and Social Model*. Berlin: Lehmanns Media, S. 329-346.

Lutterbeck, B. (2006). Przyszłość społeczeństwa opartego na wiedzy. W: J. Hofmann (Ed.), *Wissen und Eigentum: Geschichte, Recht und Ökonomie Stoffloser Güter*. Bonn : bpb Federalna Agencja ds. Edukacji Obywatelskiej, S. 319-340.

Lutterbeck, B. (2007). *Strategia informatyczna kraju związkowego Berlin: Otwarte źródła/otwarte standardy w użytkowaniu oprogramowania w administracji publicznej: przesłuchanie komitetu ds. reformy administracyjnej, komunikacji i technologii informacyjnych Izby Reprezentantów w Berlinie, 3 maja 2007 r.* Berlin: TU Berlin. Online: http://ig.cs.tu-berlin.de/ma/bl/-OffeneStandardsOffeneSoftwareWarumDerSenatVonBerlinSichFuer LinuxDecisionsShould-2007-05-03.pdf [22.02.2009]

Lutterbeck, B., Bärwolff, M. i Zimmermann, B. (2007). *Open Source i otwarte standardy w zakresie wykorzystania oprogramowania w administracji publicznej: Ekspertyza na przesłuchaniu Berlińskiej Izby Reprezentantów 3 maja 2007 r.* w Berlinie. Online: http: //ig.cs.tu-berlin.de/ma/bl/ap/2007/-OpenSourceUndOffeneStandardsBeim Use ofSoftwareInPublic Administration-2007-05-03.pdf [22.02.2009].

Madsen, M.R. (2009). *Open Source in the Business Intelligence Market: Crossing the Threshold to Mainstream Adoption*. Rogue River: Trzecia Natura.

Maillart, T., Sornette, D., Spaeth, S. und von Krogh, G. (2008). Empiryczne testy mechanizmu praw Zipf w Open Source Linux Distribution. *Physical Review Letters, 101 (218701)*.

Malone, T.W. (2004). *Przyszłość pracy Jak nowy porządek w biznesie wpłynie na twoją organizację, styl zarządzania i twoje życie*. Boston: Harvard Business School Press.

Markus, M.L., Manville, B. und Agres, C.E. (2000). Co sprawia, że wirtualna organizacja działa? *MIT Sloan Management Review, 42(1)*, 13-26.

Materu, P.N. (2004). *Open Source Courseware : Studium bazowe*. Washington, DC: Weltbank. Online: http://siteresources.worldbank.org/INTAFRREGTOPTEIA/

Resources/open_source_courseware.pdf [09.09.2009].

Mayring, P. (1997). *Jakościowa analiza zawartości.* Weinheim : Wydawnictwo Studiów Niemieckich.

Merkens, H. (2000). Procedura wyboru, pobieranie próbek, konstrukcja obudowy. W: U. Flick, E. von Kardoff i I. Steinke (red.), *Qualitative Research : A Handbook.* Reinbek koło Hamburga: Rowohlt, S. 286-299.

Merton, R.K., Fiske, M. und Kendall, P.L. (1990). Skoncentrowana *rozmowa a podręcznik problemów i procedur.* Nowy Jork: The Free Press.

Metcalfe, B. (1999). Linuksowa technologia lat 60., ideologia open-sores nie pokona W2K, ale co pokona? *InfoWorld, 21(25)*, S. 67-69.

Meuser, M. i Nagel, U. (2002a). Korzyści z wiedzy specjalistycznej: wywiady z ekspertami w dziedzinie sprawozdawczości społecznej. W: A. Bogner i W. Menz (red.), *The Expert Interview : Theory, Method, Application.* Opladen: Leske + Budrich, S. 257-272.

Meuser, M. i Nagel, U. (2002b). Wywiady z ekspertami - wielokrotnie wypróbowane, nieprzemyślane: Wkład w jakościową dyskusję nad metodami. W: A. Bogner i W. Menz (red.), *The Expert Interview : Theory, Method, Application.* Opladen: Leske + Budrich, S. 71-93.

Mockus, A., Fielding, R.T. und Herbsleb, J. (2000). Studium przypadku rozwoju oprogramowania open source: serwer Apache. W: *Obrady 22. międzynarodowej konferencji poświęconej inżynierii oprogramowania.* Limerick, Irlandia: ACM, S. 263-272.

Moody, G. (2001). *Rebelianci oprogramowania: Historia sukcesu Linusa Torvaldsa i* Linuksa Landsberg/Lech : Wydawnictwo Modern Industry.

Moody, G. (2008). Złota Zasada Richarda Stallmana i Cyfrowe Gminy. W: B. Lutterbeck, M. Bärwolff i R. A. Gehring (red.), *Open Source Yearbook 2008: Between Free Software and Social Model.* Berlin: Lehmanns Media, S. 299-308.

Moon, J.Y. und Sproull, L. (2002). Essence of Dsitributed Work: Sprawa jądra Linuksa. W: P. Hind und S. Kiesler (hrs.), *Praca rozproszona.* Cambridge, Mass. : MIT Press, S. 381-404.

Nafus, D., Leach, J. und Krieger, B. (2006). *FLOSSPOLS Dostarczany D 16 - Płeć: Zintegrowane sprawozdanie z ustaleń.* Cambridge: UCAM, Uniwersytet w Cambridge. Online: http://flosspols.org/deliverables/FLOSSPOLS-D16-Gender_Integrated_Report_of_ Findings.pdf [20.08.2009].

Nakakoji, K. e (2002). Wzorce ewolucji systemów i społeczności oprogramowania open-source. W: *IWPSE '02: Kontynuacja Międzynarodowych Warsztatów na temat Zasad Ewolucji Oprogramowania*. ACM Press, S. 85, 76.

Neumann, P. (2000). Solidne, niechronione prawem autorskim oprogramowanie. W: *Sympozjum IEEE na temat bezpieczeństwa i prywatności*. Oakland, CA.

Północ, D.C. (1990). *Instytucje, zmiany instytucjonalne i wyniki gospodarcze*. Cambridge : Prasa uniwersytecka.

Północ, D.C. (1992). *Koszty transakcji, instytucje i wyniki gospodarcze*. San Francisco: Międzynarodowe Centrum Rozwoju Gospodarczego.

Ohno, T. (1993). *System Produkcyjny Toyoty*. Frankfurt nad Menem: Kampus.

O'Mahony, S. (2002). *Projekty oprogramowania zarządzanego przez Wspólnotę : Pojawienie się nowego podmiotu handlowego*. Dissertation. Uniwersytet Stanforda.

O'Mahony, S. (2003). Ochrona wspólnoty: w jaki sposób projekty oprogramowania zarządzane przez społeczność chronią ich pracę. *Research Policy, 32(7)*, 1179-1198.

O'Mahony, S., Fernando, C.D. i Mamas, E. (2005). *IBM i Eclipse*. Harvard: Harvard Business School.

Oreizy, P. (2000). *Open Architecture Software: Elastyczne podejście do zdecentralizowanej ewolucji oprogramowania*. Dissertation. Uniwersytet Kalifornijski, Irvine. Online: http://www.ics.uci.edu/%7Epeymano/papers/thesis.pdf.gz [09.09.2009].

Osterloh, M. i Weibel, A. (2006). *Inwestowanie w zaufanie: procesy rozwoju zaufania*. Wiesbaden : Gabler.

Perens, B. (2007). Open Source - wschodzący model gospodarczy. W: B. Lutterbeck, M. Bärwolf i R. A. Gehring (hrsg.), *Open Source Yearbook 2007: Between Software Development and Social Model*. Berlin : Lehmanns Media, S. 131-164.

Platt, J. (2001). Historia wywiadu. W: J. F. Gubrium und J. A. Holstein (hrsg.), *Handbook of Interview Resarch : Context & Method*. Thousand Oaks : Sage, S. 33-54.

Popper, K.R. (1993). Co to jest dialektyka? W: E. Topitsch (red.), *Logik der Sozialwissenschaften*. Koenigstein : Athenaeum - Grove - Hanstein, s.

262-290.

Probst, G.J.B. (1987). *Samoorganizacja Procesy porządkowe w systemach społecznych z perspektywy holistycznej*. Berlin: P. Parey.

Uh, J. (2009). Konferencja Berlin Open ma na celu ożywienie idei wolnego oprogramowania. Online: http://ondemand-mp3.dradio.de/file/dradio/2009/06/20/dlf_20090620_1635_be8409db.mp3 [07.06.2009].

Raymond, E.S. (1999). *The Cathedral & the Bazaar : Musings on Linux and Open Source by an Accidental Revolutionary*. Sebastopol. O'Reilly.

Renner, T., Vetter, M., Rex, S. i Kett, H. (2005). *Oprogramowanie Open Source: Potencjalne zastosowania i efektywność ekonomiczna*. Stuttgart : Fraunhofer Institute for Industrial Engineering IAO.

Sędzia, M. (2006). Uczciwy kod - wolne/otwarte oprogramowanie źródłowe i cyfrowa przepaść? W: B. Lutterbeck, M. Bärwolff i R. A. Gehring (red.), *Open Source Yearbook 2006: Between Software Development and the Social Model*. Berlin : Lehmanns Media, s. 371-380.

Rifkin, J. (2000). *Dostęp : Zniknięcie mienia*. Frankfurt nad Menem: Kampus.

Roberts, J., Hann, I. und Slaughter, S. (2006). Zrozumienie motywacji, udziału i wydajności programistów oprogramowania Open Source: A Longitudinal Study of the Apache Projects. *Dokument roboczy Marshall School of Business nr IOM 01-06*. Online: http://papers.ssrn.com/sol3/papers.cfm?abstract_id=918518 [09.09.2009].

Rosenberg, D.K. (2000). *Open Source: Nieupoważnione białe księgi*. Foster City, CA: M&T Books.

Rossi, C. und Bonaccorsi, A. (2006). Intrinsic Motivations and Profit-Oriented Firms in Open Source Software: Czy firmy praktykują to, co głoszą? W: J. Bitzer und P. J. H. Schröder (Hrsg.), *The Economics of Open Source Software Development*. Amsterdam: Elsevier, S. 83-109.

Rossi, M.A. (2006). Dekodowanie Puzzle Wolnego/Otwartego Oprogramowania Źródłowego: A Survey of Theoretical and Ampirical Contributions. W: J. Bitzer und P. J. H. Schröder (Hrsg.), *The Economics of Open Source Software Development*. Amsterdam: Elsevier, S. 15-55.

Schumpeter, J.A. (1961). *Cykle biznesowe: Teoretyczna, historyczna i statystyczna analiza procesu kapitalistycznego*. Göttingen: Vandenhoeck i Ruprecht.

Smith, A. (1974). Dobrobyt *narodów: badanie jego natury i przyczyn*. Monachium: Beck.

Smith, J.M. (1982). *Ewolucja i teoria gier*. Cambridge : Cambridge University Press.

Spaeth, S., Stuermer, M. und von Krogh, G. (2008). Umożliwianie tworzenia wiedzy przez osoby z zewnątrz: W kierunku Push Model of Open Innovation. W: *International Journal of Technology Management (wkrótce)*.

Spinellis, D. (2008). A Tale of Four Kernels. W: *Obrady 30. międzynarodowej konferencji poświęconej inżynierii oprogramowania*. Leipzig, Niemcy: ACM, S. 381-390.

Stawka, R.E. (1994). Studia przypadków. W: N. K. Denzin und Y. S. Lincoln (hrsg.), *Handbook of Qualitative Research*. Thousand Oaks : Sarge, S. 236-247.

Stallman, R.M. (2002). *Wolne oprogramowanie, wolne społeczeństwo: Wybrane eseje Richarda M. Stallmana*. Boston : Fundacja Wolnego Oprogramowania.

Steinke, I., Flick, U. i von Kardoff, E. (2000). Kryteria jakościowe badań jakościowych. W: *Badania jakościowe: Podręcznik*. Reinbek koło Hamburga: Rowohlt, S. 319-331.

Stephenson, N. (1995). *Zderzenie ze śniegiem*. Monachium: Goldmann.

Strauss, A. i Corbin, J. (1996). *Teoria podstawowa: Podstawy jakościowych badań społecznych*. Weinheim : Związek Wydawniczy Psychologii.

Suhr, J. (2008). Pomiar otwartości na artefaktach informatycznych Wzorzec otwartości technologicznej. W: B. Lutterbeck, M. Bärwolff i R. A. Gehring (red.), *Open Source Yearbook 2008: Between Free Software and Social Model*. Berlin : Lehmanns Media, S. 169-183.

Torvalds, L. (1999). Linux Edge. W: C. DiBona, S. Ockman und M. Stone (Hrsg.), *Open Sources: Głosy z rewolucji*. Sebastopol: O'Reilly, S. 101-111.

Torvalds, L. (2001). *Tylko dla zabawy opowieść o przypadkowej rewolucji*. Nowy Jork: Texere.

Trinczek, R. (2002). Jak przeprowadzić wywiad z menedżerami? Metodologiczne i metodologiczne aspekty wywiadu eksperckiego jako jakościowej metody empirycznych badań społecznych. W: A. Bogner i W. Menz (red.), *The Expert Interview : Theory, Method,*

Application. Opladen : Leske + Budrich, S. 209-222.

Valimaki, M. (2003). Podwójne licencjonowanie w branży oprogramowania Open Source. *Systemes d'Information et Management, 8 (1)*, S. 63-75. Online: http://papers.ssrn.com/sol3/papers.cfm?abstract_id=1261644 [09.09.2009].

Varian, H. i Shapiro, C. (2007). The Economics of Software Markets. W: B. Lutterbeck, M. Bärwolff i R. A. Gehring (red.), *Open Source Yearbook 2007: Between Free Software and Social Model*. Berlin: Lehmanns Media, S. 125-130.

Vile, D. und Atherton, M. (2009). *Linux na pulpicie: Lekcje z głównego nurtu przedsiębiorczości*. Hampshire : Freeform Dynamics Ltd. Online: http://www.freeformdynamics.com/fullarticle_subscribe.asp?aid=678 [25.08.2009].

Weber, K. (2004). Filozoficzne podstawy i możliwy rozwój ruchu Open Source i Free Software. W: R. A. Gehring i B. Lutterbeck (Ed.), *Open Source Yearbook 2004: Between Software Development and the Social Model*. Berlin: Lehmanns Media, S. 369-383.

Weber, M. (1934). Etyka protestancka *i duch kapitalizmu - Sekty protestanckie i duch kapitalizmu - Etyka ekonomiczna religii świata*. Tübingen : Mohr.

Weber, M. (1951). *Zebrane eseje na temat teorii nauki*. Tübingen : J.C.B. Mohr.

Weber, S. (2000). Ekonomia polityczna oprogramowania Open Source. *Dokument roboczy BRIE 140*. Online: http://brie.berkeley.edu/publications/wp140.pdf [09.09.2009].

Weibel, A., Rost, K. und Osterloh, M. (2007). Wyczerpanie wewnętrznej motywacji - Otwarcie czarnej skrzynki. *Dokument roboczy*. Online: http://papers.ssrn.com/sol3/papers.cfm?abstract_id=957770 [09.09.2009].

Wenger, E. (2002). *Kultywowanie wspólnot praktyk a przewodnik po zarządzaniu wiedzą*. Boston, Mass : Harvard Business School Press.

Werner, T. (2007). Światowa dominacja: Historia sukcesu wprowadzenia systemu Linux i open source w Federalnym Ministerstwie Spraw Zagranicznych. W: B. Lutterbeck, M. Bärwolff i R. A. Gehring (red.), *Open Source Yearbook 2007: Between Free Software and Social Model*. Berlin: Lehmanns Media, S. 239-248.

West, J. (2003). Jak otwarta jest wystarczająco otwarta? : Łączenie własnościowych i open sourceowych strategii platform. *Polityka badawcza, 32(7)*, 1259-1285.

West, J. (2008). Firmy pomiędzy otwartością a dążeniem do zysku. W: B. Lutterbeck, M. Bärwolff i R. A. Gehring (red.), *Open Source Yearbook 2008: Between Free Software and Social Model*. Berlin: Lehmanns Media, S. 83-96.

West, J. und Gallagher, S. (2006). Wzorce otwartej innowacji w oprogramowaniu open source. W: H. Chesbrough, W. Vanhaverbeke und J. West (Hrsg.), *Open Innovation: Rozwijanie nowego paradygmatu*. Nowy Jork: Oxford University Press, S. 82-106.

West, J. und O'Mahony, S. (2005). Kontrast pomiędzy budynkiem społecznościowym w projektach sponsorowanych i założonych przez społeczność Open Source. Online: http://opensource.mit.edu/papers/westomahony.pdf [17.08.2009].

Wheeler, D.A. (2001). Więcej niż Gigabuck: Oszacowanie rozmiaru GNU/Linuksa. Online: http://www.dwheeler.com/sloc/redhat71-v1/redhat71sloc.html [17.08.2009].

Wichmann, T. (2002). Działalność Open Source firm: Motywy i implikacje polityczne. W: *Sprawozdanie końcowe FLOSS : Wolne/Włókno Otwarte Oprogramowanie: Ankieta i badanie*. Berlin: Berlecon Research, S. 1-34. Online: http://www.berlecon.de/studien/ downloads/200207FLOSS_Activities.pdf [17.08.2009].

Witzel, A. (2000). Wywiad skoncentrowany na problemach. *Forum Jakościowych Badań Społecznych*, 1(1), 1-9. Online: http://www.qualitative-research.net/index.php/fqs/article/view/1132/2519 [17.08.2009].

Wolf, U. (2002). Wodzowie i Indianie. *Magazyn Linux*, 10, 48-49.

Xu, J., Gao, Y., Christley, S. und Madey, G. (2005). Analiza Topologiczna Społeczności Rozwoju Oprogramowania Open Souce. W: Obrady *38. Dorocznej Międzynarodowej Konferencji Nauk Systemowych na Hawajach - Tom 07*. IEEE Computer Society, S. 198.1. Online: http://portal.acm.org/citation.cfm?id=1043101 [18.06.2009].

Yin, R.K. (2003). Studium *przypadku: projektowanie i metody*. Tysiąc dębów. Mędrzec.

Young, R. (1999). Giving It Away: How Red Hat Software Stumbled Across a New Economic Model and Helped Improve an Industry. W: C. DiBona,

S. Ockman und M. Stone (Hrsg.), *Open Sources: Głosy z rewolucji*. Sebastopol: O'Reilly, S. 113-125.

Załącznik

A List do firm

Donnerstag, 7. Juni 2007

Fallstudie Open Source und grosse ICT-Unternehmen

Sehr geehrter Herr

Unser Fachgebiet „Informatik & Gesellschaft" an der Technischen Universität Berlin befasst sich in einem Arbeitsschwerpunkt mit den ökonomischen und politischen Implikationen von Open Source Software. Wir stellen fest, dass sich die Forschung bei diesen Fragen zunehmend mit den „Grossen" der ICT-Branche befasst. Leider fehlen diesbezüglich aber noch weitgehend empirische Daten.

Deshalb begrüsse ich sehr, dass mein externer Doktorand, Herr Urs Lerch (lic. rer. pol.) mit Wohnsitz in der Schweiz, beabsichtigt, anhand einer Fallstudie bei grossen Schweizer ICT-Unternehmen diese Lücke teilweise zu schliessen. Mittels Fragebogenerhebung und Interviews bei Software-Entwicklern innerhalb der untersuchten Firmen möchte er Antworten auf folgende Fragen finden:

- Wie gestaltet sich die Arbeit von Open-Source-Entwicklern innerhalb grosser ICT-Firmen? Gibt es Unterschiede zur „Closed-Source"-Entwicklung?
- Welche Spannungsfelder ergeben sich zwischen der Open-Source-Community und grossen ICT-Firmen einerseits sowie zwischen Open-Source- und Closed-Source-Entwicklung innerhalb der Firmen andererseits?
- Wie beeinflussen sich Open-Source-Community und grosse ICT-Firmen?
- Welche Faktoren nehmen Einfluss auf die Open-Source-Tätigkeit in grossen ICT-Firmen? Gibt es Unterschiede zwischen unterschiedlichen Open-Source-Projekten innerhalb der Firmen?

Wir sind uns bewusst, dass eine solche Studie Zeitressourcen Ihrerseits beansprucht. Dennoch trete ich mit der Bitte an Sie heran, Herrn Lerch die Fallstudie zu ermöglichen. Dies dient sowohl dem Interesse der Wissenschaft

Franklinstr. 28/29 D-12159 Berlin
Tel: +49 30 31473420 • Bernd@Lutterbeck.org

als auch der weiteren Entwicklung von Open Source in der Schweiz und international. Es freut uns sehr, wenn wir mit Ihnen ins Gespräch kommen können bezüglich der Doktorarbeit von Herrn Lerch oder – wenn Sie dies wünschen – anderer für Sie interessanter Fragen zu Open Source.

Für weitere Auskünfte stehen Ihnen Herr Lerch (urs.lerch@tiscali.ch, 062 534 76 56) oder ich gerne zur Verfügung.

Im übrigen hat sich der bekannte englische Schriftsteller Glyn Moody dahin geäußert, dass ich „perhaps the most important collection of writings on open source and related areas to be found in any language" herausgebe. Ich hoffe, er hat das Lob auch so gemeint. [www.opensourcejahrbuch.de]

Mit freundlichen Grüssen

Bernd Lutterbeck

B Deklaracja poufności

Interviewprotokoll

Code:

Datum:
Ort:
Dauer:

Befragter:
Alter:
Ausbildung:
Firma:
Abteilung:
Anstellung seit:
Linux seit:
Status:

Interviewatmosphäre

zur Person

Einprägsame Aussagen

Interviewprotokoll

Code:

Datum:
Ort:
Dauer:

Befragter:
Alter:
Ausbildung:
Firma:
Abteilung:
Anstellung seit:
Linux seit:
Status:

Interviewatmosphäre

zur Person

Einprägsame Aussagen

C Przewodnik

Pierwsze pytanie przewodnie:
Aby pomóc mi zrozumieć Państwa obecną sytuację zawodową, chciałbym na początku naszej rozmowy dowiedzieć się, jak wygląda Państwa dotychczasowy rozwój zawodowy.
Interesuje mnie wszystko, co ukształtowało twoją karierę zawodową i jak to się stało, że rozwijasz jądra Linuksa dla [firmy]? Proszę powiedzieć, być może zaczynając w młodości, kiedy pojawiła się kwestia wyboru kariery.

Aspekty merytoryczne	**Kwestie związane z konserwacją**	**Konkretne pytania (uzupełniające)**
-kariera zawodowa -szkolenie -Motywy -Personel wewnętrzny/zewnętrzny	-I co jeszcze? -Więc co ? -A potem co? -Co było potem?	1. Jakie szkolenie ukończyłeś? 2. jakie inne prace miałeś? 3) Jakie były dla Pana/Pani najważniejsze powody podjęcia pracy w zawodzie informatyka? 4 Jak [firma] wygrała cię za pracę nad Linuksem?

Drugie kluczowe pytanie:
Przejdźmy teraz konkretnie do tematu "życie codzienne twórcy Open Source":
Opowiedz mi o swoim typowym dniu w pracy.

Aspekty merytoryczne	**Kwestie związane z konserwacją**	**Konkretne pytania (uzupełniające)**
-Zadania -działalność	-I co jeszcze? -Więc co ?	1. jakie są konkretne zadania, które musisz wykonać?

rutynowa -Procedura -interakcja i komunikacja -Zarządzanie i kontrola -zobowiązanie	-A co jeszcze jest specjalnego?	2. jak organizujesz się w swojej pracy? 3 Kim są twoje główne osoby referencyjne w twojej pracy? 4. w jaki sposób wolisz się komunikować (poczta, telefon, twarzą w twarz), co jest najbardziej praktyczne? 5 W jaki sposób jesteście zintegrowani z organizacją [firmy]? 6. czy jesteś znany w społeczności jako [nazwa] [firmy]?

Trzecie kluczowe pytanie:
Z Twojego doświadczenia wynika, czym różni się praca nad open source od rozwoju zamkniętego?

Aspekty merytoryczne	**Kwestie związane z konserwacją**	**Konkretne pytania (uzupełniające)**
- wymagania specjalistyczne -wymagania socjalne -interakcja i komunikacja -Zarządzanie i kontrola	-I co jeszcze? -Więc co ? -Czy jest coś jeszcze, co możesz sobie wyobrazić?	1. co jest szczególnego w rozwoju open source? 2. Jakie specjalne umiejętności są ci potrzebne? 3. czy to była dla ciebie zmiana i jak ci się to udało? 4. Kiedy patrzysz na to, co robisz oczami innych, co inni myślą o twojej pracy? 5. jeśli twój kolega miałby do czynienia z decyzją o rozwoju

		open source lub closed source, jak byś mu doradził?

Czwarte pytanie przewodnie:
Jakie konkretne problemy napotykasz podczas pracy nad oprogramowaniem open source w firmie zorientowanej komercyjnie?

Aspekty merytoryczne	**Kwestie związane z konserwacją**	**Konkretne pytania (uzupełniające)**
-Organizacja -integracja społeczna -specjalna umowa o pracę - ochrona prawna -Obsługa z IP -kontrakty psychologiczne -Ocena wyników - wewnętrzne produkty konkurencyjne -motywacja wewnętrzna/extransowa -połączenie ze społecznością	-I co jeszcze? -Więc co ? -Co jest z tobą nie tak? -Co ty z tym robisz? Nie wiem. -Jak możesz być lepiej wspierany?	1. jak czujesz się wspierany przez firmę? 2. jak czujesz się zintegrowany ze społecznością? 3. czy istnieją konflikty z produktami lub projektami "wewnętrznymi"? 4 Jak radzisz sobie z konfliktami między *[firmą]* a społecznością lokalną? 5. gdybyś miał całkowitą swobodę wyboru, co byś zmienił, aby poprawić swoją sytuację osobistą w związku z pracą?

Piąte pytanie przewodnie:
W jakim stopniu twoje osobiste nastawienie do pracy zmieniło się w wyniku uczestnictwa w Linuksie?

Aspekty merytoryczne	**Kwestie związane z konserwacją**	**Konkretne pytania (uzupełniające)**
-nastawienie do pracy zawodowej -Dostosowanie do statusu non-profit -Płace , chwała -Lojalność wobec firmy -Zadowolenie z pracy	-I co jeszcze? -Więc co ?	1. czy znaczenie twojego zawodu zmieniło się dla ciebie? 2. pracujesz teraz ramię w ramię z ludźmi, którzy w przeciwieństwie do ciebie, robią to za darmo. Czy to zmieniło twoje nastawienie do wolontariatu? I czy ma to praktyczne konsekwencje? 3. jak pozycjonujecie się w debacie o Wolnym i Otwartym Oprogramowaniu?

Szóste pytanie przewodnie:
Chciałbym teraz bliżej przyjrzeć się twojej sytuacji zawodowej.
Jak scharakteryzowałbyś dziś swoją osobistą sytuację zawodową?

Aspekty merytoryczne	**Kwestie związane z konserwacją**	**Konkretne pytania (uzupełniające)**
-satysfakcja -pozytywny -Negatywy -Obrazek zawodowy -Burden -Równowaga między pracą a życiem prywatnym -perspektywy	-I co jeszcze? -Więc co ? - Gdzie widzisz problemy?	1. jesteś zadowolony ze swojej obecnej sytuacji czy raczej nie? 2. jakie są szczególnie pozytywne aspekty Pana/Pani obecnego stanowiska? 3. jakie są szczególnie negatywne aspekty Pana/Pani obecnej pracy? 4. kiedy czujesz się szczególnie zestresowany? Co jest ekscytujące w twojej pracy? Jak można znaleźć relaks? 5 Jak pogodzić swoje życie zawodowe i prywatne?

		6. wolisz pracować w biurze czy w domu? Dlaczego? 7. co to jest "typowy informatyk" dla ciebie? Jesteś jednym z nich? 8. jakie są twoje przyszłe perspektywy zawodowe?

Pytanie zamykające:
Pod koniec naszej rozmowy chciałbym zadać panu może nieco utopijne pytanie:
Jak wyglądałaby twoja wymarzona praca? A jeśli marzymy trochę dalej, jak wyglądałaby praca z twojego punktu widzenia idealna (dla społeczeństwa)?

Bardzo dziękuję za rozmowę!

Pierwsze pytanie przewodnie: Na początek chciałbym dowiedzieć się trochę o twojej obecnej sytuacji zawodowej i karierze zawodowej. Interesuje mnie wszystko, co ukształtowała twoja kariera. Czy mógłbyś mi powiedzieć, być może zaczynając w młodości, kiedy skonfrontowałeś się z pytaniem o wybór kariery?		
główne zagadnienia	**pytania ogólne**	**konkretne pytania**
-kariera zawodowa -edukacja -motywacja -rekrutacja wewnętrzna/zewnętrzna	-Co jeszcze? -A potem? -Co było dalej?	1. Jaka jest twoja edukacja? 2. Jaka była twoja praca przed faktyczną? 3. Jakie były Twoje główne motywacje, aby wybrać zawód programisty? 4. Jak to się stało, że rozwinąłeś się na jądrze Linuxa dla *[Firmy]*?

Drugie pytanie przewodnie: Mówiąc dokładniej: Czy może mi pan powiedzieć, jak wygląda pański "typowy" dzień pracy?		
główne zagadnienia	**pytania ogólne**	**konkretne pytania**
-zadania -działalność rutynowa -procedury -interakcja i komunikacja -zarządzanie i kontrola -zobowiązanie	-Co jeszcze? -A potem? -A co jeszcze jest specjalnego?	1. Jakie są konkretne zadania, które masz do wykonania? 2. Jak organizujesz się w swojej pracy? 3. Kim są Twoje główne referencje w pracy? 4. Jak najlepiej komunikować się (poczta, telefon, twarzą w twarz), co jest najbardziej praktyczne? 5. Jak jesteście zorganizowani w swojej firmie?

		6.W jaki sposób działania związane z Linuksem są zintegrowane w grupie? 7. Czy w społeczności jesteś znany jako osoba czy pracownik *[Firmy]*? 8. Czy pracujesz w biurze czy w domu?

Trzecie pytanie przewodnie: W swoim doświadczeniu i opinii, czym różni się praca nad oprogramowaniem Open Source od rozwoju oprogramowania zamkniętego?		
główne zagadnienia	**pytania ogólne**	**konkretne pytania**
-umiejętności techniczne -umiejętności społeczne -komunikacja -zarządzanie i kontrola	-Co jeszcze? -A potem?	1. Co jest szczególnego w rozwoju oprogramowania Open Source? 2. Jakie umiejętności są potrzebne w porównaniu do rozwoju zamkniętego źródła? 3. Czy to była dla ciebie zmiana i jak sobie poradziłeś? 4. Czy istnieją specjalne kursy szkoleniowe? 5. Czy zarządzanie zespołami Open Source jest inne? 6. Co twoim zdaniem sądzą o

		twojej pracy twórcy oprogramowania zamkniętego? 7. Kiedy kolega z pracy musiałby zdecydować się na rozwinięcie open source lub closed source, jaka byłaby twoja rada?

Czwarte pytanie przewodnie:
Jakie konkretne problemy stwarzają dla Ciebie prace nad oprogramowaniem Open Source w firmie zorientowanej komercyjnie?

główne zagadnienia	**pytania ogólne**	**konkretne pytania**
-organizacja -integracja społeczna -umowa laboratoryjna - ochrona prawna -IP -kontrakty psychologiczne - pomiar wydajności -produkty wewnętrzne jako konkurenci -motywacja wewnętrzna/extransowa -Zobowiązanie wobec wspólnoty	-Co jeszcze? -A potem? -Czego brakuje? -Co firma może zrobić, aby dać ci lepsze wsparcie?	1. Jak wygląda wsparcie ze strony firmy? 2. Czy uważasz, że jesteś zintegrowany ze społecznością? 3. Czy istnieją konflikty pomiędzy wewnętrznymi produktami i wspieranymi projektami Open Source? 4. Jak traktujecie konflikty między *[Firmą]* a społecznością? 5. Jak ważne są dla Ciebie aspekty prawne? 6. Gdybyś miał trzy życzenia, co zmieniłbyś w swojej sytuacji osobistej w odniesieniu do swojej pracy?

5. Pytanie przewodnie: Przyczyniając się do rozwoju wolnego oprogramowania i współpracy w otwartej społeczności, w jaki sposób wpłynęło to na twój osobisty stosunek do pracy?		
główne zagadnienia	**pytania ogólne**	**konkretne pytania**
-nastawienie do pracy zawodowej - nastawienie na działalność nienastawioną na zysk -ścieki , sława -załączenie do spółki -zadowolenie z pracy	-A potem? -Co jeszcze?	1. Czy zmieniło się znaczenie twojej pracy dla ciebie? 2. Tak więc teraz pracujesz z ludźmi, niejako ręka w rękę, w przeciwieństwie do ciebie za darmo. Czy twój stosunek do tej pracy wolontariackiej zmienił się? I czy z tego powodu istnieją jakieś praktyczne implikacje? 3. Jaki jest Twój osobisty stosunek do debaty na temat wolnego i otwartego oprogramowania?

Szóste pytanie przewodnie: Chciałbym przyjrzeć się bliżej twojej rzeczywistej sytuacji zawodowej. Jak scharakteryzowałbyś dziś swoją osobistą sytuację zawodową?		
główne zagadnienia	**pytania ogólne**	**konkretne pytania**
-satysfakcja -Pozytywne aspekty -aspekty negatywne -Stosunek do zawodu -obciążenie	-A potem? -Co jeszcze? - Gdzie widzisz problemy?	1. Czy jesteś zadowolony ze swojej obecnej sytuacji, czy nie aż tak bardzo? 2. Jakie są najbardziej pozytywne aspekty Pana/Pani obecnej pracy? 3. Jakie są najbardziej negatywne aspekty Twojej obecnej pracy? 4. Kiedy czujesz się szczególnie

-równowaga między pracą a życiem prywatnym -perspektywy		obciążony? Co jest relaksujące w twojej pracy? Jak się relaksujesz? 5. Jak zorganizować równowagę między pracą a życiem prywatnym? Pracujesz wieczorem w domu? 6. Czy wolisz pracować w biurze czy w domu? Dlaczego tak? 7. W twoich oczach, co to jest "typowy" inżynier oprogramowania? Jesteś typowy? 8. Jakie są twoje plany i perspektywy w twojej karierze?

Ostatnie pytanie:
Na koniec naszej rozmowy, może nawet trochę utopijne pytanie: Jak wyglądałaby twoja wymarzona praca? A jeśli nadal będziemy trochę marzyć, to jak powinna wyglądać najlepsza praca (dla społeczeństwa)?

Dziękuję bardzo za tę rozmowę!

D Wzór arkusza danych

Interviewprotokoll Code:

Datum:
Ort:
Dauer:

Befragter:
Alter:
Ausbildung:
Firma:
Abteilung:
Anstellung seit:
Linux seit:
Status:

Interviewatmosphäre

zur Person

Einprägsame Aussagen

E Korespondencja do nieznanych darczyńców

Od: Urs Lerch < lerch@cs.tu-berlin.de>
Dalej:
Przedmiot:badanie dotyczące udziału przedsiębiorstw w jądrze linuksa
Data:

Cześć,

Jako doktorant na Uniwersytecie Technicznym w Berlinie (Niemcy) analizuję logi ruchu jądra linuksa. Ponieważ koncentruję się na wkładzie firm, bardzo interesuje mnie, kto jest zatrudniony przez kogo. W rzeczywistości nie jest to takie proste i byłbym bardzo wdzięczny, gdybyś mógł mi pomóc w nauce. Zrobiłbyś mi wielką przysługę, gdybyś mógł odpowiedzieć na poniższe pytania:

(1) Czy wnosisz swój wkład do jądra linuksa
   [ ] opłacane przez organizację o celach zarobkowych
   [ ] opłacane przez organizację non-profit
   [ ] bez wynagrodzenia jako naukowiec
   [ ] nieodpłatnie (nie akademicko)
(2) Jaka jest nazwa waszej organizacji?
(3) Czy muszę zachować prywatność danych?

Nie będę analizować wkładu poszczególnych osób, ale firm jako całości i zrobię kilka porównań. Więc twoje nazwisko lub adres pocztowy nie będzie napisane w moim gabinecie.

Wielkie dzięki!

Z poważaniem,

Urs

F Ocena logów jądra Linuksa

	Rozwój	Konserwacja
Autorzy	2.097	374
Łaty	28.334	1.335
wiersze kodu	1.735.797	12.164
man-years[188]	1.062	4
Monetyzacja[189]	79.650.000	300.000

Tabela F.11: Przegląd wkładów do jądra systemu Linux w 2007 r.

	v2.6.18	v2.6.19	v2.6.20	v2.6.21	v2.6.22	v2.6.23
Autorzy	21	91	216	86	161	114
Łaty	26	155	447	162	324	221
wiersze kodu	230	1.653	4.167	1.573	2.550	1.991

Tabela F.12: Przegląd wkładów do poszczególnych stabilnych uwolnień w ramach ***utrzymania***

188 Do obliczeń osobolat wykorzystano powszechnie stosowany, choć nieco uproszczony model COCOMO (Boehm 2000) z wartościami standardowymi dla oprogramowania o średnim stopniu złożoności. Wzór na to jest następujący: **lata osobowe = 3 * tysiące wierszy kodu1**$^{.12}$ / **12**.

189 Do określenia wartości pieniężnej wykorzystano podstawę badania MERIT (Ghosh 2006, s. 49), które wykorzystuje 75 000 EUR jako roczny koszt za rok osobowy, co jest uważane za konserwatywne. Monetyzacja opiera się zatem na wartościach europejskich, które mogą mieć wartość informacyjną jedynie w przypadku udziału w skali globalnej.

	Autorzy		Łaty		wiersze kodu	
Handlowy	1.156	55,13 %	19.560	69,03 %	1.269.201	73,12 %
Publicznie	153	7,30 %	1.575	5,56 %	96.908	5,58 %
prywatny	410	19,55 %	4.988	17,60 %	269.048	15,50 %
Nieznany	378	18,03 %	2.211	7,80 %	100.640	5,80 %

Tabela F.13: Grupowanie według interesów

	man-years	Monetyzacja	Średnie linie kodu na autora
Handlowy	748	56.099.027	1.098
Publicznie	42	3.145.749	633
prywatny	132	9.872.124	656
Nieznany	44	3.281.742	266

Tabela F.14: Liczba osobolat, monetyzacja i działalność w podziale na grupy odsetkowe

	Autorzy		Łaty		wiersze kodu	
Handlowy	226	60,43 %	941	70,49 %	9.037	74,29 %
Publicznie	28	7,49 %	126	9,44 %	977	8,03 %
prywatny	70	18,72 %	177	13,26 %	1.481	12,18 %
Nieznany	50	13,37 %	91	6,82 %	669	5,50 %

Tabela F.15: Podmioty zaangażowane w ***obsługę techniczną***

	Autorzy		Łaty		wiersze kodu	
Handlowy	1.226	56,47 %	45.269	70,91 %	4.523.775	73,39 %
Publicznie	143	6,59 %	7.861	12,31 %	546.466	8,87 %
prywatny	357	16,44 %	7.721	12,09 %	775.032	12,57 %
Nieznany	445	20,50 %	2.989	4,68 %	318.528	5,17 %

Tabela F.16: Grupowanie według interesów stron podpisujących umowy

	Autorzy		Łaty		wiersze kodu	
Handlowy	275	62,79 %	3.221	80,32 %	39.605	79,79 %
Publicznie	29	6,62 %	318	7,93 %	3.952	7,96 %
prywatny	73	16,67 %	344	8,58 %	4.282	8,63 %
Nieznany	61	13,93 %	127	3,17 %	1.797	3,62 %

Tabela F.17: Grupy interesu w zakresie podpisywania umów o ***konserwację***

Kontynent	firmy		Łaty		wiersze kodu	
Ameryka Północna	163	44,41 %	15.804	80,87 %	1.036.542	81,70 %
Europa	142	38,69 %	2.185	11,18 %	135.402	10,67 %
Azja	47	12,81 %	1.454	7,44 %	9.027	7,10 %
Afryka	3	0,82 %	84	0,43 %	6.691	0,53 %
Oceania	7	1,91 %	10	0,05 %	125	0,01 %
Ameryka Południowa	5	1,36 %	5	0,03 %	47	0,00 %

Tabela F.18: Konsolidacja spółek na kontynentach

Kraj	firmy		Łaty		wiersze kodu	
USA	145	39,51	15.632	79,99	1.019.797	80,38
Japonia	20	5,45	1.307	6,69	76.288	6,01
Niemcy	46	12,53	1.076	5,51	56.099	4,42
Wielka Brytania	21	5,72	565	2,89	35.436	2,79
Kanada	18	4,90	172	0,88	16.745	1,32
Finlandia	4	1,09	124	0,63	15.806	1,25
Włochy	6	1,63	24	0,12	7.551	0,60
Francja	15	4,09	160	0,82	7.540	0,59
Tajwan	9	2,45	35	0,18	7.240	0,57
Republika	3	0,82	84	0,43	6.691	0,53
Islandia	1	0,27	44	0,23	6.193	0,49
Izrael	3	0,82	29	0,15	3.365	0,27
Szwecja	10	2,72	57	0,29	2.957	0,23
Korea	1	0,27	32	0,16	1.437	0,11
Belgia	3	0,82	31	0,16	914	0,07
Indie	4	0,09	38	0,19	830	0,07
Polska	5	1,36	21	0,11	795	0,06
Hiszpania	5	1,36	8	0,04	716	0,06
Singapur	2	0,54	2	0,01	675	0,05

Czechy	1	0,27	14	0,07	454	0,04
Holandia	4	1,09	7	0,04	293	0,02
Węgry	3	0,82	5	0,03	160	0,01
Szwajcaria	3	0,82	14	0,07	128	0,01
Australia	7	1,91	10	0,05	125	0,01
Austria	5	1,36	9	0,05	124	0,01
Rosja	6	1,63	7	0,04	82	0,01
Estonia	1	0,27	4	0,02	80	0,01
Chiny	1	0,27	3	0,02	62	0,00
Cypr	1	0,27	1	0,01	49	0,00
Brazylia	3	0,82	3	0,02	40	0,00
Dania	2	0,54	3	0,02	27	0,00
Irlandia	2	0,54	3	0,02	16	0,00
Białoruś	1	0,27	4	0,02	15	0,00
Turcja	1	0,27	8	0,04	8	0,00
Argentyna	2	0,54	2	0,01	7	0,00
Serbia	1	0,27	1	0,01	4	0,00
Słowenia	1	0,27	2	0,01	3	0,00
Litwa	1	0,27	1	0,01	1	0,00

Tabela F.19: Udział poszczególnych krajów

Rozmiar	firmy		Autorzy		Łaty		wiersze kodu	
Bardzo duży	56	15,26 %	496	42,94 %	7.991	40,89 %	611.124	48,17 %
Duże	42	11,44 %	255	22,08 %	6.593	33,74 %	385.572	30,39 %
pożywka	70	19,07 %	153	13,25 %	1.651	8,45 %	65.871	5,19 %
niewielki	69	18,80 %	90	7,79 %	1.405	7,19 %	79.268	6,25 %
Bardzo mały	130	35,42 %	161	13,94 %	1.902	9,73 %	126.918	10,00 %

Tabela F.20: Grupowanie według wielkości przedsiębiorstwa

Rozmiar	firmy		Autorzy		Łaty		wiersze kodu	
Sprzęt komputerowy	113	30,79 %	421	36,45 %	5.858	29,98 %	541.795	42,70 %
SW/Serwis	210	57,22 %	652	56,45 %	12.390	63,40 %	674.132	53,13 %
Telecomm	29	7,90 %	66	5,71 %	1.184	6,06 %	45.979	3,62 %
Handel	10	2,72 %	11	0,95 %	94	0,48 %	5.603	0,44 %
Inne niż IT	5	1,36 %	5	0,43 %	16	0,08 %	1.244	0,10 %

Tabela F.21: Grupowanie według sektorów

Firma	wiersze kodu		Łaty		Autorzy	
Czerwony Kapelusz	185.518	10,69	2.741	9,67	90	4,29
Intel	126.062	7,26	923	3,26	65	3,10
IBM	123.173	7,10	2.293	8,09	144	6,87
Urządzenia analogowe	101.074	5,82	357	1,26	11	0,52
Novell	91.195	5,25	2.161	7,63	56	2,67
SGI	44.646	2,57	1.074	3,79	30	1,43
Freescale	31.772	1,83	427	1,51	30	1,43
linutronix	31.215	1,80	506	1,79	5	0,24
Wyrocznia	27.229	1,57	672	2,37	19	0,91
Technologia Renesas	22.300	1,28	397	1,40	5	0,24
Sony	20.470	1,18	197	0,70	8	0,38
Chelsio	19.765	1,14	65	0,23	1	0,05
XenSource	19.348	1,11	127	0,45	3	0,14
MontaVista	19.203	1,11	306	1,08	26	1,24
Emulex	16.087	0,93	35	0,12	1	0,05
Atmel	14.555	0,84	137	0,48	7	0,33
Xmisja	13.757	0,79	254	0,90	3	0,14
Cisco	12.825	0,74	116	0,41	4	0,19
Google	12.072	0,70	439	1,55	25	1,19
SBC	11.968	0,69	254	0,90	1	0,05
Broadcom	11.886	0,68	129	0,46	4	0,19
Simtec	11.225	0,65	137	0,48	2	0,10
Solid Boot Ltd	10.866	0,63	34	0,12	4	0,19
Qlogic	10.014	0,58	213	0,75	18	0,86
HP	9.959	0,57	230	0,81	24	1,14
open grid computing	9.595	0,55	35	0,12	2	0,10
Wolfson Microelectr.	8.917	0,51	53	0,19	3	0,14
Toshiba	8.880	0,51	94	0,33	4	0,19
NetApp	8.875	0,51	275	0,97	4	0,19
SWsoft	8.871	0,51	382	1,35	19	0,91
Addtoit	8.386	0,48	226	0,80	1	0,05
Marvell	7.819	0,45	87	0,31	8	0,38
Astaro	7.763	0,45	276	0,97	1	0,05
SANPeople	6.499	0,37	62	0,22	1	0,05
LSI Logika	6.392	0,37	64	0,23	5	0,24
AMD	6.364	0,37	60	0,21	14	0,67

PMC-Sierra	6.221	0,36	7	0,02	1	0,05
OpenHand	6.193	0,36	44	0,16	1	0,05
Instytut Rowlanda	5.907	0,34	169	0,60	1	0,05
rPath	5.905	0,34	75	0,26	1	0,05

Tabela F.22: 40 najlepszych przedsiębiorstw według kodów, które wniosły wkład

	Liczba deweloperów w pierwszej trzydziestce	Udział w Razem deweloperzy spółki	wiersze kodu na Deweloper i firma
Osoby fizyczne	5	1,22 %	656
Czerwony Kapelusz	5	5,62 %	2.084
Novell	3	5,36 %	1.628
Intel	3	4,62 %	1.939
linutronix	2	40,00 %	6.243
Simtec	1	50,00 %	5.613
Broadcom	1	25,00 %	2.972
Wyrocznia	1	5,26 %	1.433
SBC	1	100,00 %	11.968
Cisco	1	25,00 %	3.206
Emulex	1	100,00 %	16.087
XenSource	1	33,33 %	6.449
SGI	1	3,33 %	1.488
Chelsio	1	100,00 %	19.765
Fundacja Linuksa	1	16,67 %	8.834
IBM	1	0,69 %	855
Urządzenia analogowe	1	9,09 %	9.189

Tabela F.23: Przynależność spółki do 30 najlepszych deweloperów

Autorzy na firmę	Ilość firmy		Autorzy		Łaty		wiersze kodu	
>51	4	1,08 %	355	30,74 %	8.118	41,57 %	525.948	41,45 %
21-50	5	1,34 %	135	11,69 %	2.476	12,68 %	117.652	9,27 %
11-20	7	1,88 %	111	9,61 %	1.856	9,50 %	159.835	12,60 %
6-10	11	2,96 %	81	7,01 %	902	4,62 %	61.572	4,85 %
5	9	2,42 %	45	3,90 %	1.286	6,59 %	69.892	5,51 %
4	9	2,42 %	36	3,12 %	735	3,76 %	58.209	4,59 %
3	22	5,91 %	66	5,71 %	903	4,62 %	58.791	4,63 %
2	30	8,06 %	60	5,19 %	653	3,34 %	36.743	2,90 %
1	272	73,12 %	272	23,55 %	2.605	13,34 %	180.111	14,20 %

Tabela F.24: Grupowanie przedsiębiorstw według liczby autorów

	Rdzeń	kierowcy	Archi Tektura	Sieć	Akta Systemy	misc
Handlowy	71.790	643.965	364.674	77.506	79.224	32.042
Publicznie	5.992	64.673	11.241	7.981	3.457	3.564
prywatny	7.814	205.645	23.703	13.255	9.169	9.462
Nieznany	3.856	67.296	17.684	6.497	1.759	3.548

Tabela F.25: Łączna liczba wierszy kodu dla każdego modułu i grupy interesów

	Rdzeń	kierowcy	Archi Tektura	Sieć	Akta Systemy	misc
Handlowy	80,26 %	65,61 %	87,39 %	73,65 %	84,63 %	65,91 %
Publiczność	6,70 %	6,59 %	2,69 %	7,58 %	3,69 %	7,33 %
prywatny	8,74 %	20,95 %	5,68 %	12,60 %	9,79 %	19,46 %
Nieznany	4,31 %	6,86 %	4,24 %	6,17 %	1,88 %	7,30 %

Tabela F.26: Odsetek wierszy kodu według grupy interesu i modułu

	Rdzeń	kierowcy	Archi Tektura	Sieć	Akta Systemy	misc
Handlowy	5,66 %	50,74 %	28,73 %	6,11 %	6,24 %	2,52 %
Publicznie	6,18 %	66,74 %	11,60 %	8,24 %	3,57 %	3,68 %
prywatny	2,90 %	76,43 %	8,81 %	4,93 %	3,41 %	3,52 %
Nieznany	3,83 %	66,87 %	17,57 %	6,46 %	1,75 %	3,53 %

Tabela F.27: Wiersze kodowe dla poszczególnych modułów w odniesieniu do całości grupy interesu

	Rdzeń	kierowcy	Archi Tektura	Sieć	Akta Systemy	misc
Ameryka Północna	60.589	518.220	292.189	63.558	77.585	24.401
Europa	8.541	84.927	24.127	11.791	1.059	4.860
Azja	2.596	39.409	43.031	2.157	533	2.302
Ameryka Południowa	2	45	0	0	0	0
Oceania	62	1.256	5.324	0	18	31
Afryka	0	93	3	0	29	0

Tabela F.28: Łączna liczba wierszy kodu dla każdego modułu i kontynentu

	Rdzeń	kierowcy	Archi Tektura	Sieć	Akta Systemy	misc
Bardzo duży	28.697	282.548	225.530	21.029	34.912	18.408
Duże	29.935	201.715	64.274	40.936	40.023	8.239
Zasoby	4.066	27.475	21.322	10.482	2.024	502
Mały	3.486	49.533	20.808	2.233	1.477	1.731
Bardzo mały	5.606	82.694	32.290	2.826	788	2.714

Tabela F.29: Łączna liczba wierszy kodu dla każdego modułu i wielkości przedsiębiorstwa

	Rdzeń	kierowcy	Archi Tektura	Sieć	Akta Systemy	misc
Sprzęt komputerowy	15.165	284.267	208.937	8.807	12.256	12.363
SW/office	47.221	330.327	150.281	66.413	63.260	16.630
Telecomm	9.259	23.049	5.081	2.284	3.708	2.598
Handel	43	5.199	359	2	0	0
Inne niż IT	102	1.123	16	0	0	3

Tabela F.30: Łączna liczba wierszy kodu dla każdego modułu i sektora

Architektura	Handlowy		Publicznie		prywatny		Nieznany	
386	25.116	89,91 %	1.167	4,18 %	1.356	4,85 %	297	1,06 %
x86	11.724	76,73 %	852	5,58 %	2.428	15,89 %	276	1,81 %
AMD64	8.372	91,77 %	532	5,83 %	179	1,96 %	40	0,44 %
IA-64	7.720	94,81 %	130	1,60 %	235	2,89 %	58	0,71 %
s390	19.690	98,48 %	67	0,34 %	178	0,89 %	58	0,29 %
PowerPC	83.361	89,29 %	491	0,53 %	4.838	5,18 %	4.670	5,00 %
Sparc	22.261	93,07 %	78	0,33 %	946	3,96 %	634	2,65 %
Alpha	425	29,43 %	411	28,46 %	138	9,56 %	470	32,55 %
PA-RISC	6.676	79,80 %	59	0,71 %	745	8,91 %	886	10,59 %
MIPS	27.756	63,46 %	3.851	8,80 %	8.226	18,81 %	3.906	8,93 %
ARM	38.795	80,98 %	2.322	4,85 %	3.982	8,31 %	2.810	5,87 %
H8/300	132	16,42 %	4	0,50 %	30	3,73 %	638	79,35 %
Blackfin	91.415	99,91 %	10	0,01 %	35	0,04 %	37	0,04 %
SuperH	19.004	78,58 %	215	0,89 %	2.754	11,39 %	2.210	9,14 %
AVR32	6.423	98,97 %	26	0,40 %	32	0,49 %	9	0,14 %
CRIS	1.721	91,11 %	8	0,42 %	145	7,68 %	15	0,79 %
FR-V	295	65,85 %	86	19,20 %	25	5,58 %	42	9,38 %
M32R	5.970	98,78 %	18	0,30 %	44	0,73 %	12	0,20 %

M68K	710	26,17 %	781	28,79 %	373	13,75 %	849	31,29 %
V850	75	63,65 %	2	1,69 %	35	29,66 %	6	5,08 %
Xtensa	1.962	96,84 %	29	1,43 %	21	1,04 %	14	0,69 %

Tabela F.31: Architektury według grup interesu w liniach kodu i w procentach

Architektura	Spółka z największą liczbą wkładów		Spółka z drugim co do wielkości wkładem		Spółka z trzecim co do wielkości wkładem	
386	XenSource		rPath		Novell	
	7.984	28.58	4.955	17.74	2.753	9.85 %
x86	linutronix		SGI		XenSource	
	5.513	36.08	1.179	7.72 %	886	5.80 %
AMD64	IBM		Novell		Google	
	2.752	30.17	1.819	19.94	859	9.42 %
IA-64	Intel		SGI		Fujitsu	
	3.207	39.38	1.627	19.98	910	11.18
s390	IBM		Czerwony		Novell	
	19.259	96.33	104	0.52 %	79	0.40 %
PowerPC	IBM		Freescale		Sony	
	31.362	33.59	21.278	22.79	9.281	9.94 %
Sparc	Czerwony		Wyrocznia		Novell	
	21.821	91.23	128	0.54 %	42	0.18 %
Alpha	HP		Novell		Urzadzenia	
	250	17.31	72	4.99 %	19	1.32 %
PA-RISC	Czerwony		Swsoft		Intel	
	6.378	76.24	82	0.98 %	75	0.90 %
MIPS	SGI		PMC-Sierra		Tripeaki	
	16.242	37.13	5.197	11.88	3.177	7.26 %
ARM	SANPeople		Simtec		Marvell	
	5.343	11.15	4.980	10.39	4.328	9.03 %
H8/300	Urzadzenia		Czerwony		Novell	
	59	7.34 %	24	2.99 %	13	1.62 %
Blackfin	Urzadzenia		Systemy HV		Czerwony	
	91.077	99.54	263	0.29 %	29	0.03 %
SuperH	Renesas		Igel		MSC	
	10.062	41.61	4.569	18.89	1.542	6.38 %
AVR32	Atmel		SBC		SGI	
	5.848	90.11	430	6.63 %	35	0.54 %
CRIS	Oś		Novell		Czerwony	
	1.557	82.42	41	2.17 %	36	1.91 %
FR-V	Czerwony		Xmisia		SGI	
	99	22.10	72	16.07	30	6.70 %
M32R	Renesas		Czerwony		Novell	
	5.868	97.09	24	0.40 %	22	0.36 %

M68K	Snapgear		Novell		Czerwony	
	549	20.24	26	0.96 %	24	0.88 %
V850	Czerwony		Novell		linutronix	
	23	19.49	9	7.63 %	9	7.63 %
Xtensa	Tensilica		Czerwony		Novell	
	1.875	92.55	26	1.28 %	21	1.04 %

Tabela F.32: Przedsiębiorstwa o największym wkładzie w poszczególne architektury

	wiersze kodu Architektura	Podziel się Firma do Razem Architektura	Podziel się Architektura do Razem Firma
Urządzenia analogowe	91.949	21,12 %	90,97 %
IBM	55.337	12,71 %	44,93 %
Czerwony Kapelusz	30.689	7,05 %	16,55 %
SGI	21.532	4,95 %	48,23 %
Freescale	21.290	4,89 %	67,01 %
Technologia Renesas	16.185	3,72 %	72,58 %
MontaVista	11.690	2,68 %	60,88 %
Sony	9.281	2,13 %	45,34 %
Intel	9.031	2,07 %	7,16 %
XenSource	8.943	2,05 %	46,22 %
linutronix	8.266	1,90 %	26,48 %
Novell	6.354	1,46 %	6,97 %
Atmel	5.854	1,34 %	40,22 %
Toshiba	5.459	1,25 %	61,48 %
rPath	5.396	1,24 %	92,38 %
SANPeople	5.347	1,23 %	82,27 %
PMC-Sierra	5.197	1,19 %	83,54 %
Simtec	4.980	1,14 %	44,37 %
Igel	4.569	1,05 %	99,96 %
Marvel	4.328	0,99 %	55,35 %
rmk	3.493	0,80 %	69,35 %
Tripeaki	3.179	0,73 %	80,30 %
Vmware	2.731	0,63 %	97,40 %
CompuLab	2.575	0,59 %	81,38 %
SBC	2.225	0,51 %	18,59 %
SecretLab	2.187	0,50 %	48,66 %
Tensilica	1.891	0,43 %	100,00 %

Lemote	1.840	0,42 %	100,00 %
Addtoit	1.756	0,40 %	20,94 %
Komunikacja osiowa	1.557	0,36 %	99,24 %

Tabela F.33: 30 najlepszych firm w sektorze architektury

G Używane oprogramowanie

Ponieważ niniejsza praca zajmuje się zjawiskiem "Open Source", oczywistym było, aby pracować wyłącznie z oprogramowaniem Open Source. To twierdzenie okazało się niełatwe.

W dziedzinie pracy naukowej ilość wolnych programów nie jest zbyt duża. Przynajmniej można było zbadać tylko kilka pakietów oprogramowania lub oprogramowania, które było tylko częściowo odpowiednie dla projektu. Przyczyny tego są niejasne. Z jednej strony, budżety (nadal) wydają się na tyle duże, że instytuty mogą sobie pozwolić na licencje komercyjne. Z drugiej strony, wrażliwość związana z objęciem specjalnie stworzonego oprogramowania licencją open source jest nadal niska. Może się to jednak zmienić wraz z dyskusją na temat otwartego dostępu.

Dystrybucja Linuksa Ubuntu i OpenOffice[190] nie będzie tu szczegółowo wyjaśniona, ponieważ można je już zaliczyć do głównego nurtu. Z drugiej strony, użyte oprogramowanie, które jest jeszcze mało znane, zostanie krótko opisane poniżej.

- **Zotero (oprogramowanie bibliograficzne)**

  Początkowo nadal używana była[191] aplikacja JabRef, która została zaprogramowana w języku Java. Interfejs użytkownika jest intuicyjny w obsłudze i oferuje wszystkie niezbędne funkcje. Dane są przechowywane w pliku tekstowym w formacie BibTex i mogą być wykorzystywane niezależnie od oprogramowania. Wielkim problemem JabRefu jest

190 Użyto wolnej czcionki "Free Serif" (http://www.gnu.org/software/freefont/ [09/05/2009]), która jest dostępna pod GNU GLP w wersji 3.

191 Zob. http://jabref.sourceforge.net/ [10.08.2009]. JabRef znajduje się w repozytorium Ubuntu co najmniej od wersji 8.04.

jednak to, że nie można go zintegrować z OpenOffice, a zatem odniesienie się do niego w dokumencie nie jest możliwe (bezpośrednio). Z tego powodu, na początku transkrypcji, firma przestawiła się na Zotero[192], które w tym czasie pojawiło się z pierwszą wersją beta. W międzyczasie stał się on powszechnie stosowany i, zdaniem autora, ma potencjał, by w przyszłości stać się quasi-standardem.

Migracja została łatwo przeprowadzona przy użyciu funkcji importu Zotero.[193] Administrowanie bazą danych literatury Zotero przebiega płynnie za pomocą wtyczki w przeglądarce Firefox (patrz rys. G.39), ale oferuje nieco mniejszy komfort niż JabRef. Baza danych jest

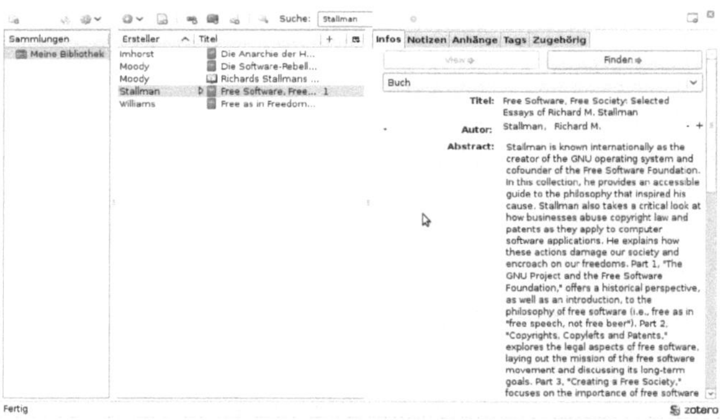

Rysunek G.19: Zotero Screemshot

przechowywana lokalnie w pliku SQLite, ale teraz może być również administrowana centralnie na serwerze.

Zotero oferuje wtyczkę do pakietu OpenOffice - a także Microsoft Word -

192 Zob. http://www.zotero.org/ [10.08.2009]. Zotero posiada licencję "Educational Community Licence", która jest wspierana przez OSI.

193 Jednak formaty BibTex używane przez te dwa programy nie były całkowicie identyczne. Z tego powodu został napisany mały skrypt Perla, który dzieli szczególnie pola dla autorów i redaktorów na kilka pojedynczych atrybutów.

która umożliwia umieszczanie odniesień w dokumencie. Funkcjonalność jest oferowana w menu i na pasku narzędzi, brakuje jeszcze skrótów (o ile są znane). Odniesienie działa jednak tylko wtedy, gdy przeglądarka jest otwarta i dostępne jest połączenie z Internetem lub w menu "Plik" programu Firefox wyłączony jest znacznik offline. Pod pewnymi nieokreślonymi warunkami istnieje ograniczenie liczby odniesień w dokumencie; ze względu na różne wpisy na forum, ograniczenie to wynosi około 200 wpisów literaturowych. Dodatkowo, w niektórych linkach konieczne było ręczne wprowadzanie poprawek, ponieważ wtyczka nie zawsze poprawnie generowała tekst linku. Istnieje wiele arkuszy stylów do odsyłania, które są w formacie XML i dlatego mogą być łatwo adaptowane i uzupełniane. Na potrzeby niniejszej pracy przejęto i nieco zmodyfikowano tę z Harvardu.

- **Transkrybent (oprogramowanie transkrypcyjne)**

W przypadku transkrypcji, Transcriber[194], *"narzędzie do segmentacji, oznaczania i transkrybowania języka mówionego"*, okazało się niezwykle praktyczne. Oprogramowanie zostało stworzone w języku skryptowym Tcl/Tk, jest licencjonowane na licencji GNU i działa pod systemami Linux, Mac i Windows. Użyto wersji 1.5.1, która znajduje się również w repozytorium Ubuntu (przynajmniej od wersji 07.10). Na drugi kwartał 2009 r. ogłoszono zupełnie nową, opracowaną wersję, która jednak nie została jeszcze opublikowana w momencie ukończenia tej pracy.

194 Patrz http://trans.sourceforge.net/en/presentation.php [17.08.2009].

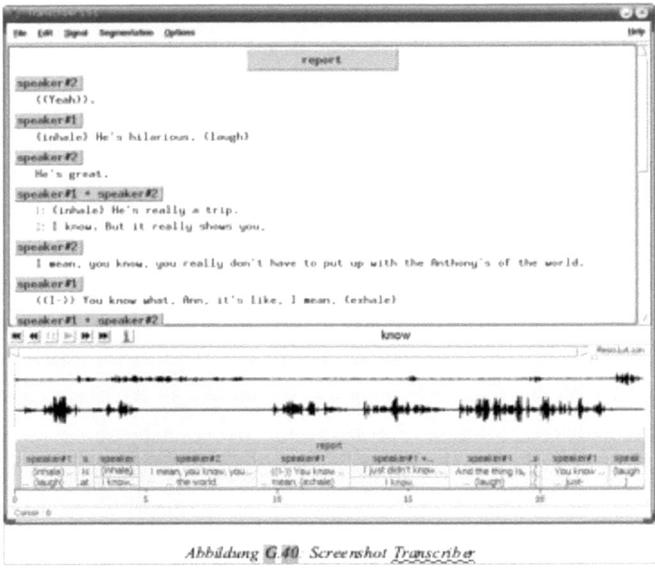

Abbildung G.40 Screenshot Transcriber

Przyjazną dla użytkownika cechą Transcriber jest to, że jest to edytor z wbudowanym odtwarzaczem (patrz Rysunek G.**Fehler! Verweisquelle konnte nicht gefunden werden.**). Dla każdego nowego segmentu nagrywany jest wskaźnik czasu, dzięki czemu podczas nawigacji po transkrypcji plik audio również "przewija się", co okazało się bardzo praktyczne. Podczas przepisywania wszystkie niezbędne operacje można łatwo wykonać za pomocą klawiatury. Szczególnie pomocne jest ustawienie, że po zatrzymaniu wskaźnik przeskakuje o dowolnie zdefiniowaną liczbę sekund, dzięki czemu nigdy nie trzeba go przewijać. Transkrypt jest przechowywany jako plik XML i może być eksportowany w różnych formatach, w tym HTML i tekst ASCII. Dalsze wykorzystanie w innych programach, np. do kodowania, nie stanowi więc problemu.

- Wątek QDA (oprogramowanie do analizy jakościowej)

Kodowanie przepisywanych tekstów jest możliwe w Transcriber. Jednakże, funkcjonalność jest tak podstawowa, że nie jest to zalecane. - Analizator GTAMS,[195] który działa pod Linuksem, również nie jest przekonujący, szczególnie pod względem łatwości obsługi.[196] WeftQDA został użyty jako jedyne obiecujące narzędzie open source do kodowania tekstu. Jednym z ograniczeń jest to, że oprogramowanie nie jest łatwe do zainstalowania pod Linuksem. Alternatywnie, może być używany z emulacją Wine, ale istnieją pewne niewytłumaczalne i bardzo irytujące błędy, więc program został użyty w wirtualnym pudełku Windows.

Rysunek G. 41: Zrzut ekranowy Wątek QDA

195 Patrz http://tamsys.sourceforge.net/gtams/ [17.08.2009]. Program znajduje się w repozytorium Ubuntu, co najmniej od wersji 7.04.

196 Zob. http://www.pressure.to/qda/ [17.08.2009]. WeftQDA jest zasadniczo licencjonowany jako domena publiczna, ale poszczególne biblioteki i komponenty mogą odpowiadać innej licencji.

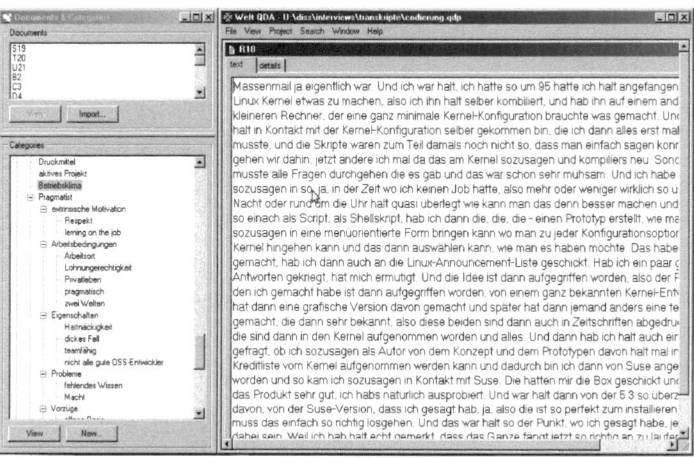

Środowisko pracy jest podzielone na trzy części: Lista zakodowanych tekstów i kodów, które można uporządkować w strukturze drzewa, tworzy lewą stronę nawigacji, po prawej stronie wyświetlany jest tekst transkrypcji (patrz Rys. G.**Fehler! Verweisquelle konnte nicht gefunden werden.**). Fragment tekstu można łatwo zakodować, zaznaczając go, a następnie wpisując kod w polu listy w dolnej części okna. Dodawanie nowych kodów jest nieco kłopotliwe i musi być najpierw wprowadzone do drzewa kodów po lewej stronie, zanim będzie można je przypisać. Największym jednak mankamentem jest to, że w oknie tekstowym zaznaczane są tylko fragmenty kodu i dlatego późniejsza edycja jest prawie niemożliwa. Późniejsza organizacja drzewa kodowego jest również zbyt skomplikowana. W konsekwencji, po zakończeniu kodowania, do którego program może być używany, dane wynikowe zostały wyeksportowane do tabeli i przetworzone dalej. - Programy komercyjne (zwłaszcza MaxQDA i Atlas-TI) są nadal znacznie lepsze od wariantów open source ze względu na ich wieloletnie doświadczenie i sensowne jest ich używanie. Jednakże, zdaniem autora, rozsądnym projektem uniwersyteckim byłoby uruchomienie rozwiązania open source do analizy jakościowej transkryptów.

Printed by Books on Demand GmbH, Norderstedt / Germany